Raimund Fischer:

Real Good Business

Wie ich vom Hauptschüler zum Selfmade-Millionär wurde

Raimund Fischer: Real Good Business
Wie ich vom Hauptschüler zum Selfmade-Millionär wurde

© 2020 Texianer Verlag
Johannesstrasse 12
D-78609 Tuningen

www.texianer.com

ISBN: 978-3-949197-61-1

Inhaltsverzeichnis

Vorwort   5

Kapitel 1   23
Ziele erreicht man nicht durch die besten Voraussetzungen – sondern mit Beharrlichkeit.

Kapitel 2   43
Umgeben Sie sich mit Menschen, die Ihnen helfen, Ihre eigenen Fähigkeiten voll zu entfalten - und schätzen Sie sie.

Kapitel 3   61
Setzen Sie Ihre Ziele hoch und kommunizieren Sie sie anderen.

Kapitel 4   69
Sorgen Sie dafür, dass man sich an Sie erinnert!

Kapitel 5   79
Schulen Sie Ihre Menschenkenntnis an den unterschiedlichsten gesellschaftlichen Gruppen (...und stellen Sie fest: so unterschiedlich sind sie gar nicht.)

Kapitel 6   93
Prüfen Sie, mit wem Sie sich geschäftlich binden.

Kapitel 7   105
Lassen Sie Ihrem Banker gegenüber die Hosen runter (auch, wenn Sie Maßanzug tragen.)

Kapitel 8   113
Treiben Sie Ihr Wachstum voran, aber bleiben Sie sich treu.

Kapitel 9   141
Netzwerken und kommunizieren Sie mit Planung.

Kapitel 10 167

Arbeiten Sie an Ihrer Führungskompetenz - immer.

Kapitel 11 195

Genießen Sie ab und zu, was Sie schon erreicht haben.

Kapitel 12 221

Behandeln Sie eine Depression als Chance zum Neuanfang.

Kapitel 13 243

Vertrauen Sie spirituellen Kräften - und Dingen, die Sie nie mit Ihrem Unternehmen in Verbindung bringen würden.

Kapitel 14 271

Wie Sie Ihre Exit-Strategie planen und umsetzen - ein Beispiel der Fischer Küchenateliers.

Kapitel 15 285

Statt eines Schlusswortes: Haben Sie Mut zur Grenzerfahrung.

Quellen Online 295

Quellen Literatur 298

Vorwort

Rund 20 Kilometer nordöstlich von Freiburg im Breisgau liegt Winden im Elztal, eine 2800-Einwohner-Gemeinde mit riesigen alten Bauernhöfen, einer Metzgerei und einem Dorfbrunnen. In Oberwinden hält die Breisgau-S-Bahn einmal pro Stunde, und wer am Bahnhof aussteigt, riecht warmes Bauernbrot, sauren Kuhdung und Weidegras.

Genau wie Raimund Fischer, wenn er von seinem Garten aus über die satten Wiesen Richtung Dorfkirche blickt. Hinter ihm plätschert leise ein Swimmingpool, ein programmierter Rasenmäher pflegt das Gras rund um die gepflasterte Sonnenterasse. „Ich weiß, dass mein Lebensstil hier manchmal aneckt", sagt der breit gebaute Mann mit den langen braunen Haaren und verschränkt die Arme. „Aber weil ein paar im Dorf was zu reden haben, schütte ich nicht meinen Pool zu."

Fischer gehört zu den Menschen in Deutschland, die man in Statistiken als „soziale Aufsteiger" bezeichnet. Einen höheren sozialen Status erreichen als die eigenen Eltern – das schafft nur etwa jeder achte in Deutschland, wie das Online-Portal Statista 2014 errechnet hat. Arbeiterkinder, die sich in die mittleren oder oberen Reihen der Gesellschaft eingliedern? Gibt es laut einer Befragung von jungen Leuten zwischen 14 und 25 Jahren im Jahr 2013 zufolge nur ganz selten: Sieben Prozent von ihnen glaubten an sehr gute Aufstiegschancen, wenn die eigenen Eltern keine Akademiker oder Besserverdiener sind. „Wer hierzulande arm geboren ist, wird aller Voraussicht nach arm bleiben", schrieben auch die SPIEGEL-Autoren Ann-Katrin Müller und Alexander Neubacher 2015 in einem Artikel mit dem treffenden Titel „Die Chancenlüge".

Massenhaft schicken ambitionierte Eltern ihre Sprößlinge auf die Gymnasien und in die renommierten Universitäten großer Städte, damit sie dort alles lernen, um im Leben erfolgreich zu sein. Raimund Fischer wohnt schon sein ganzes Leben im beschaulichen Oberwinden. Dort besuchte er die Grund- und Hauptschule – die einzige Schule in erreichbarer Umgebung. Das Gymnasium im naheliegenden Waldkirch wäre aus der Sicht von Fischers Eltern ohnehin nie in Frage gekommen – der Sohn sollte schließlich ein solides Handwerk erlernen wie sein Vater. „In kaum einem anderen industrialisierten Land hängt der schulische Erfolg so sehr von der sozialen Herkunft ab wie in Deutschland", schreibt SZ-Autor Björn Stephan im Magazin der Zeitung. Die acht Jahre bis zu Fischers Hauptschulabschluss waren die längste Zeit, die in seiner Familie bis dahin je jemand hinter einer Schulbank saß.

Über schmale Treppchen sind Fischers weiß getünchter Neubau und die Sonnenterrasse mit dem alten Elternhaus verbunden. Vor dem Eingang seiner Eltern blühen Geranien, unzählige Blumenkübel zeugen von der Leidenschaft seiner Mutter, einer Hausfrau, für das Gärtnern. Um die Ecke führt ein separater Aufgang zu Fischers eigener Haustür. Gleich beim ersten Schritt übertritt man sein Firmenlogo: „Fischer" in blutroten steinernen Druckbuchstaben, eingelassen in eine Granitstufe.

Vor über 27 Jahren hat der 53-Jährige sein Unternehmen gegründet, das er 2018 gewinnbringend verkaufte: Damals noch ein kleiner Montagebetrieb für Katalogküchen, ist aus der Fischer Küchenatelier GmbH bis 2018 eine Holding mit acht Tochtergesellschaften geworden. Sein Büro hat Fischer bis dorthin im ersten seiner Studios in Gutach, direkt neben dem seiner Frau Bianca, die im Unternehmen unter anderem für die gut 50 Mitarbeiter zuständig ist. Mit den anderen Gesellschaften hat Fischer sich innerhalb von fast drei Jahrzehnten vor allem in Südwestdeutschland etabliert: Sie sitzen in Gutach im Breisgau, Freiburg, Offenburg, Villingen-Schwenningen, Waldshut-Tiengen, Karlsruhe, Radolfzelll und Volketswil in der Schweiz. Was tut so ein Unternehmer den ganzen Tag? „Ich stricke Firmen", sagt Fischer noch im Sommer 2016 und lacht. Und dabei ist er äußerst fleißig.

Die Vision eines Schreinersohns

Mit sechs Jahren hatte Raimund Fischer sein Ziel vor Augen. Es war weiß, hatte eine doppelte Chromstoßstange und ein Telefon. Fischer drückte sich an der Fensterscheibe des Autos auf dem Oberwindener Dorfplatz die Nase platt. Er wusste: Eines Tages wollte er auf der anderen Seite des Mercedes-Fensters sitzen.

44 Jahre später an einem sonnigen Frühlingstag lehnt sich Fischer im Bürostuhl zurück, hinter der Fensterfront seiner Gutacher Firmenfiliale glitzern Wiesen und dichter Wald. Der 53-Jährige ist in diese Idylle geboren. Und er kämpft manchmal mit ihr. Mit dem, was sie aus ihm gemacht hat: Einen heimatverliebten Menschen, der zu umtriebig ist, als dass ihm das Elztal je genügen könnte. Nach einer Dorf-

kindheit, wie sie im Bilderbuch steht – die aber auch viele Entbehrungen mit sich brachte.

Fischer hat nie Integrale berechnet, Vokabeln gepaukt oder Gedichte interpretiert. Stattdessen holte er frühmorgens Milch vom benachbarten Bauernhof und stapelte Holzscheite neben den heimischen Kamin in der Staude 6. Die „Stuude", wie ihre Elztäler Bewohner sie nennen, das ist die einspurige geteerte Straße, die vorbei an einer Marienstatue zu Fischers Elternhaus führt.

Dorthin, wo sein Vater Hugo früher seine Möbel zimmerte. Er war bekannt im Dorf als guter und ehrbarer Schreiner, bis wenige Jahre vor seinem Tod 2019 mit 92 Jahren hatte er einen kleinen Raum in der Garage, in der er Kerzenständer und Vasen aus Holz schnitzte. Bis zum 90. ging er noch manchmal dort hinunter, wenn er einen Holzscheit oder einen Nagel brauchte. Dann flackert es kurz in seinen glasigen Augen, fast liebevoll streicht er mit der greisen Hand über das Holz. „Bis heute denke ich an seinen zufriedenen Blick, wenn er nach einem langen Arbeitstag abends noch einmal die kleine Holztreppe vom Esszimmer hinunter in seine Werkstatt stieg", erinnert sich Fischer an seinen Vater. Auch er kennt dieses Augenflackern, wie eine Wunderkerze im Inneren. Seine brennt, meistens, wenn er arbeitet. „Anders als mit Begeisterung", sagt Fischer, „ist dieser Wahnsinn nicht zu stemmen."

„Erfolg ist nichts Statisches"

Dass Fischer trotz aller beruflichen Entwicklungen in seinem Heimatdorf geblieben ist, sieht er als Vorteil – unternehmerisch wie auch persönlich. „Es ist ein Luxus, hier zu leben, in der Natur ganz nahe bei Freiburg", sagt er und lässt den Blick aus dem Büro über die grünen Hügel draußen schweifen – bis ein leiser Klingelton ihn zurück in die Realität holt.

Auf dem übergroßen Bildschirm zwischen ihm und dem Schwarzwald poppen eingehende Mails und Terminerinnerungen auf, einer seiner Monteure klopft an die Tür. Fischers Realität, das ist bis zum Herbst 2018 sein Unternehmen mit 50 Mitarbeitern, renommierten Lieferanten für Küchen und Elektrogeräte wie Häcker, Miele oder AEG und der Aufgabe, jeden Tag, jeden Monat und jedes Firmenjahr aufs Neue Privatkunden für Küchen zu begeistern. Dazu hat sich der Schreinermeister darauf spezialisiert, die Küchen je nach Kundenwunsch komplett zu individualisieren. „Bei uns gleicht fast keine Küche der anderen", sagt Fischer.

Er kennt die Handgriffe eines jeden seiner Mitarbeiter: Schon als Grundschüler half er seinem Vater in der Werkstatt, bald zahlte der ihm 50 Pfennig in der Stunde. „Ich weiß, wie hart Geld verdienen sein kann. Große Sprünge waren bei uns nie drin", erinnert sich der Unternehmer. Als Teenie schuftete er auf dem Bau, um sich den ein oder anderen kleinen Luxus zu finanzieren: Einen Abend im Oberwindener Wirtshaus, eine Tankfüllung für das Mofa eines Kumpels. Wer hart arbeitet und an sich glaubt, sagten seine Eltern, der kann es zu etwas bringen.

Die weiße Mercedes-S-Klasse mit der doppelten Chromstoßstange, Modell 126, die Fischer als Sechsjähriger bestaunte, gehörte einem Unternehmer aus dem Schwarzwald. Im eleganten Anzug setzt er sich schwungvoll ins Auto und braust vom Oberwindener Dorfplatz, die Szene hat sich in Fischers Kopf eingebrannt, ist seine Vision, sie spornt ihn an. Fischer blickt dem Mann noch lange nach. An der glänzenden Autoscheibe bleiben nur seine schmutzigen Fingerabdrücke zurück. Dass er seine Herkunft einmal als Luxus bezeichnen würde, wäre ihm damals nicht eingefallen.

Heute lebt Fischer in dem Bewusstsein, dass alles jederzeit vorbei sein kann: „Erfolg ist nichts Statisches", weiß er. Das haben ihm seine Krisen gezeigt: Als sein Konto 600.000 Euro im Minus stand. Als sein Arzt bei ihm eine Depression diagnostizierte. Oder als er seine eigene Sozialprognose, ein Worst-Case-Szenario seines Lebens, schrieb – um einen Schweizer Richter davon zu überzeugen, dass er nicht hinter Gitter muss.

Manchmal, wenn sein Tag sehr lange ist und er neue Kräfte sammeln will, denkt er noch an das weiße Luxusauto von damals. Und daran, wie er mit einem Freund als Teenager tagelang an einer Stoßstange lötete – bis sie ein bisschen so aussah wie ihr Vorbild. Es ging ihm nicht darum, dieses Auto zu besitzen. Er wollte es sich selbst bauen, genau so, wie er es sich vorstellte. So lief das auch mit seiner Firma, die mit einer Vision am Schreibtisch von Fischers Kinderzimmer begann - und die er 2018 für mehrere Millionen verkaufte. Mit Glück, sagt Fischer heute: „Dem Glück des Tüchtigen."

„Ich war ein unbedeutendes Dickerchen"

Als Hedwig Fischer am 23. August 1966 mit geplatzter Fruchtblase in einer Oberwindener Dorfgasse lag, stand das Lebensmotto ihres Sohnes bereits kurz vor der Geburt fest: Alles geht, wenn du es nur so willst. Nach der schweren Geburt von Raimunds Schwester Angelika, die dabei mitsamt ihrer Mutter beinahe zu Tode gekommen wäre, hatten alle Ärzte Hedwig Fischer von einem weiteren Kind abgeraten. Eine darauffolgende Fehlgeburt bestätigte die einhellige Meinung. Fischer wird zehn Jahre nach seiner Schwester geboren, ein aufgewecktes, sehr behütetes Kind. „Wir haben auf alten Bauernhöfen gespielt, am Bach neben Kühen gebadet und sind mit dem Fahrrad klapprigen Traktoren nachgejagt", erinnert er sich. Doch das Gefühl, dass ihm das nicht genug war, kam schnell.

„Meine Mutter weigerte sich, hippe Produkte wie Nutella zu kaufen – sie machte Saft aus den Beeren im Garten. In den Urlaub fuhren wir mit dem Bus an den Bodensee. Ein eigenes Auto hätten sich meine Eltern niemals geleistet, sie fanden, das sei Geldverschwendung." Dennoch ist es im Kern nicht das Materielle, das Fischer in seiner Kindheit fehlt. Wenn er etwas bedauert, dann nur, sagt er, „dass wir einfach keine aufgeschlossene Familie waren. Ich habe schon damals gesehen, dass es so etwas gibt wie Vergnügung und gesellschaftliches Leben – eine fremde Welt." Fremd zumindest für seine Eltern: Einen Schreiner mit elf Geschwistern und eine Haushälterin, die sich als Metzgereiverkäuferin und später als Näherin am heimischen Schreibtisch verdingte.

Ein „kleines Trauma" bescheinigt sich Fischer bis heute trotzdem, zum Beispiel von seinen damaligen „Riebelehosen": Von einer Tante selbstgenäht, aus grobem Cordstoff und immer zu groß. Er trug sie, bis sie komplett zerschlissen waren. „Ich habe sie gehasst", sagt Fischer, seine Augen weiten sich ängstlich, als müsste er sie gleich noch einmal anziehen. Als Fischers Klassenkameraden in Levis-Jeans zur Schule kamen, sah er zu, nach dem Unterricht möglichst schnell zu verschwinden.

Was treibt ein glückliches Dorfkind dazu, sich so an Äußerlichkeiten festzumachen? „Es ging mir nicht um Besitz, sondern um Teilhabe", erklärt der Unternehmer heute.

Und beschreibt damit auch ein Teil seines Geschäftskonzeptes: Überall mitspielen, auch wenn er nicht bei allem der Boss sein muss. Zu dieser Ansicht zu kommen, hat Jahre gedauert.

Fischer war es gewohnt, von der „coolen Clique" der Schule gemieden zu werden – den Jungs, die in der Klasse das Sagen hatten und mit getunten Mofas die Mädchen beeindruckten. Fischer war raus, so sagt er es: Allein wegen seiner Figur und seiner Schüchternheit. Stundenlang konnte er sich auf sein Zimmer zurückziehen, um mit Matchbox-Autos zu spielen und seinen Frust über die Hänseleien mit süßen Keksen hinunterzuschlucken. „Ich war ein unbedeutendes Dickerchen", sagt er.

Eine voluminöse Erscheinung ist er bis heute: Groß und breit, lautes Lachen. Sein langer, brauner Zopf ist mit den Jahren angegraut. Dieses Äußere lässt die Menschen ihn bisweilen anstarren. Fischer fällt auf. Und er hat gelernt, damit umzugehen. Heute genießt er die Aufmerksamkeit, die ihm zuteil wird. Er provoziert sie geradezu. Bestellt er sich im Café ein Wasser, geschieht das nie ohne eine zusätzliche Bemerkung. „Wir sind eben wassersüchtig", lacht er der Kellnerin entgegen, als sie die dritte Mineralwasserbestellung aufnimmt. Die Süßigkeiten neben seiner Espressotasse lässt er unberührt. Das Dickerchen von damals hat er nicht vergessen.

Was die Story von Raimund Fischer ausmacht

„Real Good Business" zeichnet den Werdegang eines Schreiners nach, eines „kleinen Mannes", wie er in den Kommentarspalten der Zeitungen gerne genannt wird. Manchmal spielt dieses Bild Populisten in die Hände, die sich als Retter eben dieser „kleinen Leute" verkaufen, die anscheinend völlig hilflos und ohne eigenes Zutun in ihre Lage geraten sind. Fest steht: Das Los der Geburt, der Umstand, in welches Elternhaus wir geboren wurden, spielt auch in Deutschland eine immense Rolle für unsere sozialen Aufstiegsmöglichkeiten. Für Eltern mit akademischer Ausbildung ist es schier undenkbar, die eigenen Kinder nicht auf ein Gymnasium und danach selbstverständlich auf eine Universität zu schicken.

Den Eltern von Raimund Fischer lag dieser Gedanke fern, sie waren viel zu beschäftigt damit, ihren eigenen und den Lebensunterhalt ihrer beiden Kinder zu bestreiten - auf Basis einer handwerklichen Ausbildung (im Falle seines Vaters) und solider Fähigkeiten als Hausfrau, Näherin und Metzgereiangestellte (im Falle seiner Mutter).

Dieses Buch entsteht nicht wegen eines einzelnen Schreiners, der zum Unternehmer wurde. Viele Menschen bahnen sich einen Weg heraus aus den bescheidenen Verhältnissen ihres Elternhauses, hin zu eigenem Wohlstand, aber viel wichtiger: hin zu einer selbstbestimmten Lebensweise, zu einem Unternehmen, das nicht im klassischen Sinne eine Firma sein muss. Das Unternehmen ist das Ausschöpfen der uns gegebenen Möglichkeiten, die tatsächlich genau so groß sind, wie wir sie uns vorstellen.

Genau das zeigt das Beispiel von Raimund Fischer. Es veranschaulicht, neben all den anderen Menschen, die diese Möglichkeiten ausschöpfen und zum Teil, zum Teil auch nicht in diesem Buch vorkommen, wie jeder, der seiner Vision vertraut und bereit ist, sich voll und ganz auf sie zu fokussieren, Erfolg haben wird – auch, wenn alle äußeren Umstände dagegen sprechen. Dabei kommt wieder ein Wort auf, das genau wie das „Unternehmen" dazu verleitet, eine einzige Assoziation - in diesem Fall eine Firma mit Firmenschild und Chef oder Chefin, oder zumindest ein solides Start-Up mit schickem Büro - damit zu verbinden: Der Erfolg. Dass er weder statisch noch immer sofort als solcher erkennbar und messbar ist, ist eine der Erfahrungen, die Fischer seit seiner Unternehmensgründung vor über 27 Jahren gemacht hat. Und die er weitergeben möchte - zusammen mit all den Hürden, Stolpersteinen und Kränkungen, die er erfahren hat. An denen er gewachsen ist. Und mit denen er anderen Mut machen will.

Lebens- und Unternehmensführung weisen in vielerlei Hinsicht Parallelen auf, wie beispielsweise der Arzt und

Wirtschaftswissenschaftler Cay von Fournier in seinem Buch „Unternehmer Energie" beschreibt:

„Schließlich müssen Sie nicht nur in Ihrem Job jeden Tag Exzellenz unter Beweis stellen – [...] sie müssen nebenher auch noch für gereinigte Hemden und einen gefüllten Kühlschrank sorgen, als Gebäudemanager für ihr Haus, als Bildungsmanager für Ihre Kinder und als Eventmanager für Ihre gemeinsame Familienzeit auftreten."

Ein Unternehmer sein – in irgendeiner dieser genannten oder noch weiteren Formen – das kann schon deshalb jeder, weil Lebens- und Unternehmensführung und die Fähigkeiten, die nötig sind, um eines davon oder beides erfolgreich zu meistern, sich bedingen. In der Literatur zum Thema Unternehmensführung zeichnet sich immer wieder deutlich ab: Das persönliche Leben eines Unternehmers – ganz gleich in welcher Branche – beeinflusst auch den Führungsstil seines Unternehmens. Persönliche Macken, Erfahrungen und Gewohnheiten spielen in unser unternehmerisches Handeln hinein. Zum Beispiel, wenn es um eine der wichtigsten und gleichzeitig schwierigsten Aufgaben eines Unternehmers geht: Die Führung von Mitarbeitern (s.a. Kapitel 10).

Andersherum können auf den ersten Blick für das Unternehmertum völlig irrelevante Aspekte der eigenen Lebensgeschichte eine bedeutende Rolle für den geschäftlichen Erfolg oder Misserfolg spielen. Als Fischer mit 25 Jahren sein Unternehmen gründete, damals als Monteur, der Kunden aus seinem Büro – dem ehemaligen Kinderzimmer – beriet, zog er beispielsweise bevorzugt mit dem

Rockerclub „Black Riders" um die Häuser. Motorradfahren, Alkohol und Pöbeleien gehörten ebenso zur Tagesordnung wie das Kräftemessen und verbale Verhandeln mit anderen Clans. Begegnungen, von denen Fischer viel gelernt hat: „Ohne das Wissen und die Erfahrungen aus dieser Zeit wäre ich auch in vielen geschäftlichen Situationen später nie so weit gekommen."

Dazu zählt vor allem der Mut, anders zu sein. Und das unbeschwerte Gefühl der völligen Freiheit – beides Triebwerke für einen innovativen Unternehmer, der jeden Tag die Energie für unerwartete Herausforderungen aufbringen muss.

Jeder Mensch durchlebt aber auch irgendwann Phasen, die für seine private als auch seine unternehmerische Existenz desaströs enden können. In den ersten Jahren des Firmenaufbaus konnte Fischer den „Raubbau" an seinen körperlichen und psychischen Kräften, wie er ihn heute nennt, noch gut wegstecken. Wenig später trafen ihn der Stress und das ständige Getriebensein seines unternehmerischen Alltags mit voller Wucht.

„Ich habe mich selbst nicht mehr erkannt", sagt Fischer über seine Depression, durch die er 2013 fast alles verloren hätte (s.a. Kapitel 12). Er konnte sie überwinden - mit ärztlicher Hilfe und der intensiven Beschäftigung mit verschiedenen Heilungsmethoden. Vor allem aber mit der Rückbesinnung auf seine eigenen Bedürfnisse. Und damit die Rückbesinnung auf seine eigene Kraft. Auch hier taucht wieder der wichtigste Grund für ihn auf, dieses

Buch zu schreiben: Eben diese Kraft, diesen Mut zu spenden.

„Es gibt nur zwei Beweggründe, zwischen denen die Menschen bei ihren Handlungen entscheiden können", schreibt der Autor des Bestsellers „Gespräche mit Gott", Neale Donald Walsch, sinngemäß im ersten Teil seiner Trilogie. Der eine lautet Liebe, der andere: Angst. Sie ist Fischers größte Feindin, man könnte fast sagen: Nichts fürchtet er so wie sie. Sie ist das Erbe seiner Mutter, so sieht er das heute. Diese durfte als junge Frau trotz eindeutiger Talente keinen Beruf erlernen und fühlte sich seither hintergangen, und, viel schlimmer: nutzlos. Bis heute ist die alte Frau kleinlichst darauf bedacht, dass nur alles seine liebe Ordnung behalte und nicht die kleinste, womöglich gefährliche Neuerung an ihren Verhältnissen rütteln könnte.

Fischer bemüht sich, seit er denken kann, das Gegenteil dieser Angst zu sein: Er sucht das Risiko, die immer noch größer, unmöglicher erscheinende Herausforderung. An seinem Beispiel wird deshalb auch klar, wie sehr persönliche Prägung aus frühester Kindheit auch unser Unternehmertum beeinflusst. Und wie schwer es ist, sie abzulegen. Fischer kostete es, wie oben erwähnt, die Erfahrung einer tiefen Depression.

Was können Sie nun als Leserin und Leser davon mitnehmen? Wenn es schon nicht immer die Liebe für das ist, was Sie tun - denn das ist, auch unabhängig von Walsch's Bestseller, das höchste Ziel - dann nehmen Sie sich zumindest das Gegenteil der Angst als Antrieb: **Haben Sie Mut.**

Fassen Sie Mut, auch in persönlich schwierigen Zeiten einen Schritt abseits der ausgetretenen Pfade zu wagen. So half Raimund Fischer nicht zuletzt eine Schamanin, seine depressive Phase abzuschließen. Dass spirituelle Aspekte das Leben im Privaten wie im Unternehmen prägen können, wurde ihm aber schon viel früher klar: Zum Beispiel, als er mit der „Silva Mind Control"-Methode des mittlerweile verstorbenen Autors José Silva einen mentalen Plan für seine Meisterprüfung schmiedete. Oder, als er nach einem Coaching beim US-Erfolgstrainer Anthony Robbins zwar unverletzt barfuß über glühende Kohlen ging. Dennoch landete er in einer Notfallklinik: Wegen eines unentdeckten Darmverschlusses, der ihn hätte das Leben kosten können. Die körperliche Manifestation negativer Gedanken beim Robbins-Seminar habe ihm gezeigt, wie sehr seine Gedanken sein reales Leben beeinflussen können, erklärt er sich die Situation. Er hat daraus gelernt (s.a. Kapitel 13).

Der Grundsatz „Manchmal müssen wir in der eigenen Scheiße rühren" aber ist eine Lehre aus Fischers gescheiterter Geschäftspartnerschaft mit einem Branchenkollegen (s.a. Kapitel 6). Heute genießt Fischer hingegen den „Luxus, unternehmerische Entscheidungen alleine treffen zu können" – nur eine der Erkenntnisse, die er aus seiner größten geschäftlichen Krise mitgenommen hat. Denn Krisen gehören zum sogenannten Erfolg, sie sind ein wichtiger Motor.

Trotzdem hat sich Fischer sich mehr als einmal von Psychologen beraten lassen - für ihn einer von vielen Blicken über den Tellerrand. Er betrachtet sie auch im unternehmerischen Sinne als wertvoll. „Bei allem Fokus auf das Wichtige ist es unerlässlich, sich ständig mit Neuem und Ungewohntem auseinanderzusetzen, um die eigenen Perspektiven zu erweitern," resümiert er: „Das ist vor allem unbequem, wenn man an eigenen Schwächen arbeiten muss." Und davon, so sagt er, hat er mehr als genug.

Schöne, schnelle Autos sind nur eine davon. Sie steht wohl sinnbildlich dafür, dass dem Unternehmer manches einfach nie schnell genug geht. Deshalb lässt er sich auch von Erkenntnissen des modernen Zeitmanagements inspirieren, wie sie zum Beispiel der Experte für Lebenszeit-Management Lothar Seiwert oder der Psychologe Jens Corssen vertreten. Von Letzterem stammt auch Fischers tägliches Ritual, vor der Fahrt ins Büro jeden Morgen einige Minuten sinnlos auf einem Stuhl stehend in der Garage zu verharren (s.a. Kapitel 13) – und es wirkt.

Wozu dieses Buch?

Wer als Unternehmer agiert, verfolgt ein Ziel, eine Vision oder einen bestimmten Sinn, für den er seine eigenen Fähigkeiten bestmöglich einsetzt. Der Zeitmanagement-Coach Lothar Seiwert ruft ähnlich wie Mentaltrainer José Silva dazu auf, eine Lebensvision und konkrete Schritte dorthin zu visualisieren, schriftlich zu dokumentieren und schließlich zu realisieren – eine Praxis, die Raimund Fischer bis zuletzt beim Aufbau neuer Filialen anwendete. Konsequent umgesetzt kann sie nicht nur das berufliche, sondern auch das ganz persönliche Leben enorm bereichern.

Diese und weitere Erfahrungen zu teilen, Mut zu machen und „die eigenen Unzulänglichkeiten zumindest denen zur Verfügung zu stellen, die daraus einen Nutzen oder eine Lehre ziehen können", ist das Ziel dieses Buches.

Fischers Weg Vom Hauptschüler zum Holding-Gesellschafter und letztendlich dem millionenschweren Verkauf seiner Gesellschaften ist dabei nur ein Beispiel. Doch er ist auch eine inspirierende Geschichte von Visionen, Wagnis und Beharrlichkeit. Dabei hat er eines immer wieder gelernt: „Erfolg hat nichts mit dem Bankkonto zu tun, sondern mit dem, was man machen will – und was man davon erreicht."

Wie er seine Holding aufbaute, lässt sich genauer erkennen, wenn man den Geschäftsmann in Aktion erlebt. Als Chef in seinem Gutacher Büro bis Herbst 2018, als Mittler unterwegs zwischen seinen Filialen und Baustellen, als Verfechter seiner Unternehmensziele auf Messen und Branchentreffen. Und nicht zuletzt als Vater, Ehemann und Mensch im sozialen Umfeld seines kleinen Heimatdorfes, das ihm ebenso Geborgenheit gibt wie es in ihm das ständige Bedürfnis entfacht, sich über Grenzen hinwegzusetzen – nicht nur im geographischen Sinne. Diese Mischung aus Mut und Eroberungswillen führte wohl auch dazu, dass Fischer 2018 ein Coup gelang, den er selbst nie so geplant hatte: Der Verkauf der sieben Gesellschaften aus seiner Holding an die niederländische Mandemakers-Gruppe für einen nicht näher bezifferten Millionenbetrag.

Mitwirkende dieses Buches haben den fokussierten Strategen Fischer ebenso kennengelernt wie einen immer wieder von Zweifeln und Ängsten geplagten Mann aus bescheidenem Elternhaus, der sich häufig fragt, wie er sein Pensum jeden Tag schaffen soll. Der manchmal den Glauben an sich verliert und ihn bei einer Packung Schoko-Reiswaffeln von der Tankstelle wiederfindet. Ein Mann, der immer Ziele vor Augen haben wird. Und der, um sie zu erreichen, vor allem eines anstrebt: Die Quelle für neuen Mut. Damit bleibt auch er stets ein Suchender.

Wer fündig werden will, findet die Erkenntnisse und Praxistipps dazu im Laufe dieser Biographie - erfahrbar und nachvollziehbar. Sie bilden diesen im wahrsten Sinne des Wortes lebensnahen Mutgeber. Ja, Sie haben richtig gelesen: Mut-Geber. Denn Fischers Tipps stellen keinen Anspruch auf Ausschließlichkeit oder Vollständigkeit. Die Biographie der Fischer Holding und des Verkaufs ihrer Gesellschaften ist ebenso die Geschichte einer seit über 27 Jahren währenden erfolgreichen Firmengründung wie eine Inspiration für (werdende) Unternehmer und Selbst-Verwirklicher. Fischers Werdegang bestätigt zwar viele Grundsätze der Persönlichkeitsentwicklung und Unternehmensführung. Vor allem aber basiert er auf seinem ganz eigenen Cocktail an Informationsquellen und Erfahrungswerten.

Schöpfen Sie daraus den Ansporn, sich zu trauen. Nutzen Sie die eigenen Stärken - und die Schwächen! - für Ihren persönlichen Erfolg. Ganz egal, wo Sie herkommen, was Sie vorher gemacht haben und welche unternehmerische Idee Sie haben. Lassen Sie sich den Mut geben, Ihr Potenzial voll auszuschöpfen. Denn jede einzelne der Geschichten die auch Sie, lebe Leserinnen und Leser, vorzuweisen haben, enthält einen Funken davon. Oder sehr viel mehr. Machen Sie ein Feuer daraus.

Kapitel 1

Ziele erreicht man nicht durch die besten Voraussetzungen – sondern mit Beharrlichkeit.

> *„The great thing and the hard thing is to stick to things when you have outlived the first interest, and not yet got the second, which comes with a sort of mastery."*
>
> Janet Erskine Stuart, englische Nonne

„Ich ging in der Stadt zur Schule, trug aber Bauernkleidung und sprach Dialekt. Meine Mitschüler haben mich ausgelacht, Witze gemacht, ich wurde diskriminiert und abfällig als Bauer bezeichnet," sagt Brunello Cucinelli, ein Unternehmer aus dem umbrischen Dorf Castel Rigone mit weniger als 500 Einwohnern, in einer Region, die der Milliardär bis heute nicht verlassen hat. Im Interview mit dem ZEIT Magazin erinnert sich der 66-Jährige daran, wie sein Vater nach einem langen Arbeitstag in der Fabrik mit Tränen in den Augen am Tisch saß. Auch er sei dort wegen seiner Herkunft – eine Bauernfamilie ohne Stromanschluss und fließend Wasser – gedemütigt worden.

Ohne diese Wurzeln, sagt Cucinelli, hätte er die nach ihm benannte Modefirma niemals aufbauen können – oder nicht so erfolgreich. „Ich war 17 und sagte zu mir selbst: Brunello, du weißt nicht, was du mal werden wirst, aber das große Ziel muss Menschlichkeit sein," sagte der elegante Mann mit Dreitagebart dem ZEIT Magazin. Seine

Firma hat ihren Sitz noch immer in einem Dorf bei Perugia – Cucinellis bunte Kaschmirkollektionen aber verkaufen sich heute weltweit. Er hat seine Herkunft nicht vergessen, nein, er sieht sie sogar als seinen größten Motor.

Im Umgang mit seinen Mitarbeitern und in der Definition seiner Unternehmensziele, zu denen gehört, dass materielles Wachstum nicht jeden Preis wert ist. Die Ruhe und Friedlichkeit von Umbrien will er gegen keine Großstadt der Welt eintauschen: „Hier sind meine Wurzeln. Ich erinnere mich immer an meinen Vater, an seine Erfahrungen in der Fabrik und an seine Augen."

Über die Kunst, am Ball zu bleiben

Eines der obersten Prinzipien einer wirkungsvollen Unternehmensführung, wie der Wirtschaftswissenschaftler Cay von Fournier sie formuliert, ist Disziplin. Leicht gesagt – doch diese Eigenschaft müsse permanent trainiert werden wie ein Muskel, der zu erschlaffen droht. Schließlich, so von Fournier, sei Disziplin der einzige Ausweg aus der ständigen und äußerst menschlichen Hin- und Hergerissenheit zwischen unseren Trieben – Faulheit, Unterhaltung und Entspannung – und unserem Willen zum Erfolg. Das kann eine gesündere Lebensweise, eine Gehaltserhöhung oder eine sportlichen Leistung sein – immer behindert der eine Wunsch den anderen. Raus kommen wir aus dieser Nummer nur, wenn wir uns zusammenreißen – und diszipliniert sind.

Disziplin beschreibt jedoch oft eine Haltung in einem ganz bestimmten Moment: Zum Beispiel, wenn Sie beim Familientreffen auf das Stück Cremetorte der Tante verzichten, weil Sie sich gerade an einen Diätplan halten. Raimund Fischer sieht noch eine weitere, langfristige Erfolgskomponente, die er in den gut 27 Jahren seiner unternehmerischen Tätigkeit immer wieder trainieren und herausfordern musste: Die eigene Beharrlichkeit. „Ich glaube, dass das Schicksal manchmal wissen will, ob du noch gewillt bist, Zeit zu investieren für deine Wünsche und Erwartungen an das Leben. Es fragt: Bist du noch bereit? Um genau das dann auch zu beweisen, bekommst du Herausforderungen gestellt."

Die Herausforderung nennt der Autor und Experte für Life-Leadership Lothar Seiwert auch als maßgebliche Bedingung zu Erfolg und Motivation – auch wenn sie Stress erzeugen kann. Um diesen im positiven Sinne für das sogenannte „Flow"-Gefühl zu nutzen, durch das Menschen sich völlig eins mit ihrem Tun fühlen und nahezu alles um sich herum vergessen, gibt Seiwert einen Tipp: „Achten Sie darauf, dass Ihre Herausforderung minimal höher ist als Ihr Können."

Eine Voraussetzung, die bei Raimund Fischer vor allem zu Beginn seines Werdegangs nicht immer zutraf. Als Grundschüler brachte er gute Noten mit nach Hause, die Schule fiel ihm leicht. „Aber meine Eltern waren der Meinung, ich soll lieber ein guter Haupt- als ein schlechter Realschüler sein", erinnert sich der Unternehmer. Fischer verließ die Hauptschule mit einem Zeugnis voller Einser, die Hausaufgaben erledigte er schnell morgens vor dem Unterricht, „easy going", sagt er heute. Trotzdem war er weder ein

Musterschüler noch besonders gut in ein soziales Netz integriert. „Ich war ein Stubenhocker, so sehr, dass meine Mutter mich manchmal aufforderte, ich solle jetzt endlich mal rausgehen und was erleben", erinnert er sich.

In Fischers Familie galten andere Tugenden als Belesenheit oder Fremdsprachenkenntnisse. Fischers Mutter Hedwig hatte einen strengen Zeitplan, nach dem morgens Milch geholt und abends das Brennholz aufgefüllt werden musste. Mit Fleiß und Bescheidenheit, so ihr Motto, lässt sich das Leben wohl meistern, wenn auch nicht immer genießen. Hugo Fischer war neben seiner fürsorglichen Vaterrolle vor allem ein Arbeitstier: „Ein intaktes Familienleben war für meinen Vater schon damals absolut wichtig. Aber die Arbeit, das ständige Feilen, Schleifen, Schreinern und wieder Ausbessern – da holte er sich seine Bestätigung", so sieht es Fischer heute.

Für den Lebensunterhalt hätte die Familie das Geld für Hugo Fischers zusätzliche Schreinerarbeiten, die er nachts und abends erledigte, zwar nicht gebraucht. Fischer erkennt darin stattdessen die beharrliche Arbeit seiner Eltern an ihrem Wunschtraum: Dem Eigenheim – selbst gebaut und eines Tages abbezahlt. Keine leichte Aufgabe für einen Handwerker und seine mittellose Ehefrau. Doch, wie Raimund Fischer sich erinnert, auch keine unmögliche:

„Soweit ich zurückdenken kann, gab es in meiner Familie eine einzige Priorität: Meine Eltern wollten unser Haus abbezahlen. Mein Vater kommt aus einer Familie mit 12 Geschwistern. Für ihn war es normal, mit 12 Jahren für sich

selbst zu sorgen. Er wollte seiner Familie das Zuhause bieten, das er selbst nie hatte. Ein eigenes Dach über dem Kopf, das einem keiner mehr wegnehmen kann. Dafür gab er alles – und gab sich trotzdem Mühe, unsere materiellen Wünsche auf seine Art zu erfüllen.

Als kleiner Junge habe ich mir einmal eine Armbrust gewünscht, die ich in einem Spielzeugkatalog gesehen hatte. Obwohl wir kein Geld für dafür übrig hatten, schenkte mein Vater mir eine Armbrust. Natürlich nicht die aus dem Katalog – er hatte sie einfach selbst nachgebaut. In das helle Holz war eine Rinne für den Pfeil geschnitzt, ein Küchengummi war die Bogensehne. Ich habe mit seinem Geschenk gelernt, einen Pfeil abzuschießen. Vor allem aber habe ich trainiert, ein Ziel so lange zu fixieren, bis ich ins Schwarze treffe."

Warum Fleiß und Beharrlichkeit nicht das Gleiche sind

Den Unterschied zwischen reinem Fleiß und langfristiger Zielverfolgung erwähnt Cay von Fournier als eine der „Fehlannahmen über Führung und Management" in seinem Buch „Unternehmer Energie": „Einer der größten Fehler im Mittelstand ist das tägliche Durchwurschteln. Die meisten Mittelständler sind sehr fleißig, oftmals jedoch erfolglos", resultiert er.

Das Problem erinnert an den Unterschied zwischen Hedwig und Hugo Fischer: Während einer von Tag zu Tag denkt und alles ordentlich erledigt haben möchte, sieht der andere das große Ganze und glaubt an ein großes Ziel. Die reine Konzentration auf die alltägliche Flut an kleinen Aufgaben, so von Fournier, reiche nicht aus, um die Vision eines Unternehmens – oder eines Lebenswerkes – langfristig zu verfolgen. Eine große Gefahr dieser Kurzsichtigkeit seien unüberlegte Fehlentscheidungen, oft auch würden „Chancen und Veränderungen auf dem Markt nicht rechtzeitig wahrgenommen." Kurz: Es fehlt der Blick für wesentliche Entscheidungen, die manchmal eine Zeitspanne weit über den heutigen Tag hinaus betreffen können.

Fleiß ist laut von Fournier „notwendig für den Erfolg, aber leider nicht hinreichend". So hätten es auch Fischers Eltern ohne ihre eigene, tägliche Mitarbeit am eigenen Haus, die Einkünfte aus der Schreinerei und der Heimarbeit der Mutter wohl nie fertig gebracht, ihr Haus in der Oberwindener Staude zu bauen. Raimund Fischer hat dieser Einsatz seiner Eltern schwer beeindruckt. Dass er dafür auch auf vieles verzichten musste, spornte ihn an, es einmal besser zu haben:

„Schon als Kind sagte mir mein tiefes Unterbewusstsein: Komme, was wolle, ich werde nicht länger als unbedingt notwendig in diesen ausgebeulten Cordhosen herumlaufen, die meine Patentante mir zu Weihnachten schneidert. Was heute schon für Schulkinder Smartphone und Snowboard sind, waren damals Levis-Jeans und Fahrrad. Ich hatte keines von beidem.

Mit neun Jahren kaufte ich mir für 300 Mark ein Rennrad. Damit war die Hälfte des Geldes, das ich zur Kommunion bekommen hatte, beim Teufel. Aber für einen Jungen in Cordhosen hatte ich das beste Fahrrad der Welt."

Er vermutete, dass seine Eltern den Hauskredit deshalb mit solchen Eifer abbezahlten, weil dann die ewige Schufterei ein Ende haben würde. Wenn seine Familie keine Schulden mehr habe, dann würde bestimmt alles anders, besser. Dann müsste doch irgendwas passieren. Oder?

„Kurz bevor mein Vater in Rente ging, war das Haus meiner Eltern in der Staude 6 abbezahlt. Es geschah: nichts. Deshalb bin ich heute völlig entspannt, wenn ich heute eine halbe Million für eine Immobilie riskiere. Denn macht es irgendeinen Unterschied, ob ich fünf, zehn oder fünfzehn Jahre lang einen Kredit abbezahle? Nein. Es ist völlig wurscht, solange meine Firma funktioniert. Außerdem: Wir leben in Süddeutschland! Hier wollen alle leben – da wird eine Immobilie nicht weniger wert. Dieser Optimismus ist wohl eine Art Rebellion gegen meine Mutter – als würde eine Stimme ihr zurufen: Schau her, alles ist möglich, ob Du es glaubst oder nicht!"

Fleiß also, so hatte Fischer es gelernt, führt bis an ein bestimmtes Ziel. Für den Rest braucht es einen festen Glauben – eine Überzeugung, die es mit Beharrlichkeit und Optimismus durchzusetzen gilt. Und den Mut zum ersten Schritt.

„Ohne meinen Vater wäre ich Automechaniker geworden"

Auf dem großen Jahresplaner hinter Fischers Bürostuhl markieren im Sommer 2016 bunte Streifen die Termine seiner sieben Gesellschaften in Gutach, Offenburg, Freiburg, Karlsruhe, Schwenningen, Waldshut-Tiengen und Kerns in der Schweiz. Rund 1000 Küchen verkauften die Gesellschaften der Holding zu dem Zeitpunkt jährlich in das ganze Dreiländereck. „Trotzdem steckt hinter allem noch die Philosophie des kleinen Schreiners", sagt Fischer. Denn obwohl er seine Küchen und Geräte von großen Herstellern wie Häcker oder Miele bezieht, setzt er spezielle Kundenwünsche und Sonderanfertigungen in den eigenen Schreinereien vor Ort um.

„Wir müssten erstmal noch eine Wand rausreißen und neue Bodenfliesen machen, bevor unsere Wunschküche hier wirklich Platz hat": Solche Sätze hört Fischer von Kunden oft – und er begegnet ihnen mit einem ausgeklügelten handwerklichen Konzept, das vom Fliesenleger über den Maler bis hin zum Installateur für Sanitäranlagen alles beinhaltet. Und natürlich den Schreiner.

Dabei wollte er selbst einmal gar keiner werden: „Nach der Schule war ich völlig ziellos", sagt der 53-Jährige. Sein Vater organisierte ihm schließlich die Lehre als Schreiner bei der Firma Holder in Waldkirch. „Die war für mich ein notwendiges Übel", sagt er heute, „ohne meinen Vater wäre ich wahrscheinlich Automechaniker geworden."

Selbst anpacken – das wollte Fischer schon immer. Schnell fiel ihm als junger Schreiner in verschiedenen Unternehmen auf, dass er nicht der Typ für strikte Arbeitsanweisungen und eintöniges Fensterverleimen war. Schon nach wenigen Wochen beim Fensterbau-Unternehmen Störr in Waldkirch heuerte er bei der Schönwälder Diskothek Waldpeter als Haus- und Hofschreiner an. „In dem Laden war ich eigentlich eher wegen unserer Feiergelage am Wochenende bekannt", erinnert sich Fischer.

Dem damaligen Besitzer fiel der mittlerweile selbstbewusste Kerl aber auch als vorlauter Anführer einer kleinen Jungs-Clique und als geschickter Schreiner auf. „Mit ihm traf ich auf jemanden, der meine Fähigkeiten anerkannte", sagt Fischer. Er leitete den Ausbau der Diskothek, sanierte das Privathaus der Eltern des Besitzers, schrieb seine Stunden auf. Für Fischer ein Aha-Erlebnis: „Bei ihm durfte ich zum ersten Mal erleben, was es heißt, selbstständig zu arbeiten."

Der Mann vom „Waldpeter" wurde Fischer auch als Unternehmer ein Vorbild. Als die Diskothek ihre besten Zeiten hatte, rief der Besitzer ihn zu sich: Er wolle verkaufen, der Zenit sei bald überschritten. „Er informierte mich sofort und bat mich, mir alle Zeit zu nehmen auf der Suche nach einem neuen Job – dann verkaufte er den Laden für zwei Millionen Mark", weiß Fischer heute. Sein Nachfolger ging ein Jahr später mit dem Waldpeter pleite. Für Fischer ein kluger Schachzug: „Der Besitzer des Waldpeters war unternehmerisch geschickt und gleichzeitig fair – das hat mich fasziniert."

Fischer ist kein Typ, der sich anpasst. In der Zeit beim „Waldpeter" spürte er zum ersten Mal in seinem Berufsleben, dass er ohne vorgegebene Strukturen viel dynamischer arbeitete. Trotzdem unterschrieb er wenig später einen Vertrag mit festen Arbeitszeiten bei der Ladenbau-Firma Kramer in Freiburg. „Zu der Zeit war wichtig: Habe ich Freitag bis Sonntag genügend Geld, in die Disco zu gehen, zu tanken und zu trinken?", erinnert sich Fischer und lacht. Das süße Leben mit dem Schritt in die Selbstständigkeit gefährden? Noch nicht.

An die Firmenhierarchie bei Kramer wollte er sich dennoch nicht so recht gewöhnen: Wenn er seine Wochenaufgabe als Schreiner regelmäßig schon donnerstags fertig hatte, brachte er seine Nebenjobs mit in die Firma – freie Schreiner-Aufträge, mit denen sich Fischer nach Feierabend etwas dazuverdiente. Der Meister wollte ihm am Donnerstag noch keine neue Aufgabe zuteilen: „Schön der Reihe nach abarbeiten im Tempo der Anderen und weitere Befehle abwarten, so war das", sagt Fischer und wölbt den Nacken nach oben wie eine Katze, die sich sträubt. Der junge Fischer nahm sich vor, mit seinem Chef über eine verantwortungsvollere Position zu reden. Wieder holte ihn die Erkenntnis aus seiner Kindheit ein: Reine Fleißarbeit macht auf Dauer nicht glücklich. Er wollte an etwas Größerem arbeiten.

Die Chance kam, als die Firma Kramer einen Ladenbaumonteur brauchte, der ein Fahrzeug führen und Baustellen koordinieren konnte. Um ernstgenommen zu werden, musste Fischer beharrlich sein – und hatte Erfolg:

> *„Ich wollte mich gerade für die neue Position melden, da eröffnete mir mein Chef, er wolle einen erfahrenen Monteur einstellen und mich als zweiten Mann mit auf das Auto setzen. Ich war aber kein zweiter Mann. ‚Ich mache das als zweiter Mann nur ein Vierteljahr – dann will ich mein eige-*

nes Auto, einen höheren Stundenlohn und eine eigene Baustelle koordinieren.' So meine Ansage als halbstarker 21-jähriger.

Mein Herz klopfte. Der Chef war skeptisch, dann willigte er ein. Was ich daraus gelernt habe? Man muss sich trauen, seine Wünsche auch zu formulieren – und laut auszusprechen."

Beharrlich die Vision, aber pünktlich den Termin verfolgen

Schnell hatte Fischer bei Montagen die Verantwortung für eine große Baustelle – er war der „Kapo". Er lernte von den anderen Baustellenleitern: „Wie die da in Ruhe eine Megabaustelle managen konnten – die Nerven muss man erstmal haben." Und einen genauen Plan. So wie Hubert, ein „Kapo", an den sich Fischer auf ganz besondere Weise erinnert:

„Hubert war Pole und der verantwortliche Kapo für ein Projekt in Hamburg Altona, was von Oberwinden betrachtet etwa am anderen Ende des Kontinents liegt. Ich war der neue Ladenbaumonteur und fuhr einen LT 28. Unsere Aufgabe: 105 Meter Kühltheke montieren. Die Supermarkt-Filiale sollte eine Woche später eröffnen – und erinnerte noch mehr an einen Meteoriteneinschlag als einen Supermarkt. Sieben LKW mit Thekenteilen standen an der Baustelle, seit acht Uhr waren wir unterwegs. Es war Montagabend. Alle Handwerker hatten die Baustelle schon verlassen.

Im schlimmsten Fall hatten wir bis zum Sonntagabend Zeit, alles zu montieren. Hubert krempelte sich die Ärmel hoch.

‚Jungs, das war jetzt hart', sagte er, nachdem wir neun Stunden aus dem Schwarzwald in die Hafenstadt getuckert waren. Er grinste und seine braunen Zähne kamen zum Vorschein. Er hatte einen besseren Vorschlag: ‚Wir sind hier am Donnerstagabend fertig, am Freitag machen wir eine Hafenrundfahrt, schauen uns auf Stundenlohn Hamburg an und am Samstag sind wir zuhause.' Er steckte dem letzten Staplerfahrer einen Hunderter zu. Bis elf Uhr abends waren alle Thekenteile an Ort und Stelle, um an den kommenden drei Tagen von uns montiert zu werden.

Huberts Plan ging auf: Am Donnerstagabend war alles fertig. Die Männer jubelten – und wir machten freitags alle gemeinsam eine Hafenrundfahrt und bummelten durch Hamburg. Keiner hatte ein schlechtes Gewissen. Und die Metzgerei eröffnete pünktlich."

Die Begegnung mit Hubert prägt Fischer bis heute. „Wenn man etwas wirklich will, wird man immer fertig, und zwar auf Termin – gibt es keinen, wird man auch nie fertig", so einfach seine Logik, der er bei Planung jedes neuen Küchenstudios folgt.

An einem Freitag im Oktober 2015 eröffnet er sein siebtes Studio in Karlsruhe, es gibt Champagner und Currywurst. Seit Monaten hängen die Pläne der Architekten in Fischers Büro, sie haben jede Ecke des neuen Studios nach seinen Wünschen umgestaltet. „Meine Pläne selbst in der Hand halten" – das will Fischer, seit er als Kapo auf der Baustelle in Hamburg Altona stand.

Kapitel 1

„Ich bin bereit, alles zu tun"

Die Entscheidung, sich selbstständig zu machen, traf Fischer kurz nach dem Mauerfall. Im Juni 1990 leitete er zum ersten Mal alleinverantwortlich eine Baustelle in Zwickau. „Dort war alles furchtbar: das Essen, das Hotel, das Gefühl. Die Menschen dort konnten ja nichts dafür. Aber mir reichte es", erinnert sich Fischer. Im Januar 1992 machte er sich selbstständig: Er meldete einen eigenen Montagebetrieb an und verkaufte Küchen aus Katalogen, die sich zuhause auf seinem ehemaligen Kinderzimmer-Schreibtisch stapelten. Mühsam baute er sich ein Netz von Kunden in der Umgebung auf.

Heute kann er sich kaum mehr vorstellen, wieviel Mut ihn diese Entscheidung gekostet hat. „Wenn ich heute eine paar Hunderttausend ins Risiko gehe, habe ich nicht einmal höheren Blutdruck", sagt er, „denn das größte Risiko habe ich schon vor 25 Jahren gewagt."

Auch wenn Fischer heute den Mauerfall dafür verantwortlich macht, dass er sich selbstständig machte: Es gab noch einen weiteren Grund. Wieder war es eine kleine Herausforderung, die ihn kitzelte und ihm keine Ruhe ließ:

„Kurz vor der Selbstständigkeit arbeitete ich mit einem Monteur einer Küchenstudio-Kette aus der Region zusammen. Vom Umsatz bekam er nach der Montage einer Küche beim Kunden 6,5 Prozent, ich nur zwei Prozent. Klar, ich war auch nicht der Kapo. Aber war ich über diese Position des Gehilfen nicht schon hinausgewachsen? Ich dachte mir: So

weit warst du doch schon. Was der kann, kannst du auch. Warum bekommst du dann nicht die 6,5 Prozent?"

Er schmiss seine Anstellung bei Kramer und kündigte auch beim Kollegen des Küchenfilialisten. „Der Kramer-Juniorchef prophezeite mir noch, dass ich ohnehin wiederkommen würde. Schließlich gab es dort gutes Geld. Doch ich kam nicht", erinnert sich Fischer.

Der Küchenfilialist von damals ist heute direkte Konkurrenz für die Fischer Küchenateliers im südwestdeutschen Raum – dennoch bezeichnet Fischer dessen Firmengründer eher als Vorbild denn als Kontrahenten. „Schließlich bin ich an ihm gewachsen", sagt er – und erinnert sich an eine Szene Jahre später auf einer Küchenmesse, auf der der Konkurrent, der seit über 35 Jahren mit mittlerweile rund 100 Mitarbeitern Küchen an diversen Standorten verkauft, ihm auf die Schulter klopfte: „Fischer, dir wird das Elztal also auch eines Tages zu klein werden." Und so sollte es geschehen. Doch davon hatte Fischer zu Beginn seiner Selbstständigkeit noch keine Ahnung.

Die Zeit als freischaffender Monteur lehrte ihn abermals: Halte durch, sei beharrlich, glaub an das, woran du arbeitest. Diese Erfahrungen erleichtern ihm bis heute seinen Unternehmeralltag – und stellen ihn gleichzeitig vor ungeahnte Herausforderungen:

„Dieser Druck, dass du irgendwann fertig sein musst, hat sich irgendwann zu einer Selbstverständlichkeit entwickelt. Ich war so oft in der Situation: Ich komme zur Baustelle, alles

ist chaotisch und in zwei Wochen muss das Haus fertig sein. Das hat einen dann gar nicht mehr interessiert, ich habe gewusst: Das kriegen wir hin, so oder so.

Im schlimmsten Fall haben wir Samstagmorgens um drei Uhr früh mit der Silikonspritze die Glasvitrinen einer Metzgerei abgedichtet, damit sie um 7 eröffnen kann. Das war keine Ausnahme. Daher die Erkenntnis: Es geht alles, wenn man es will - wenn man bereit ist, etwas dafür zu tun.

Dieses Wissen zieht jedoch Jahre später im Unternehmen auch mal Probleme nach sich: Wenn ich mit einem meiner Monteure rede, der mir erzählen will, er konnte einen Auftrag nicht termingetreu ausführen, dann gehen die Alarmklingeln in meinem Kopf an: War er etwa nicht bereit, alles zu tun? Dann fahre ich aus der Haut. Deswegen haben sich schon Mitarbeiter von mir verabschiedet.

Ich musste erst lernen, dass man das, was man selbst leistet, nicht automatisch von anderen erwarten darf. Sie haben vielleicht eine andere Vision, die sie antreibt. Oder, wie mein Steuerberater es sagt: Wenn du das, was du selbst machst, an jemanden delegieren willst, brauchst du mindestens zwei oder drei Leute."

Wie Beharrlichkeit auch im Team funktioniert

Vier Jahre nach dem Schritt in die Selbstständigkeit entschied sich der Jungunternehmer für die Fortbildung zum Schreinermeister an der Handwerkskammer Ulm.

„Durch die Hauptschule hatte ich immerhin gelernt: Bildung ist easy going. Schließlich hatte ich nie schulische Probleme – das wäre auf dem Gymnasium vielleicht anders gewesen. Ich sah die Herausforderung eher in der ständigen Entwicklung meines Wissensstandes, beziehungsweise des Stands meines Könnens und meiner Erfahrungen. Trotzdem war klar, dass das nicht leicht werden würde: Als Selbstständiger meine Kunden zu halten, Geld zu verdienen – und gleichzeitig an zwei Tagen in der Woche den Meister zu machen."

In der Meisterschule hatten bei Weitem nicht alle angehenden Meister schon ein eigenes kleines Unternehmen im Rücken wie Raimund Fischer – und daher auch keinen Einblick in die wirtschaftlichen Rahmenbedingungen des Berufs, wie Fischer ihn erlebt hatte:

„Jeden Freitag und Samstag saßen 22 Schreiner in einem Raum, die meisten davon schwer berufsverliebt. Manchmal fragte ich mich, ob sie auch nachts von handgeschnitzten Kirschholzschränkchen träumten. Meine Skepsis trug ich eines Mittags in der Kantine wie so oft nicht gerade charmant in die Runde: „Wir werden die Huren der Industrie sein!" Denn die war uns Schreinern schon damals meilenweit voraus, wenn es darum ging, Küchen, Möbel oder Geräte perfekt zu fertigen.

Unsere Aufgabe würde es sein, als Schreiner Industrieprodukte für unsere Kunden zu individualisieren und entsprechend zu vermarkten. Das ist, was auch die Fischer Küchenateliers tun: Beste Qualität in der Verarbeitung liefern, aber eben auch den achteckigen Bistrotisch mit Maiglöckchen-Muster, wenn das der Kunde wünscht.

Denn wenn ich heute eine automatisierte Kantenanleimmaschine für 200.000 Euro kaufe, damit meine Kante gut auf dem Korpus sitzt, hält sie nicht so gut wie die der Industrie. Schließlich läuft die Maschine bei mir eine Stunde am Tag, in der Industrie 15 Stunden – mit einer Präzision, die ich niemals hinkriegen werde.

Trotzdem: Von meinen Meisterkollegen erntete ich damals Unverständnis. Erst der Besuch bei einem Zimmermannsbetrieb im Allgäu brachte alle zum Nachdenken: Zwei Gesellen hobelten und schliffen dort gemächlich über ihrer Werkbank. Ihr alter Meister war beunruhigt, wie lange er sie noch beschäftigen könne, denn, wie er sagte, „wisse Sie, es ruefe halt nimmi so viele ah wie früher." Klar, die Kunden sprachen nicht mehr den Handwerker an – sondern der Schreiner musste auf seine Kunden zukommen!"

Genau diese Erkenntnisse machen letztendlich den Unterschied zwischen einem noch so geschickten Schreinermeister und einem Unternehmer mit demselben Handwerkszeug. Bei ihm gehören dazu aber auch Kenntnisse über Marketing, Kundenbindung und vor allem die ständige Überprüfung der eigenen Position in der gesamten Branche, die Fischer als Chef seiner Holding vor allem auf Messen und Verbandstreffen einschätzen konnte.

Später erkannte Fischer, dass er, um sich auch über Finanzierungsstrategien und mögliche Organisationsformen von Unternehmen zu informieren, noch viel mehr Zeit in seine Aus- und Fortbildung investieren musste. Nach seiner Meisterprüfung, einem anschließenden Betriebswirt des Handwerks und mehreren Jahren Führungserfahrung wurde er schließlich an einer Berliner Hochschule zum Studium eines Bachelor of Business Administration zugelassen. „Erst im Studium wurde mir klar, wie wertvoll es ist, nicht alles im Kopf haben zu müssen – sondern Quellen des Wissens anzapfen zu können", sagt er heute. Doch bis dahin war es noch ein weiter Weg.

Denn auch Fischers berufsverliebte Mitschüler auf der Meisterschule hielten eine wichtige Erkenntnis für ihn bereit: Beharrlich konnte man im Team manchmal noch viel mehr erreichen als alleine. „Ich war mein Leben lang darauf getrimmt worden, mich selbst durchzukämpfen und aus alleiniger Kraft meinen Weg zu bestreiten. Mir hatte nie jemand etwas geschenkt." Bis zum entscheidenden Tag seiner Meisterprüfung.

„Neben schriftlichen Tests in Mathematik oder Stilkunde musste jeder Schüler eine Arbeitsprobe bestehen. Die Prüfer beobachten dabei, wie die angehenden Meister einen vorgegebenen Gegenstand aus Holz in streng begrenzter Zeit fertigen.

Ich bin ein furchtbarer Hektiker, und damals kannte ich auch noch keine Methoden, meine Hektik in den Griff zu bekommen. Meine Kollegen kamen mir zu Hilfe – mit einem Pakt: Wir würden die Arbeitsprobe im Team bestehen, alle im gleichen Tempo, sodass keiner aus der Ruhe kommt.

Wie sollte das gehen, zumal ich furchtbar nervös war? Also gab ein Schreinerkollege, der immer auf den Punkt mit seiner Arbeit fertig war, in der Prüfung der Arbeitsprobe das Tempo an. So hatten wir es in einem eingeschworenen Team von sieben Freunden vereinbart: Keiner fängt einen neuen Arbeitsschritt an, bevor nicht auch alle anderen sechs so weit sind.

Ich hatte meine Werkbank hinter unserem Leitwolf und wusste: Wenn ich mich an ihn halte, bin ich gut in der Zeit. Wir arbeiteten im Team – und bestanden bravourös. Zwar nicht als Schnellste; aber dafür, dass wir gegenseitig Rücksicht aufeinander genommen und niemanden aus der Gruppe zurückgelassen hatten, bekam jeder von uns eine halbe Note gutgeschrieben. Über vieles gingen unsere Meinungen in der Meisterschule zwar stark auseinander. Aber mit dieser einen Erfahrung durfte ich das erste Mal erleben, was Kollegialität bedeutet."

Wie einen „magischen Moment" habe er die Prüfung empfunden, sagt Fischer – fast wie im „Flow", bei dem alle anderen Gedanken sich in Luft auflösen und ein erreichtes Ziel berauschend wirkt wie ein Glas Champagner auf nüchternen Magen. Auch wenn das bescheidene Ziel für Außenstehende wenig bedeutsam erscheint.

„Fangen Sie klein an", sagte übrigens auch Brunello Cucinelli, der italienische Bauernjunge, der heute Milliarden mit seinen Kaschmirpullovern verdient. Es geht nicht nur um harte Zahlen, sondern um die Begeisterung, dran zu bleiben. So erinnert sich auch Cucinelli im ZEIT Magazin:

„Im ersten Jahr, als wir unsere ersten 53 Pullover verkauften, fühlte ich mich wie Alexander der Große."

Kapitel 2

Umgeben Sie sich mit Menschen, die Ihnen helfen, Ihre eigenen Fähigkeiten voll zu entfalten - und schätzen Sie sie.

"You can make more friends in two months by becoming more interested in other people than you can in two years by trying to get people interested in you."

Dale Carnegie, US-amerikanischer Kommunikationstrainer

Eine internationale Küchenmesse bei Bielefeld im Herbst 2015, Fischer trägt spitze rote Herrenschuhe und löffelt Lachscarpaccio aus einem kleinen Einmachglas. Ihm gegenüber an dem kleinen Catering-Tisch sitzt ein ergrauter, aber hellwach blickender Mann im schwarzen Anzug, ein Mitarbeiter des Hausgeräteherstellers AEG.

Schon Fischers erstes Studio in Gutach ließ der Mann mit Geräten beliefern - ohne irgendwelche Auflagen, ohne Sicherheit. „Da war ein Gefühl, das würde klappen", erinnert sich Fischer, „das hab ich ihm vermittelt." Und der AEG-Vertreter, warum zählt auch er zu den Gewinnern dieser Verbindung? Der Hersteller setzt zu diesem Zeitpunkt beträchtliche Summen über Fischers Unternehmen um, im Juni 2016 wird Fischer zu einem Empfang der 150 wichtigsten AEG-Partner in Berlin eingeladen. Als er die Einladung bekommt, zieht er ungläubig die Mundwinkel nach unten, die Augenbrauen strecken sich. Er weiß, wem er sie zu verdanken hat. „Als ich noch keinen Namen, kein

Standing und keinerlei Sicherheiten in der Branche vorweisen konnte, hat dieser Mann mir sein Vertrauen geschenkt", sagt Fischer. Es ist nur eine der Begegnungen in Fischers Leben, die in seinem Leben rückblickend wichtige Weichen gestellt haben - auch, weil er jede dieser Begegnungen noch immer so wertschätzt wie am ersten Tag.

Als ein Kundenbetreuer der Firma Miele Fischer auf derselben Bielefelder Messe darauf hinweist, dass auch seine Firma „nur ein Familienunternehmen" sei, lacht Fischer für einen Moment schallend auf. Wer an den Elektrogerätehersteller mit heute weltweit rund 18.000 Beschäftigten denkt, dem kommt diese Bezeichnung absurd vor. Doch tatsächlich: Alleine erfand Carl Miele 1911 nicht, was heute aus keinem modernen Haushalt mehr wegzudenken ist: die erste Waschmaschine mit Elektromotor, später dann den ersten Geschirrspüler Europas.

Gemeinsam mit dem Unternehmer Reinhard Zinkann, so heißt es in der Unternehmensgeschichte auf der Webseite von Miele, fertigte er bereits Ende des 19. Jahrhunderts Milchzentrifugen in seiner Fabrik „Miele & Cie", die zu der Zeit elf Mitarbeiter beschäftigte. Später sollte sein Enkel Rudolf Miele in seine Fußstapfen treten, dessen Sohn Markus Miele seit 2002 einer der Geschäftsführer des Unternehmens ist - gemeinsam mit Zinkanns Urenkel.

Kaum ein Unternehmer, Visionär oder Wissenschaftler erreicht seine Ziele allein. Standen in traditionellen Familienunternehmen früher Ehefrauen und Söhne hinter erfolgreichen Firmengründern, rücken heute - neben der Familie, die wohl immer noch den wichtigsten Rückhalt bildet – zunehmend Mitarbeiter, Mentoren, Berater und enge Vertraute aus dem persönlichen und beruflichen Umfeld an diese Stelle. Die Macht von „Vitamin B" hat 2010 zum Beispiel auch das Institut für Arbeitsmarkt- und Berufsforschung der Bundesagentur für Arbeit festgestellt: Die Forscher fanden heraus, dass Unternehmen rund 40 Prozent ihrer offenen Stellen am liebsten an „eigene Mitarbeiter oder persönliche Kontakte" vergeben.

Ein erstes Küchenatelier – und bald 1,5 Millionen Mark Umsatz

Nach fünf Jahren als selbstständiger Monteur kitzelte den jungen Raimund Fischer ein weiterer Schritt: ein eigenes Küchenatelier, in dem er ausstellen, Kunden beraten und ihre Wünsche maßgeschneidert umsetzen konnte. Dazu musste er weg von den Katalogküchen, die er die ersten Jahre vom Schreibtisch seines alten Kinderzimmers aus verkaufte. Aber woher das Geld nehmen für die erste eigene Küchenausstellung?

„Es ist für mich kein Geheimnis mehr, dass die Entscheidungen von Bankern neben harten Zahlen und Fakten sehr stark auf persönlichen Eindrücken basieren," erklärt Fischer heute, wie seine erste Geschäftseröffnung möglich war. Der Drahtzieher im Hintergrund: Ein Kundenbetreuer Fischers von der Volksbank Breisgau Nord. Der Mann, der später selbst Karriere machen sollte, schaffte es, Fischers sparsame Eltern von einer Grundschuld auf ihr mühsam abgezahltes Haus zu überzeugen, um das erste

Küchenstudio ihres Sohnes zu finanzieren – ohne jede Sicherheit.

„Es war der 1. Juni 1997, und ganz Oberwinden schien den Atem anzuhalten. Der kleine Schreinersohn aus der Staude und ein eigenes Geschäft? Keiner im Dorf glaubte daran, dass ich wirklich wie geplant an diesem Tag meine erste Ausstellung eröffnen würde: Fünf Musterküchen auf 60 Quadratmetern in einem kleinen Ladengeschäft am Oberwindener Kirchberg. Euch zeige ich's, dachte ich mir. Pünktlich zum Termin schloss ich morgens die Türen auf – wie bis heute bei allen meiner Filialen."

Das Gebäude am Kirchberg hatte Fischer für 150.000 Mark ausgebaut – genau die Summe der Grundschuld, die seine Eltern auf sich genommen hatten. Das Einzige, was er im Kopf gehabt habe, war, diese Schuld abzubezahlen, erinnert sich Fischer. Für seine Eltern, für sich selbst, aber vor allem, um das in ihn gesetzte Vertrauen nicht zu enttäuschen. Nach drei Jahren hatte er jeden Pfennig zurückbezahlt, 50.000 Mark pro Jahr als junger Unternehmer.

„Ich habe geackert wie ein Blöder. Das Vertrauen des Volksbank-Mannes hatte ich von da an nicht nur gewonnen, ich konnte es noch bekräftigen. Dafür habe ich bis heute die Marotte, dass mein Kontokorrent voll sein muss mit Reserven. Auch, wenn sogar mein Steuerberater sagt, dass das gar nicht nötig ist. Er nennt mich liquiditätsversessen. Vielleicht ist es aber auch wie mit meiner Mutter und ihrer Holzbeige: Selbst wenn das Brennholz noch tagelang reichen würde,

Kapitel 2

geht man lieber schon Nachschub holen – falls ein kalter Winter kommt."

Sein nächstes Ziel nach der Küchenausstellung am Kirchberg: Ein eigenes Studio in Gutach. Ein Unternehmensberater seines damaligen Küchenverbandes „Der Kreis" gab ihm dazu ein klares Ziel vor: 1,5 Millionen Mark Umsatz, um den Bau auf dem Gutacher Grundstück zu finanzieren und gleichzeitig weiter existieren zu können.

„Diese Zahl hatte ich im Kopf. Im dritten Jahr habe ich das dann am Kirchberg gemacht: die 1,5 Millionen Mark. Ich habe das verbissen verfolgt, bis ich wusste: Jetzt kann ich bauen."

Auch für die Finanzierung des Gutacher Küchenstudios stellte Fischers Unterstützer von der Volksbank schließlich die Weichen. Mit welcher Sicherheit? „Er kannte mich", sagt Fischer, ein Grinsen huscht über sein Gesicht, „dass er mir vertraute, spornte mich an."

Das erste Fischer Küchenstudio in Gutach-Bleibach eröffnete am 9. September 1999 mit 27 Musterküchen auf 400 Quadratmetern und einer Schreinerei von 350 Quadratmetern. Zwei Jahre später baute Fischer erneut aus: 1200 Quadratmeter Ausstellungsfläche, 550 Quadratmeter Schreinerei und 350 Quadratmeter Lager.

2014, mittlerweile als Inhaber von sechs Gesellschaften, ließ Fischer das Gebäude um einen Verwaltungsbau erweitern – und feierte die erneute Vergrößerung seiner ersten

Filiale mit allen Mitarbeitern. Doch so sehr Fischer in seiner Arbeit aufzugehen scheint – richtig genießen kann er die kleinen und großen Erfolgsmomente nur gemeinsam mit seiner Familie. Ganz oben an der Pinnwand über dem bunt markierten Jahresplaner in Fischers Büro hängt ein Foto seines Sohnes Carlos. Mit einer großen Schere schneidet er ein rotes Stoffband durch. Der Weg dahinter führt über einen gläsernen Durchgang hinüber zum Verwaltungsbau von Fischers erster Firma. Carlos schneidet, seine Mutter Bianca blickt überwältigt in eine Menge klatschender Gäste und Mitarbeiter. „Das ist Gänsehaut-Feeling", sagt Fischer und steht von seinem Bürostuhl auf. Die Pläne seiner damals kurz vor der Eröffnung stehenden Filiale in Karlsruhe, die gut sichtbar inmitten des Büros hängen, wird er bald zu den Akten legen. Das Foto haftet noch immer ganz oben.

Die Kraft des nächsten Umfeldes

„Es geht darum, die Menschen zu finden, die dir helfen, deine eigenen Fähigkeiten voll zu entfalten", resümiert Fischer die ersten Jahre seiner Unternehmensgründung, „und darum, sie wertzuschätzen." Mit dem Vertreter der Volksbank verbindet ihn bis heute eine große Dankbarkeit und Respekt. Ein Leichtes, könnte man sagen, solange die Geschäfte gut laufen. Doch das Vertrauen des Bankers half Fischer auch in seiner größten Unternehmenskrise im Jahr 2002, als es darum ging, zu überleben – oder Insolvenz anzumelden (vgl. Kap. 6).

Als weiteren treuen Berater in guten und schlechten Zeiten erlebt Raimund Fischer bis heute seinen Steuerberater aus

Kapitel 2

Waldkirch-Kollnau. Er war es, der Fischer zu Beginn seiner Karriere in wichtigen Finanzierungsgesprächen mit Bankern darauf hinwies, dass seine Knie wackelten. „Du bist obenrum total cool, aber wer einen Blick unter den Tisch wirft, sieht deine Unsicherheit", so soll er den jungen Fischer auf die richtige Körpersprache in geschäftlichen Verhandlungen angesprochen haben.

Wie der Besitzer des „Waldpeter" auf Fischer einen bleibenden Eindruck hinterlassen hatte, zählt auch der konkurrierende Küchenfilialist aus der Region noch immer zu den Unternehmern, die Fischer inspirieren. Nicht von ungefähr kommt Fischers Positionierung in Südwestdeutschland – doch kann er sich noch weit mehr vorstellen. „Gerade am Anfang einer Firmengründung ist das nahe Umfeld sehr hilfreich – und die Gewissheit, dass andere schon geschafft haben, was man selbst vorhat."

Zuerst habe man ihm das eigene Unternehmen nicht zugetraut: Schon in seiner Jugend hatte Fischer sich dem lokalen Rockerclub angeschlossen und war bekannt dafür, zu schnell zu fahren oder mal an einer Tankstelle die Zeche zu prellen. Ein bisschen hänge ihm sein Ruf noch immer an, sagt Fischer. Dass wider Erwarten dann doch etwas aus dem kleinen Schreinersohn zu werden scheint, wird Fischers Meinung nach noch heute auch kritisch betrachtet.

Und auch er hat seine Probleme mit der Art, wie im Dorf kommuniziert wird. Zwar ist er dem breiten Elztäler Dialekt ebenso mächtig wie gepflegtem Hochdeutsch. Eine Erfahrung wie die mit den „dreien von der Tankstelle" – von Fischers Tankstelle – machte ihm aber klar, wie sehr er sich in manchen Aspekten von seinen heimatlichen Sitten entfernt hat:

„Egal, ob ich einen Tag, zwei Tage oder zwei Wochen von zuhause weg bin: Wenn ich ins Elztal zurückkomme, durch den Hugenwaldtunnel fahre und dann den Hörnleberg sehe, bekomme ich Gänsehaut. Schon als Kind habe ich viel Zeit an der Elz verbracht. Heute bilde ich mir ein, dass die Nähe zum Fluss mir Energie spendet. Für mich heißt dieser Ort: Hier komme ich her, hier gehöre ich hin.

Doch in Oberwinden kennt nicht nur jeder jeden. Es gibt auch nur einen einzigen Dicken mit Zopf. Ich kann mir also sicher sein, dass keiner meiner Schritte unbemerkt bleibt. Wie

neulich an einem Samstag. Ich fahre nach einer Woche Skiurlaub, in der ich schon donnerstags anfange, den Samstag mit Arbeit zu verplanen, nachmittags zu unserem Stand auf der Küchenmesse in Offenburg. Nicht, weil ich muss. Ich will.

Kapitel 2

Was treiben meine Mitarbeiter, wie ist die Stimmung? Es fühlt sich gut an, mit Anzug und einem Ziel vor Augen ins Auto zu steigen, auch wenn ich weiß: Die Messe läuft auch ohne mich.

Bestens gelaunt komme ich auf dem Rückweg über den Berg zurück ins Elztal gepest, vorbei an einer Tankstelle im Prechtal. Es ist halb sechs – Zeit für die Elzacher und Prechter Unternehmer, sich auf ihr Samstagsbier zu treffen. Ich tanke also, laufe rein und da stehen der Bauunternehmer, der Sägewerkbesitzer und der Metzger am Bistrotisch. Ich grüße freundlich. Darauf gleich die Frage: „Alles gut bi dir, hä, bi dir laufts wie'd Sau hä?" Eigentlich wollte ich ja keine Diskussion anfangen. Aber gut. Ich drehe meinen Kopf, mein Körper bleibt der Kasse zugewandt. „Ja, es läuft gut", stimme ich zu, „weil ich mich mit sehr viel zeitlichem Aufwand intensiv darum kümmere".

Ich meine, allein schon die Tatsache, dass ich am Samstagabend mit einem Bier in einer Tankstelle sitze, da sage ich: Da stimmt was nicht. Die wollen nicht daheim bei der Familie sein und wollen nicht bei der Arbeit sein. Die wollen mit ihren Kollegen da sitzen und ein Bier saufen. Was ja auch mal okay ist – aber nicht in einer Tankstelle. Das ist meine Sichtweise, meine Welt. Sie überschneidet sich manchmal nicht hundertprozentig mit der des normalen Elztälers.

Bei den Dreien habe ich damit nicht an Sympathie gewonnen. Und ich sehe auch keinen Grund, auf diese Art der Kommunikation einzugehen. Natürlich könnte ich sagen: ‚Mmmmh, joa, läuft so, geht so, I muss halt au immer gug-

ge.' Dann würden sie vielleicht nicht denken: So ein arrogantes Arschloch. Aber mittlerweile ist mir das egal, weil ich in dem Bewusstsein lebe, dass keiner hilft, wenn es darauf ankommt. Wenn mein Unternehmen schlecht läuft, wird das ganze Elztal sagen: „War ja eh klar. So wie der Fischer des macht, des het nix werre kinna." Und wenn es erfolgreich ist, dann sagen viele: „Der hat es ja auch einfach gehabt. Des war jo nit so schwer."

Trotz allem Geschwätz, Hohn oder Neid, mit denen man als Dorfkind leben muss – als Stadtkind hätte ich wohl nicht den Ansporn gehabt, dieser kleinen, engen Welt um mich herum zu zeigen: Ich kann das. Euch werde ich's beweisen. Ich könnte nicht in einer Stadt leben, ich würde eingehen. Ich brauche diese drei Typen an der Tankstelle. Sie sind auf ihre Art erfolgreiche Unternehmer. Ohne es zu wissen, spornen sie mich an, über mich hinauszuwachsen. So ist Oberwinden für mich nicht nur eine Kraftquelle, sondern immer auch die nächste Herausforderung."

Die Kraft der Familie

Fischer ist ein Beziehungstyp – was wohl damit zusammenhängt, dass ein Schlüsselereignis mit einer Frau in seiner Jugend überhaupt erst dazu führte, dass er sich vom „unbedeutenden Dickerchen" zum selbstbewussten Teenager entwickeln konnte. Fischer war 14 und auf dem Höhepunkt seiner pubertären Unsicherheit – als ihm eine gewisse Emily begegnete.

„Bis zu meinem dreizehnten Lebensjahr war ich sehr introvertiert. Meiner Schwester Angelika habe ich es zu verdan-

ken, dass ich Oberwinden mit 14 das erste Mal verließ. Sie hatte irgendwo von einer Jugendreise gehört und mich prompt angemeldet: Zehn Tage Jugendlager und Flussfahrt in Südfrankreich. Hätte man mich sechs Wochen auf Weltreise geschickt, ich wäre nicht weniger aufgeregt gewesen. Ich kam als anderer Mensch zurück.

Die Reise war in eine Schifffahrt und einen Camp-Aufenthalt gegliedert. Mädchen und Jungs waren überall strikt voneinander getrennt – bis auf den Moment, wenn wir anlegten und ein paar Jungs die Taue beider Boote an Land ziehen mussten. Ich völlig unbedarfter, 14-Jähriger Bub krempelte also die Ärmel hoch. Für die 16-Jährige Emily war das ein eindeutiges Zeichen. Die dunkelhäutige Schönheit machte mir ein freches Kompliment für die blonden Härchen auf meinen braungebrannten Unterarmen. Und sie meinte wirklich mich! Was Jungs anging, war sie offenbar nicht unerfahren. Ich lernte schnell. Mein erster Kontakt zum anderen Geschlecht legte bei mir den Schalter um.

Zurück in Oberwinden war ich der Raimund Fischer, der schon „eine Schwarze hatte" - aus heutiger Sicht eine unmögliche Bezeichnung. Aber damals gefiel mir der anrüchige Ton, in dem meine Klassenkameraden hinter meinem Rücken tuschelten. Mein Ansehen unter ihnen stieg rasant, und auch bei den Mädchen verfehlte das bisschen Verruchtheit seine Wirkung nicht. Meine Mutter sagt das so: ‚Er kam zurück und fing an zu fegen'."

Mit einem frisierten Mofa fuhr Fischer daraufhin regelmäßig ins 60 Kilometer entfernte Sulzburg zu Emily und ihren Freunden. Mit 17 hatte er sein erstes Auto – und wenig später die Polizei vor der Tür. Seinen Eltern hatte er erzählt, er würde nur zu Übungszwecken fahren. Dass er auch übte, mit 100 Sachen zum Oberwindener Bahnhof zu rasen, verschwieg er sicherheitshalber.

Natürlich hielt die Beziehung zu Emily nicht ewig – Fischer empfindet diese Erfahrung aber bis heute als prägend für sein Selbstvertrauen. Bis er seine Frau Bianca 1993 beim Motorradfahren kennenlernte, führte Fischer nur zwei Beziehungen, die jeweils mehrere Jahre anhielten. Jedes Mal wurde er enttäuscht: Früher oder später bemerkte er, wie die Frauen ihn betrogen. „Das hat mich sehr mitgenommen – und Vertrauen gekostet. Meine zukünftige Frau Bianca musste sich am Anfang mit einem Mann zurechtfinden, der sein Geschäft über alles stellte – aus purer Angst, wieder verletzt zu werden", sagt Fischer und lächelt: „Zum Glück hat sie das ausgehalten." Heute ist Bianca Fischer nicht nur bei allem Geschäftlichen, sondern auch für Fischer privat seine größte Stütze. „Bianca gehört zu den wenigen Menschen, die meine Entscheidungen kritisch hinterfragt – und von denen ich mich auch hinterfragen lasse."

Raimund und Bianca Fischer heiraten im August 2000, nachdem sie die Feier zweimal wegen Firmeneröffnungen verschoben hatten. Im selben Jahr stieg auch Bianca Fischer ins Unternehmen ein. 2006 wird ihr lang ersehntes Kind geboren: Carlos Fischer, ein Blondschopf mit wachen, blauen Augen, hat auch bei Raimund Fischer viele Prioritäten verschoben. „Einfach abends vor dem Schlafengehen noch ein paar Minuten mit meinem Sohn über den Tag zu plaudern, ihm nahe zu sein – das ist das Größte".

Vor allem gefällt ihm, als sein Sohn – noch als kleines Kind – ihm manchmal einen Spiegel vorhält: „Papa, das was du machst, den ganzen Tag Auto fahren von hier nach da und zurück und dabei telefonieren – das will ich mal nicht machen." Trotzdem nimmt Fischer seine Familie gern auf Branchenveranstaltungen mit: „Carlos soll sich ein Bild machen können, worin die Arbeit seines Vaters besteht. Dass das bei Weitem nicht nur Büroarbeit ist, sondern ganz viel mit Menschen zu tun hat", sagt Fischer. Nur so könne sein Sohn eines Tages selbst entscheiden, ob er in seine Fußstapfen treten möchte.

Die Kraft einer intakten Familie ist für Fischer keine Selbstverständlichkeit. Obwohl sein Vater ihm bis heute als Vorbild dient, litt er bisweilen darunter, dass auch er sich von Fischers Mutter in vielen Dingen beeinflussen ließ. Zu ihr hat er ein gespaltenes Verhältnis: Ihre Ängstlichkeit macht ihn traurig – und verleiht ihm gleichzeitig immer neuen Ansporn, Angst in Mut umzuwandeln:

„Wir bauten gerade das erste Küchenstudio in Bleibach 1999, als ich mich auf einer Verbandstagung darüber informierte, wie man privates Vermögen aus der Gesellschaft heraushält, um sich persönlich abzusichern.

Nach einem Seminar bei einem Wirtschaftsprüfer und Steueranwalt übertrug ich Bianca das Haus in der Staude als Schenkung. Ich habe das für die Familie getan – damit unser

Zuhause haftungsrechtlich aus der Gesellschaft ist, damals, als ich noch voller Gesellschafter war. Nach einem langen Gespräch mit meinen Eltern kam schließlich ein Schreiben, dass der Grundbucheintrag des Hauses nun auf meine Frau läuft. Mein Vater kam wutentbrannt hoch in unsere damalige Wohnung über der Elternwohnung und fragte, ob ich jetzt wohl „die Heimat verschenke" – für ihn nach einem Leben voller Arbeit, um ein Haus abzubezahlen, das wohl sensibelste Thema überhaupt. Verständlicherweise.

Ich erklärte ihm nochmals, dass diese innerfamiliäre Regelung nur dazu diente, das Haus wirtschaftlich aus dem Unternehmen zu halten. Beim Wort ‚innerfamiliär' grummelte er nur. ‚Wo hört bei Dir die Familie auf, bei mir oder geht die auch noch weiter bis zu meiner Frau?', wollte ich von ihm wissen – auch wenn unsere Hochzeit erst kurz bevorstand. Da wurde ihm klar, dass er überreagiert hatte.

Meiner Meinung nach war er von meiner Mutter zu diesem Ausbruch angestiftet. Das ist einer der tiefen Abgründe unserer familiären Geschichten: Meine Mutter ist ängstlich und unzufrieden. Weil sie sich nie getraut hat, zu sagen, was sie wirklich will. Jeder ist seines Glückes Schmied. Man muss eben nur bereit sein, auch ein Risiko einzugehen. Stattdessen verbreitet sie ihr Leben lang Angst – was mich immer nur dazu ansportnte, weitere Risiken auf mich zu nehmen."

Dennoch hätte Fischer ohne die Bereitschaft seiner Eltern, die Grundschuld für die Finanzierung seiner ersten Küchenausstellung am Kirchberg auf sich zu nehmen, wohl nie ein eigenes Unternehmen gründen können. Für seine

Überzeugungskunst ist er dem besagten Volksbank-Vertreter noch immer dankbar. „Er sah, dass ich es schaffen würde, die 150.000 abzubezahlen. Diese Zuversicht hat er auf meine Eltern übertragen. Dadurch konnte ich auch selbst immer wieder Mut schöpfen – und wusste, ich will diesen Mann nicht enttäuschen."

Menschen als Antrieb

„Ich bin kein Leser oder Lerner, ich habe mich immer nur an Zielen und Menschen orientiert", sagt Fischer bis heute. Weil er als Schuljunge wenig Selbstbewusstsein hatte und sich von seiner Mutter kaum motiviert fühlte, über sich hinaus zu wachsen, orientierte er sich an anderen Weggefährten:

„Schon in der Schule hatte ich das Glück, zur richtigen Zeit die Menschen zu treffen, die mehr in mir sahen als den kleinen, unsicheren Hauptschüler mit dem Figurproblem. Herr Bräunlein, mein Erdkundelehrer aus der siebten Klasse, war einer von ihnen. Bedrohlich rollte er einmal seine riesige Landkarte neben der Tafel aus und zeigte auf mich. Gedanklich wurde ich einen halben Meter kleiner. Meine Handschrift an der Tafel vorführen zu müssen, würde eine helle Freude werden – nicht für mich, aber für die ach so coolen Jungs aus meiner Klasse. Bräunlein ließ mich nach vorne kommen. ‚Zeig' mir den Suezkanal!' forderte er mich auf. Ich zeigte zwischen zwei Hafenstädte neben der ägyptischen Halbinsel. ‚Beringstraße!' Mein Finger deutete auf die Meerenge zwischen Alaska und Russland. Niemand schien zu atmen.

‚Setzen, eine Zwei, gut, Raimund.' Mein Schnitt lag bis dahin genau zwischen zwei und drei, so schaffte ich es gerade auf die bessere Note. Verächtliches Pfeifen in der Klasse, ich lief hochrot an. Da hörte ich Bräunlein donnern: ‚Die meisten von euch können nicht mal den afrikanischen Kontinent zeichnen! Euch hätte ich hier vorne sehen wollen – also Ruhe jetzt!' Bräunlein war kein Lehrer, der seine Befehle zweimal sagen musste. Ich bilde mir ein, er hat mir an diesem Tag kurz zugezwinkert."

Mit Fischers schulischen Erfolgen stieg auch seine Motivation, immer besser zu werden. Schließlich ließ er sich durch nichts und niemanden mehr stoppen – und brachte sogar einem alten Mathelehrer noch etwas bei:

„Als unser neuer Mathelehrer Wöhrlin am ersten Tag seinen Notenschlüssel erklärte, schrieb ich alles haarklein mit. Ich hatte zwar eine Krakelschrift, aber auch einen kleinen Dickkopf. In Mathe, meinem Einser-Fach, sollte mir keiner etwas vormachen. Aber siehe da: Am Ende des Jahres stand eine Drei in meinem Zeugnis – in Mathe!

Zuhause rechnete ich den ganzen Nachmittag an meinen Ergebnissen des letzten Schuljahres herum – mit dem Ergebnis, dass Herrn Wöhrlin ein Rechenfehler unterlaufen sein musste. Meine Mutter war entsetzt, fürchtete einen Skandal. Ein Mathelehrer, der nach seinem eigenen Notenschlüssel keinen Notendurchschnitt ausrechnen kann? Meine Mutter flehte mich an, es bei der Drei zu belassen – schließlich könne nur der Lehrer Recht haben.

Kapitel 2

Am nächsten Morgen stand ich beim Rektor, um kurz später mit einem frisch gedruckten Zeugnis und einer Zwei in Mathe wieder nach Hause zu gehen."

Für Fischer sind das mehr als Schüleranekdoten, das spürt er heute. Es sind die Momente, die ihm einen kleinen Ruck für das ganze Leben gegeben haben: Du kannst das, glaub daran, tu' was dafür. Durch sie hat er seine Stärken, aber auch Schwächen erkannt. Manche davon lassen ihm bis heute keine Ruhe:

„Die damalige Schuldirektorin höchstpersönlich hatte mich auf dem Kieker. Sie meckerte permanent an meiner miserablen Rechtschreibung herum, die, wenn man sie überhaupt lesen konnte, weit hinter meinen kreativen Fähigkeiten im Fach Deutsch zurückblieb. Ich konnte seitenlange Aufsätze schreiben, Argumente vorbringen, diskutieren.

Meine Diktate aber waren eine Katastrophe, 60 oder 70 Fehler keine Seltenheit. Eine Fünf war mir in jedem Diktat sicher. Zusammen mit meinen Einser-Aufsätzen und der mündlichen Leistung kam ich immerhin auf eine Drei im Zeugnis. Als wir 1999 unseren heutigen Firmen-Hauptsitz in Gutach eröffneten, kam eine Redakteurin der ‚Badischen Zeitung', um über die Neueröffnung zu berichten: Meine ehemalige Schuldirektorin.

An meine Rechtschreibschwäche erinnerte sie sich sofort. Nach meiner Eröffnungsrede kam sie schnurstracks auf mich zu. Ein Fehler in meiner Aussprache? Mein achtjähriges Grundschul-Ich zuckte zusammen. ‚Raimund, vergiss' das mit der Rechtschreibung. Du kannst toll reden!', strahlte sie mich an. Das Grundschul-Ich hüpfte vor Freude.

Als mich ein Sparkassen-Vorstand Jahre später nach einer Veranstaltung flüsternd darum bat, im Mailverkehr doch bitte auf ‚Tippfehler' zu achten, konnte ich zum ersten Mal zu meiner Rechtschreibschwäche stehen: ‚Da haben Sie mein Problem erkannt.' Dass ich nicht fehlerlos schreiben kann, laust mich aber, wenn ich ehrlich bin, noch immer."

Fischer denkt darüber nach, seine Mails nur noch per Spracheingabe zu diktieren. Meistens tippt er dann doch eilig einige wenige Sätze in sein Smartphone oder die Tastatur. Er schämt sich nicht mehr - oder lässt Rechtschreibung nicht als etwas gelten, von dem er sich aufhalten lässt. „Ich habe noch Wichtigeres im Kopf", sagt er und grinst verhalten. Zum Beispiel das Motto, das die Badische Zeitung beim Abschied der ehemaligen Schuldirektorin und Redakteurin zitierte, ein Satz von Goethe: „Arbeite nur, die Freude kommt von selbst."

Kapitel 3

Setzen Sie Ihre Ziele hoch und kommunizieren Sie sie anderen.

Worte sind die mächtigste Droge, welche die Menschheit benutzt.

Joseph Rudyard Kipling, britischer Schriftsteller und Dichter

Um die Macht unserer Worte zu verdeutlichen, benutzte der Mentaltrainer José Silva ein einfaches Beispiel: Stellen Sie sich vor, Sie nehmen sich aus der Küche eine frische Zitrone. Fühlen Sie die wachsartige, gelbe Schale, dann schneiden Sie die Zitrone in Gedanken auf und beißen in eine Scheibe der Frucht. Saurer Saft umspült ihre Zunge. Schmecken Sie es auch? Vermutlich, denn:

„Wenn Sie Ihr Vorstellungsvermögen richtig eingesetzt haben, läuft Ihnen jetzt das Wasser im Munde zusammen. [...] Worte, nichts als Worte, haben Ihre Speicheldrüsen beeinflusst."

Worte als pure Vorstellung in unserem Gehirn, die dennoch eine körperliche Reaktion auslösen – an diesem einfachen Beispiel können wir beobachten, wie wir schon durch stilles Visualisieren, also nur vorgestellte, nicht ausgesprochene Worte und die Vergegenwärtigung ihrer Bedeutung unser Handeln oder unsere Reflexe beeinflussen. Was also geschieht erst, wenn wir diese Worte laut gegenüber anderen aussprechen?

Der amerikanische Linguist George Lakoff ging 2012 gegenüber Zeit Online so weit, zu behaupten, dass Metaphern – Bilder, die wir mit unserer Sprache formen – „Wahlen entscheiden können." So bescheinigte er den Republikanern in Amerika, wesentlich besser mit Sprachbildern umzugehen und diese in der Gesellschaft zu verankern als die Demokraten – was diesen zum Verhängnis hätte werden können.

Sprachpsychologen und Hirnforscher sind sich einig: Sprache beeinflusst unser Denken und Handeln. Sie wollen noch ein Beispiel dafür, wie die Wortwahl unser Denken leitet und Emotionen hervorruft? Sicher erinnern Sie sich an den Begriff „Herdprämie" für das 2015 in der Politik heftig umstrittene Betreuungsgeld – das natürlich vor allem Frauen in Anspruch nehmen würden, eben jener Elternteil, der sein Kind vorwiegend zu Hause betreut, statt zu arbeiten. Eine Diskussion über Geschlechterrollen entbrannte – nicht zuletzt auch wegen des Wortes an sich.

Für Raimund Fischer hat Sprache vor allem die Funktion, Bilder in seinem und im Kopf seines Gegenübers zu erzeugen. Und die entstehenden Bilder in den Köpfen der anderen als Motivation zu nutzen: „Setzen Sie Ihre Ziele hoch und kommunizieren Sie sie anderen – das setzt Sie unter Druck, diese Ziele auch zu erreichen", sagt er.

Sehen, was möglich ist – und es möglich machen

Fischer kann erschrecken, wenn ihm bewusst wird, wie konkret manche Dinge heute sind, die er sich vor Jahren vorgestellt hat. So erinnert er sich beispielsweise an seine erste klare Ansage zum Thema Unternehmensgründung vor 30 Jahren:

„‚Ich werde mal ein Unternehmen mit 50 zufriedenen Mitarbeitern und lauter zufriedenen Kunden haben. Dann kommt das Geld von alleine.' So oder so ähnlich habe ich das mit Mitte Zwanzig auf einem Motorradtreffen herausposaunt. Ich war wohl ziemlich betrunken. Trotzdem habe ich das schon damals völlig ernst gemeint. Meine Motorradclique kriegte sich allerdings nicht mehr ein vor Lachen. Na und? Mein Entschluss stand fest – auch wenn ich keine Ahnung hatte, was da auf mich zukam."

Ziele langfristig anvisieren, visualisieren und kommunizieren: Der Unternehmer ist sicher, dass ihn dieses Konzept weiterbringt. „Viele Unternehmer trauen sich nicht, ein richtig großes Ziel zu definieren und es den Menschen, die sie bei der Umsetzung unterstützen könnten, auch rechtzeitig mitzuteilen. Was kann schon schlimmeres passieren, als zu hören: nein, sorry, da kann ich dir nicht helfen?"

Im Frühjahr 2016 hat sich Fischer deshalb mit den Vorständen seines Einkaufsverbandes zusammengesetzt, um, wie er es nennt, „seinen Status zu analysieren". Mit welchen Lieferanten will der Verband in Zukunft arbeiten, wie kann Fischer davon profitieren und wie sieht es aus, wenn er expandieren will? Würde die verbandseigene Bank ihn unterstützen? Und gilt das auch für Geschäfte in der Schweiz?

Fischer eröffnet 2017 ein weiteres Studio in der Volketswiler Bauarena – wie genau die Finanzierung läuft, ist aber zu diesem Zeitpunkt noch nicht klar. Trotzdem zieht Fischer es vor, seine Pläne Banken und seinem Verband gegenüber offenzulegen, um später eventuell schnell handeln zu können: „Wenn du mit den richtigen Leuten geredet hast und sie wissen, was du planst, dann ist das ein ganz anderes Handeln, wenn der Plan dann kommt. Wenn etwas vorbesprochen ist, kannst du eine Entscheidung auch mal sehr schnell treffen und musst nichts mehr erklären. Dann reicht oft ein Anruf: Ihr wisst noch, vor einem Jahr sind wir zusammengesessen, jetzt ist es soweit - wie sieht's aus?"

Außerdem ermuntert Fischer dazu, groß zu denken. Will man ein neues Geschäft eröffnen, helfe kein „vielleicht", „hoffentlich" oder „mal sehen". „Haben Sie keine Angst zu sagen: Ich will in die Schweiz und dort zwei Millionen Umsatz machen. Wenn es dann nur 500.000 werden, haben Sie nicht unbedingt Pech gehabt – denn ohne das höhere Ziel wäre es sicher noch weniger geworden."

Keine Chance dem Stillstand

Nicht immer konnte Fischer so von Expansion reden. Als sein Unternehmen sich von 2003 bis 2008 in Intensivbetreuung befand, konnte er nirgends investieren, es gab keinen „nächsten Schritt" (s. Kap. 6). Zumindest nicht in Form eines weiteren Geschäftes.

Fischer investierte stattdessen woanders. Er beschloss, sich weiterzubilden – und so langfristig auch dem Unternehmen neue Perspektiven zu eröffnen. Nie hatte es Fischer gestört, „nur" einen Hauptschulabschluss zu haben. Doch schon nach der Meisterschule spürte er, dass es für einen Schreiner und Unternehmer noch mehr wichtiges Know-How geben müsse als bloße Handwerkskunst und Mathematik. „Ich beschloss, auch beim Thema Bildung nicht still zu stehen – wer weiß, was ich sonst verpassen würde?"

Um diese Einsicht umzusetzen, war nicht nur ein Erkenntniswandel nötig. Fischer brauchte auch Ansporn von außen. Wie wäre es, wenn ein Hauptschüler aus Oberwinden studieren könnte? Diese Frage ging ihm wieder und wieder durch den Kopf.

Zu Beginn der großen Geschäftskrise 2002 hatte Fischer seine berufsbegleitende Ausbildung zum staatlich geprüften Betriebswirt des Handwerks abgelegt. Zusammen mit einigen Jahren Führungserfahrung im eigenen Unternehmen ließ ihn die Steinbeis Hochschule in Berlin schließlich für den Bachelor in Business Administration zu – ein Studium, das Fischer an Wochenenden und in Seminarwochen in Berlin und London absolvierte.

Regelmäßig pendelte er aus dem Schwarzwald an die private Berliner Hochschule, um schließlich eine Abschlussarbeit über Total Quality Management in kleinen Unternehmen zu schreiben. Seine Motivation? „Satisfaction", sagt Fischer heute. Sein Ziel, einen Studienabschluss, hatte er auch in der Firma allen Mitarbeitern mitgeteilt – schließlich mussten diese auch wissen, warum Fischer zeitweise eine ganze Woche nicht in der Firma auftauchte. „Das hat mich unglaublich angespornt. Ab dem Moment, als ich angefangen hatte, wollte ich einfach allen zeigen, dass auch ein kleiner Hauptschüler es zum Studium schaffen kann – wenn er nur alles daran setzt."

Fischer investierte Zeit und Geld für sein Studium – Ressourcen, die andere Hauptschulabsolventen in Deutschland nicht aufbringen können oder wollen. So nahmen im Jahr 2013 nur halb so viele Hauptschulabsolventen eine weitere Berufsausbildung auf wie unter den Abgängern von Realschulen. Noch immer haben sie wesentlich schlechtere Chancen, von Ausbildungsbetrieben überhaupt angenommen zu werden.

Laut einem Datenreport von 2013 des Bundesinstituts für Berufsbildung bilden nur sieben Prozent aller Betriebe in Deutschland überhaupt Hauptschüler aus, davon „vermutlich zu einem großen Teil kleinere Handwerksbetriebe", wie ein Direktor aus dem Bereich „Lernen für's Leben" der Bertelsmann Stiftung kritisch anmerkt. Auch in den darauffolgenden Jahren bis 2017 zeichnet sich der Trend ab, eher Abiturienten als Absolventen mit niedrigerem Bildungsabschluss auszubilden.

Fischer versucht sein Vorgehen bei Neueinstellungen deshalb fairer zu gestalten: „Es geht nicht in erster Linie um formale Qualifikation, sondern um die Motivation und die Ziele, die mir ein Anwärter auf einen Job verdeutlicht. Kommen wir damit überein, ist mir sein Bildungsabschluss relativ egal – ich weiß selbst am besten, dass er bei Weitem nicht alles sagt."

Auch bei Bewerbern achtet Fischer darauf, wie und was sie kommunizieren. „Wenn mir jemand seine Ziele klar mitteilt, fühle ich mich gefordert, ihn oder sie dabei zu unterstützen, soweit das in meiner Macht steht." Am Anfang steht aber noch immer, wie damals bei Fischer selbst: Die Macht des Wortes.

Worte als selbsterfüllende Prophezeiung

Die Erfahrung mit dem konkurrierenden Küchenbauer auf einer Freiburger Messe („Fischer, auch Dir wird das Elbtal mal zu klein..") war Fischer stets im Kopf geblieben: Fischer erzählte dem erfahrenen Geschäftsmann von seinen Plänen, dem Betriebswirt des Handwerks und dem geplanten Studium in Berlin. Der erfahrene Unternehmer, der sich schon seit Jahren am Markt behauptete, war nicht nur ein Vorbild für Fischer. Ihm war auch klar: Was er ihm erzählte, müsste er eines Tages in die Tat umsetzen – oder er würde vor Scham im Boden versinken. Wieder machte er sich selbst den Druck, seine Ziele hoch zu hängen und entsprechend „heraus zu posaunen" – gegenüber einem Menschen, den er schätzte.

Die damalige Prophezeiung des Unternehmers, das Elztal würde Fischer auch irgendwann einmal zu klein sein, sollte sich bewahrheiten.

„An meinem 30. Geburtstag hatten wir unser erstes kleines Küchenstudio und ich sagte zu meiner Frau: Unser Konkurrent hat zwei Küchenstudios, eines in Lahr und eines in Freiburg. Da will ich auch hin. Und siehe da – als ich meinen 40. feierte, hatte ich drei Studios, der Konkurrent hatte fünf. Es

ging nicht um einen Wettlauf, aber darum, in seiner Liga zu spielen: Und in der Region der Unternehmer mit dem größten Erfahrungswert im Küchenfilialgeschäft zu werden."

Nachdem er sein Offenburger Studio 2008 erweitert hatte, folgte 2009 die Eröffnung einer weiteren Filiale in der Freiburger Glottertalstraße, 2011 dann in Schwenningen. Ein Jahr darauf schloss er die Türen in Waldshut-Tiengen auf, das fünfte Fischer Küchenatelier im südwestdeutschen Raum – und das, was Jahre zuvor nur ein paar Sätze mit vom Alkohol gelockerter Zunge waren, hatte sich realisiert.

Kapitel 4

Sorgen Sie dafür, dass man sich an Sie erinnert!

Was Du in anderen Menschen entzünden willst, muss erst in Dir selbst brennen.

Dale Carnegie, US-amerikanischer Kommunikations- und Motivationstrainer

„Wer eine Vision hat, hat eine positive Ausstrahlung", sagt die Psychologin und Autorin Barbara Schmidt in ihrem Buch „Glück braucht Mut", das auf der Logik des Mental-Coaches Jens Corssen beruht. Was nichts anderes heißt als: Menschen, die sich für etwas begeistern, können andere mitreißen. Dabei geht es gar nicht darum, jemanden für die eigene, selbst gehegte Leidenschaft zu begeistern - sei es Bergsteigen, Tanzen oder eine TV-Serie. Allein die Emotion der aufrichtigen Begeisterung macht uns attraktiv. Da kann es schon mal vorkommen, dass ein Fan von Burger und Schnitzel auf einer Party einem Veganer an den Lippen hängt, der von seiner Sache - ehrlich - überzeugt ist.

Auf sein Fleisch verzichten muss er deshalb nicht. Die Begegnung mit dem Veganer wird ihm trotzdem in Erinnerung bleiben. Und beim nächsten Einkauf wird er vielleicht sogar mal eine Packung Tofu mitnehmen - wenn auch, um festzustellen, dass es nicht sein Ding ist. Aber darum geht es nicht: Was zählt, ist die ansteckende Wirkung, die Leute mit Begeisterung in uns auslösen. Es scheint egal zu sein, worüber sie reden – man will einfach mehr davon erfahren. Es selbst ausprobieren. Vielleicht eine Grenze überwinden. Schlauer werden. Oder einfach nur eine neue Erfahrung riskieren und staunen.

Ein Brautpaar aus Fischers engerem Familienkreis musste lachen, als Freunde sie nach ihrer Hochzeitsfeier nach dem „Don" fragten, der da mit ihnen am Tisch saß. Wer denn das gewesen sei, ein Mafiosi? Ein Entertainer? Oder war er einfach nur verrückt geworden? Nein, konnten sie die Freunde beruhigen, der Mann sei bloß eine sehr auffallende Erscheinung. Er kann sein Gegenüber im Gespräch zweifellos umgarnen – und bleibt, wie diese Feier zeigt, unvergessen. Das mag auch an seiner Vorliebe für knallrote Hemden liegen.

Ein Freund des Paares, der zufällig mit ihm ins Gespräch geraten war, brachte den Grund dafür noch etwas genauer auf den Punkt: „Irgendwie hat man das Gefühl, dass er sich wirklich für einen interessiert – ganz egal, was man macht und womit man sein Geld verdient." Fischer, der Entertainer, interessiert sich, er zeigt Humor – und er strahlt eine Vision aus: „Ich kann sehr viel schaffen, wenn ich mich nur traue. Und ich traue mich meistens."

Die „Jetzt-erst-recht-Mentalität"

Zu dieser Einstellung gehört Selbstbewusstsein, Mut – aber auch eine gewisse Abgebrühtheit. Denn im Umgang mit anderen Menschen, egal ob beruflich, privat oder beim Small Talk, teilen wir alle die eine große Angst: „Abgewiesen zu werden", wie es Schmidt und Corssen ausdrücken.

Kapitel 4

Raimund Fischer kennt sie besser, als ihm lieb ist. Er kann sich genau erinnern, wie er als Schulkind vor lauter Frust sein ganzes Taschengeld für Kekse im Dorfladen ausgab – sein einziger Trost. Natürlich wollte er lieber dazugehören zu den „coolen Jungs" der Klasse, wollte mit ihnen herumtoben und über Mädchen quatschen. Aber er gehörte einfach nicht dazu. Das kleine Dickerchen, gemobbt oder bestenfalls unbeachtet, am liebsten zuhause bei der Mama – dieses Image macht ihm unterbewusst bis heute zu schaffen.

Natürlich irgendwo ganz, ganz tief drin, fast vergessen. Aber es ist noch da, ein Teil von ihm. Nur hat er gelernt, Kraft daraus zu ziehen. Eine Art „jetzt-erst-recht- Mentalität", wie er es nennt. „Dann haltet ihr es eben für Quatsch, was ich mache. Damit kann ich leben", denkt er sich manchmal, wenn ihn mal wieder ein Banker oder Geschäftspartner ungläubig anschaut. Und gedanklich setzt er dann gerne noch einen drauf: „Ihr werdet schon sehen: Ich schaffe das."

Vielleicht macht diese innere Überzeugung das Strahlen aus, die Begeisterung, die jedem in Fischers Umgebung in Erinnerung bleibt. Vielleicht sorgt sein Kindheitstrauma vom dicken kleinen Raimund dafür, dass er Menschen heute nicht vorschnell beurteilt, sondern sich anhört, was sie bewegt. Und zuhört. Über das Gespräch auf der Hochzeitsfeier sagte der Freund des Brautpaares: „Ich hatte das Gefühl, dass da nur er und ich waren – inmitten Dutzender Menschen."

So einfach soll das also sein, eine Vision haben, eine Begeisterung und zack – liegt einem die Welt zu Füßen? Fast. Fischer ist nur ein Beispiel von einem Menschen mit Ausstrahlung. Die gibt es schließlich überall: Die Verkäuferin auf dem Wochenmarkt, die jedem noch so verstimmten Kunden an einem verregneten Morgen ein Lächeln abringt. Der Kellner, der sein Métier im Café an der Ecke so vollendet beherrscht, dass man den Blick nicht von ihm abwenden kann. Wie er schwungvoll um die Ecke biegt, drei Cappuccini in der Hand und immer noch die Ruhe selbst. Man muss also nicht lange suchen, um Menschen mit Begeisterung zu finden. Und doch: Niemand kann seine Arbeit, seine Vision jeden Tag mit demselben Elan verfolgen, jeden Tag desselben frohen Mutes sein, dass alles so klappen wird, wie er oder sie es sich vorstellt.

Viele Psycho-Coaches wie auch Jens Corssen schlagen deshalb einen Grundsatz vor: „Tue das, was du tust, so gut du es heute kannst." Wenn Raimund Fischer die Vision hat, Süddeutschlands führender Küchenhändler zu sein, so muss er trotzdem nicht jede Minute an dieses Ziel denken – und dementsprechend die Hände über dem Kopf zusammenschlagen, wenn sich ihm etwas in den Weg stellt. Stattdessen hat sich eine Art Grundsatz, ein Credo in seinen Gedanken manifestiert. Er trägt seine Vision als Bild im Kopf mit sich herum. Dort kann er sie jederzeit abrufen, wenn er sich wieder erinnern will, wozu er das alles tut: Der lange Tag im Büro, das unangenehme Telefonat, das Wochenende auf einer Messe weit weg von der Familie. Diese Dinge kann er tun, so gut er sie eben an diesem Tag tun kann – aber ohne den Gedanken, dass nur dieser eine Tag über seine Vision entscheidet.

„Wir sind das, was wir wiederholt tun. Vorzüglichkeit ist daher keine Handlung, sondern eine Gewohnheit", zitiert Stephen R. Covey den Philosophen Aristoteles in seinem millionenfach verkauften Ratgeber „The 7 habits of highly effective people". Gewöhnen wir uns also an, alles, was wir tun, so gut zu tun, wie wir es in diesem Moment nur können, wird diese Einstellung Normalität: Gewohnheit. Die Vision, die wir verfolgen, steuern wir dann ganz automatisch an, ohne sie uns bei jeder unserer Handlungen erneut vor Augen zu führen. Was aber in jeder noch so kleinen Handlung spürbar bleibt, ist die Begeisterung.

Dazugehören – oder einfach so tun als ob

Ausstrahlung, Begeisterung, Überzeugung – kann man das eigentlich üben? Vielleicht, indem man mit kleinen Dingen anfängt, die wenig Vorbereitung brauchen. Wer sich auf einer Party mit vielen unbekannten Gästen normalerweise unwohl fühlt, sollte nicht auch noch das Smartphone aus der Tasche ziehen – quasi als Alibi, dass er beschäftigt und außerdem unglaublich gefragt sei. Ein Selbstschutz davor, mit den Menschen im echten Leben um uns herum in Kontakt treten zu müssen.

Aber was soll dabei schon passieren? Wie wäre es, wenn Sie im ganz positiven Sinne auf sich aufmerksam machen? Zum Beispiel, indem Sie den Gastgeber für das ausgefallene Buffet loben, den Nachtisch in einer kleinen Runde empfehlen und sich anschließend wie nebenbei noch namentlich vorstellen? Ein guter erster Schritt ist es immer, positiv zu sein. Wer sich langsam mehr traut und gerne auffällt, könnte (zumindest als Mann) den Trick mit den Herrenschuhen probieren.

Spitz und rot lackiert - so seht nicht unbedingt das passende Schuhwerk für eine etwas trockene Küchen-Branchenmesse aus. Sagt wer? Ein Dresscode? Oder der schüchterne Teil unseres Ichs? Raimund Fischer hat nicht immer solche Schuhe getragen, vor allem nicht, wenn er wusste, dass er wohl der einzige unter hunderten akkurat schwarz-weißen Anzugträgern auf einer Veranstaltung sein wird. Heute tut er es gerade deswegen.

Er hat gelernt, welche Vorteile es haben kann, aufzufallen - wenn hinter dem modischen Extra auch eine innere Haltung steckt. Die kann zum Beispiel lauten: Mir doch egal, mir gefällt's! Die Schuhe an sich untermalen diese Haltung nur. Sie muss auch ohne das Accessoire funktionieren und spürbar sein – denn dann, seien Sie sicher, wird auch niemand wagen, ihr Outfit auch nur eines kritischen Blickes zu unterziehen.

Nicht umsonst bezeichnen Designer und Stylisten Mode als eine Art, den eigenen Charakter zu unterstreichen. Heißt: Wer sich in den Riebelehosen aus dem Oberwinden der Sechzigerjahre wohlfühlt, dem sei das gegönnt. (Er muss sie ja nicht unbedingt auf einem Firmenmeeting mit Dresscode tragen. Wobei: Laut einer Stilkolumne von *Zeit Online* war Cord zumindest 2017 wieder „auf den Laufstegen dieser Saison in New York, Paris und Mailand allgegenwärtig". Na also!)

Ganz frei zu sein vom Gedanken, was andere über uns denken, wird aber den meisten schwerfallen. Stattdessen tun wir allerlei Dinge ausschließlich aus dem Grund, anderen gefallen zu wollen oder einen bestimmten, natürlich positiven Eindruck zu hinterlassen. Und das kann auch ganz schön nach hinten losgehen:

„Ich war in Elzach zu einem Unternehmertreffen eingeladen, das eine Bank organisierte. Schon Tage vorher überlegte ich mir, wen ich dort alles treffen würde und wie wichtig die ein oder andere Begegnung dort für meine Zukunft sein könnte. Ich machte mir einfach viel zu viele Gedanken und hatte viel zu wenig Erfahrung für so eine Situation, damals noch als Küchenmonteur, der vom ersten eigenen Studio träumte.

Ein Vertrauter hatte mich zu dem Treffen eingeladen, das eigentlich nur für etablierte Unternehmer vorgesehen war. Also dachte ich, ich muss da richtig Eindruck machen: Mit Anzug, Schlips und Weste – völlig overdressed. Meinem Bekannten fielen fast die Augen raus, als er mich sah. Ob ich von einem wichtigen Termin kommen würde? Ja ja, flunkerte ich, als ich mein Ungeschick realisierte. Klar, die Banker trugen Krawatten. Die Unternehmer - wenn sie gut angezogen waren - Jeans, Hemd und Sakko. Ich war überzeugt, ich müsste da absolut schick hin, um in Erinnerung zu bleiben.

Und das blieb ich vielleicht auch: Als verirrter Paradiesvogel. Ich habe mich echt unwohl gefühlt. Vielleicht liegt das aber auch am Alter. Damals fehlte natürlich die innere Sicherheit zu so einem Outfit, und die zählt. Heute gehe ich auf Bankveranstaltungen ohne Krawatte, mit offenem Hemd. Es geht um die Persönlichkeit. Das, was du ausstrahlst. Das kannst du mit deiner Kleidung maximal noch betonen."

In anderen Fällen kann es hingegen helfen, sich einfach „dazu zu denken", anstatt real dazu zu gehören, meint Fischer. Angenommen, nicht er wäre bei dem Unternehmertreffen overdressed gewesen, sondern alle anderen elegant gekleidet, nur er wäre in Jeans gekommen. Muss er deshalb im Boden versinken? „Am besten den wunden Punkt gar nicht groß thematisieren", sagt Fischer. Sondern einfach so tun, als trüge man Anzug. Einfach genauso selbstverständlich zum Sektglas greifen wie alle anderen – und eine offene Körpersprache behalten.

„Wer versucht, den kleidungstechnischen Fauxpas zu verstecken, kann gleich nach Hause gehen. Was man bewusst vertuschen möchte, fällt den anderen meistens sofort auf – und das macht dann erst recht einen schlechten Eindruck," meint er. Und wenn es doch zu offensichtlich ist, dass man sich für einen bestimmten Anlass im Kleiderschrank vergriffen hat? Dann währt ehrlich am längsten. Mit einem kurzen, charmanten Satz, der die eigene Verlegenheit thematisiert, nehmen Sie verächtlichen Blicken oder möglichen Kommentaren den Wind aus den Segeln, bevor sie überhaupt zustande kommen. Sie könnten Ihrem Gegenüber sogar ein wenig schmeicheln: „Oh, ich hoffe, das ist jetzt okay für Sie, dass ich nur Turnschuhe trage, wo Sie in so einem eleganten Outfit gekommen sind! Besonders die

Kapitel 4

Krawatte mit dem Tigermuster gefällt mir..." Ob das stimmt oder nicht: Schon haben Sie eine nette Erinnerung geschaffen – und zwar nicht an einen Typen ohne modischen Geschmack, sondern an eine selbstironische und offene Persönlichkeit. Der Punkt geht an Sie!

Um doch nochmal auf das Thema Schuhe zurückzukommen: Sie sind natürlich nicht nur in der spitzen, roten Herrenvariante, sondern auch bei Frauen ein wichtiger Indikator für eigenen Stil. Wenn Sie nicht gut in High Heils laufen - geschenkt! Dann sollten Sie sich auch bitte nicht verkrampft dazu zwingen. Es gibt unzählige tolle und hochwertige Alternativen. Im Zweifel also den Schuhen immer das größte Budget bei der Kleiderplanung einräumen - denn Kerben im billigen Plastikabsatz wirken viel schlimmer als ein „fehlendes" Markenlogo auf der weißen Bluse.

Bei aller Stilkritik bleibt ein Satz gerade in Zeiten von Uniformiertet am Arbeitsplatz oder in anderen sozialen Gruppen besonders wichtig: Der Inhalt zählt mehr als die Verpackung. Je mehr diese sich angleicht, umso mehr müssen wir darauf achten, wieder unsere individuellen Vorzüge zu betonen - um nicht in einer homogenen Masse unterzugehen.

Das Zukunftsinstitut, ein etablierter Think-Tank der europäischen Trend- und Zukunftsforschung, beschreibt die Individualisierung in unserer Gesellschaft - auf persönlicher wie unternehmerischer Ebene - als „Megatrend". Doch wer sich bemüht, sich von anderen Geschäftsideen und

Idealen abzuheben, sollte auch die großen Gemeinsamkeiten verschiedener sozialer Gruppen erkennen - und sie im unternehmerischen Sinne zu nutzen wissen.

Kapitel 5

Schulen Sie Ihre Menschenkenntnis an den unterschiedlichsten gesellschaftlichen Gruppen (...und stellen Sie fest: so unterschiedlich sind sie gar nicht.)

Auch in einem Rolls Royce wird geweint - vielleicht sogar noch mehr als in einem Bus. (Françoise Sagan, französische Schriftstellerin)

„Egal, ob im Gemeinderat, in einem Rocker-Club oder unter Bankern – es gibt immer drei Gruppen von Leuten: Die, die gar nichts von selbst machen. Die, die viel reden, aber nichts tun. Und die, die sich wirklich einsetzen – ohne viele Worte darüber zu verlieren. Die letzte Gruppe ist dabei immer die kleinste," meint Raimund Fischer.

Das gilt natürlich auch für Unternehmer. Auf einem Führungstreffen der Küchenbranche traf Fischer 2016 eine junge Frau um die 30, die gerade das Küchengeschäft ihres Vaters übernommen hatte. Sie war die einzige Frau in der kleinen, sich recht vertrauten Gruppe voller Firmenchefs mit Führungserfahrung – und hielt sich mit ihren Beiträgen und Kommentaren erst einmal zurück. Als es schließlich darum ging, Effizienz und Leistungen des eigenen Unternehmens in einer Diskussion produktiv mit denen der anderen zu vergleichen, kam heraus, dass sie als eine der wenigen Unternehmerinnen im Kreis ihrer Kollegen nachhaltig und sehr erfolgreich gewirtschaftet hatte – und mit ihrer Firma besser dastand als viele der Herren, die ihr Business schon seit Jahrzehnten irgendwie durchbrachten.

Voller Respekt und bestimmt auch mit ein wenig Erstaunen bekräftigte die Runde die junge Unternehmerin in ihrer Geschäftsstrategie. Und sicher könnte sich der ein oder andere etwas von ihrer zurückhaltenden Art abschneiden - die eben in diesem Fall gar nichts über Erfolg oder Misserfolg aussagte. Sie engagierte sich sehr, sprach aber nicht ständig davon.

Man braucht nur einen Blick in den eigenen Bekanntenkreis zu werfen, um das Prinzip „Walker oder Talker" bestätigt zu bekommen. Die Bezeichnung stammt eigentlich von einem Münchner Kinderarzt und beschreibt die frühen Entwicklungsstadien von Kleinkindern. Seiner Meinung nach teilen diese sich ganz unabhängig von ihrer Herkunft oft in zwei Gruppen: Diejenigen, die früh sprechen und Vokabular aufbauen, aber motorisch eher zurückhaltend sind („Talker") und die, die eben schon als Babies immer nur nach vorne wollen, hierhin, dahin, Hauptsache, Bewegung und so bald wie möglich: Loslaufen („Walker"). Mit dem Sprechen fangen letztere gerne etwas später an.

Haben Sie sich schonmal gefragt, in welche Gruppe Sie sich zählen würden? Egal wie Ihre Diagnose ausfällt - es gibt Abhilfe. Zum Beispiel, indem Sie einfach unternehmerisch Ihren Fachbereich und privat ihre Komfortzone verlassen. Sie werden sehen, wie von beidem auch ihr geschäftliches Weiterkommen profitiert.

Kapitel 5

Raimund Fischer interessierte seit jeher abseits seiner ursprünglichen, der Küchenbranche, zum Beispiel der Bereich Logistik. Dort stellen sich zum Teil ganz andere Herausforderungen, von denen er lernen konnte - schließlich müssen auch seine Küchen jeden Tag im ganzen Dreiländereck effizient ausgeliefert werden. „Als ich auf einer Schulung für Geschäftsleute mit dem Chefeinkäufer einer großen Lebensmittelhandelskette ins Gespräch kam, konnte ich nur staunen. Der Mann erzählte mir vom schwankenden Brötchenpreis wie ein Börsenmakler – ohne jedoch nur eine Sekunde das Leuchten in den Augen zu verlieren. Zum Beispiel, als er erwähnte, wie es ihm immer wieder gelingt, im richtigen Moment einen günstigen Deal zu machen. Da kann man sich was abschauen – nicht nur fachlich, aber auch in Sachen Begeisterung für das eigene Tun."

Doch die Reise über den eigenen Tellerrand kann viel weiter gehen als nur in andere Geschäftsbereiche. Dazu zählen auch Elternabende oder Reisen in ein unbekanntes Land. Wie organisieren sich die anderen? Wer arbeitet wann, wo und wie ist die Kinderbetreuung geregelt? Welche Überzeugungskünste hat der Markthändler in Lissabon, und warum traue ich ihm – oder nicht? Schon die unbedeutendste Kleinigkeit kann eine riesige Bereicherung der eigenen Perspektive sein: „Man sieht, dass die Menschen im Prinzip immer und überall das Gleiche bewegt. Und trotzdem lernt man von ihnen und ihren Herausforderungen – und zwar oft, dass die eigenen Probleme gar nicht so groß sind, wie man dachte."

Klar, dass solche Erfahrungen „kosten" - Reisen, ein unverlangtes Wochenende mit der Familie oder der berufliche Blick nach links und rechts benötigen Zeit. Nehmen Sie sich diese Zeit gezielt und verbuchen Sie sie auf dem Langzeitstrategie-Konto ihres Unternehmens: Unter „Erweiterung der eigenen Denk- und Handlungsperspektiven."

Als solche versteht Fischer auch sein lang gehegtes Hobby: Das Motorradfahren und die Mitgliedschaft im Rocker-Club, der ihm Einblick in eine völlig andere Welt gibt – und manchmal auch verblüffende Parallelen zum Geschäftsleben aufweist.

„Manche haben doch wirklich alles"

Ein alter Elztäler war einmal sehr überrascht darüber, dass der junge Raimund Fischer augenscheinlich ein Unternehmen gegründet hatte. „Fischer, in Dir hätt' ma sich au däusche kinne", sagte er zu dem jungen Unternehmer. Fischer ahnte, was der alte Oberwindener damit sagen wollte: Dieser seriöse Typ mit den teuren Schuhen – war das nicht mal so ein durchgeknallter Motorradrocker? Genau. Und er ist es immer noch.

Fischers Lieblingskarikatur zeigt einen Mann mit edlem Anzug und Schal, der sich von seinem Chauffeur in einem Maybach fahren lässt. Er wird von einem zerschlissenen Rocker überholt, der von einer Party kommt, angetrunken, Kippe im Mund. Auf einer Harley überholt er den Maybach. Der Rocker schaut ins Auto, der Geschäftsmann zu

Kapitel 5

ihm heraus – und beide teilen sich eine Gedankenblase: „Manche haben doch wirklich alles."

Die Freiheit des Motorradrockers und die Verantwortung eines Unternehmers? In Fischers Fall hat sich beides gegenseitig bedingt. Er geht gerne freitags im Anzug zu einem Meeting und samstags in Rockerkluft auf ein Treffen der Black Rider Nomads:

„Ohne die intensive Rockerzeit, die Motorradclubs und Parties hätte ich vielleicht heute nicht die Gleichgültigkeit, auch als Unternehmer zu sagen: Schauen wir mal, wie es weitergeht, läuft doch ganz gut bisher! Den Schritt in die Selbstständigkeit hätte ich wohl sonst niemals so blauäugig gewagt."

Anders als beim Entschluss, sein eigener Chef zu werden, hatte Fischer beim Beitritt zu den Black Riders mit Anfang 20 genaue Vorstellungen davon, was ihn erwarten würde – und zwar genau das, wonach er sich schon so lange gesehnt hatte: Mit den älteren, coolen Jungs unterwegs sein. „Ich habe mich auch privat schon immer nach oben hin orientiert – wahrscheinlich eine Langzeitwirkung meiner furchtbaren Cordhosen", schmunzelt Fischer heute. Er wollte die Levis-Jeans, die Harley – und auch mal über das Ziel hinausschießen.

Genau wie sein engster Freund, nennen wir ihn Peter, seit der Teenie-Zeit bis zum Alter von ungefähr 30 Jahren. Peter wollte schon immer zu den Black Riders gehören, den lässigen Rockern aus dem Elztal. Um aufgenommen zu werden, muss jeder Anwärter eine Probezeit durchmachen. Als Fischer mit 20 von der Bundeswehr zurückkam, hatte Peter es geschafft: Ein rauchendes Skelett mit Stinkefinger, das Color der Black Riders, prangte auf seiner schwarzen Lederjacke.

Wann immer Fischer konnte, unterstützte er den Rocker-Club mit seinem handwerklichen Geschick dabei, ein neues Clubheim zu bauen. Den Präsidenten mit dem Spitznamen Howie kannte er schon aus seinen Teenager-Jahren. Er gewährte ihm schließlich Eintritt in eine neue, für ihn aufregende Welt: Alkoholexzesse, Motorradfahren, beides zusammen – für Fischer damals die pure Rebellion gegen das „Normale", das er von zuhause kannte. Der Rocker Raimund brauchte den fleißigen Schreiner Raimund und andersherum.

Doch egal ob unter Motorradrockern, Bankern oder Unternehmern: Ein paar einfache Regeln funktionieren überall - und lassen Fischer auch nach 27 Jahren Unternehmertdasein immer wieder staunen.

Regel Nummer Eins: Ein wenig bluffen hilft

„Große Teile meiner geschäftlichen Verhandlungsfähigkeiten stammen aus der Rocker-Zeit – sie hat mich für das Dasein als Selbstständiger gerüstet", sagt Fischer zum Beispiel über die Verhandlungen zur Finanzierung seiner siebten Küchenfiliale, in denen er sich gegenüber seiner Bank behaupten musste. In einem Gespräch mit Bankern zu sitzen sei manchmal zu „80 Prozent Theater", sagt er. Ganz ähnlich wie bei zwei rivalisierenden Rockerclubs:

Kapitel 5

"Ich war Anfang zwanzig und stand ganz hinten in einer Menge von Black Rider-Colors, gegenüber von uns ein anderer Rockerclub. Es war wie in einem Historienfilm, wenn sich die Heere zweier verfeindeter Könige gegenüberstehen und ihre Anführer letzte Worte wechseln, bevor das große Gemetzel losgeht. Unser Anführer war 1,68 Meter groß, Elektriker und hörte auf den Namen Hacki. Hacki war Präsident der Villinger Black Rider.

Kommt es heute in Verhandlungen hart auf hart, denke ich an ihn. Wie er sich voller Selbstbewusstsein vor die zwei Anführer des rivalisierenden Clubs stellte, dessen 50 Augenpaare ihn fixierten. Wir waren bereit, uns im Notfall zu prügeln. Doch sie zogen ab, ohne auch nur ein Wort zu verlieren. Bis heute weiß ich nicht, was Hacki den beiden Rockern gesagt hat – aber er muss wahnsinnig gebluff haben."

Auch im Gespräch mit einem Banker schadet es Fischer zufolge nicht, zum Beispiel von einem vermeintlichen Finanzierungsangebot einer Konkurrenzbank zu sprechen, wenn es um die Zinsverhandlungen geht. Schlimmstenfalls kommt es zu einem weiteren Verhandlungstermin, mehr haben Sie nicht zu befürchten – zumindest keine 50 wütenden Rocker. Fischer erinnert sich an einen weiteren Bluff:

Kurz nach dem Erlebnis mit Hacki, dem Rocker-Präsidenten, feierte er mit den Black Riders in deren Waldkircher Clubheim, das vom Wohngebiet nur durch einen kleinen Fluss getrennt lag: 150 Rocker, Whisky, Musik. Dass morgens um zwei die Polizei vorfuhr, war eigentlich abzusehen. Mit fünf Streifenwagen und je vier Personen hatte dann doch keiner gerechnet. „Das Fest ist vorbei" riefen zwei Polizisten in Fischers Richtung. Die beiden hatten ihn schon das ein oder andere Mal auf dem Mofa gestoppt – wegen zu schnellen Fahrens. Fischer erinnert sich an die Technik des kleinen Hacki – und legt los:

„,Kein Problem'", sagte ich den beiden Herren, „,dann gehe ich nur schnell rein und sage den fünfzig verbleibenden Rockern, dass die Party beendet ist. Allerdings hat jeder 50 Euro für Getränke gegeben, Bier, Whisky, Korea und so. Das würden die natürlich gerne mitnehmen, wenn sie dann von hier Richtung Wohngebiet ziehen. In Ordnung?' Die beiden Polizisten schauten mich an, als sei ich komplett verrückt geworden. Das Bild einer johlenden Rockerbande in der Waldkircher Innenstadt ploppte in ihren Köpfen auf. Ich hätte die Meute natürlich niemals dazu bewegt, das Clubheim zu verlassen. Es zu erwägen, reichte den Beamten schon. Bis heute sitze ich manchmal in geschäftlichen Verhandlungen und zeichne Bilder in den Köpfen meiner Gegenüber."

Als auf der Party zu Fischers Junggesellenabschied unerwartet ein Mitglied der Hells Angels auftauchte, um „rumzupöbeln", wie Fischer es nennt, tippte der Junggeselle ihm auf die Schulter: „Das Color auf deinem Rücken gibt dir unwahrscheinlich viel Macht", sagte er dem verwunderten Rocker, „aber kennst du denn nicht die Abmachung zwischen Hells Angels und Black Riders, der zufolge wir respektvoll miteinander umgehen wollen?"

Dass es nie eine solche Abmachung gab, weiß der Hells-Angels-Rocker vielleicht bis heute nicht. Fischer riskierte mit seinem Spruch eine blutige Nase – eine gute Übung für das spätere Geschäftsleben. „Für mich war das eher wie ein Spiel: Tickt er aus und scheuert mir eine, oder schaffe ich es, und er zieht ab?", erinnert sich Fischer. „Wenn jemand sich so aufplustert, ist das meist nur ein Profilierungsversuch: Kompensation, sonst nichts. Und das ist in der Geschäftswelt genau das gleiche." Der Hells Angel verschwand blitzschnell vom Junggesellenabschied – Fischer sah ihn nie wieder.

Regel Nummer Zwei: Kindergarten ist überall

Als Fischer sich mit 25 selbstständig machte, wurde ihm schnell klar, dass es ihm im Rockerclub tatsächlich nur noch um das Motorradfahren statt um die andauernden Rocker-Gelage mit viel Alkohol ging. Und um seine Frau. Bis heute haben Raimund und Bianca Fischer ihre Motorräder in der Garage stehen und fahren mindestens einmal im Jahr zu einem großen Rocker-Treffen. Dort lernten sich die beiden auch 1993 kennen, in Biker-Kluft. Peter, Fischers Freund aus Rockerzeiten, sollte es sein, der siebzehn Jahre später das weiße Hochzeitsauto des Paares vom Oberwindener Dorfplatz fuhr.

Nach einer längeren Pause wurde Fischer später Mitglied bei den Black Rider Nomads, eine Entscheidung, die er vor allem seiner Frau Bianca zuliebe traf. Für sie ist das Motorradfahren nach wie vor die schönste Auszeit vom Alltag. Und Fischer selbst? „Ich habe gelernt, dass Rocker- und Geschäftsleben zwei Paar Schuhe sind. Und ich habe es akzeptiert: Ich winke ab, wenn mir an einem Freitagabend vorgehalten wird, dass ich keinen Alkohol trinke, weil ich am Samstag früh einen Termin habe", erklärt Fischer. Die Black Rider Nomads sind eine lose Gruppierung der Black Riders und haben, wie der Name erahnen lässt, kein eigenes Clubheim. Dennoch gibt es regelmäßige Treffen der etwa ein Dutzend Mitglieder.

Fischer selbst trat 2017 aus dem Club der Nomads aus. Dennoch: Auch dort sah Fischer immer wieder Parallelen zwischen den gesellschaftlichen Welten, die man hinter einem Rocker- und einem Golfclub vermutet, dem Fischer bis heute angehört. So galt noch zu Fischers Mitgliedszeiten: Wer nicht persönlich zu den Besprechungen der Black Rider Nomads kommt, die alle drei bis vier Monate stattfinden, zahlt 50 Euro Strafe. „Dabei verstehen sich die Black Rider Nomads natürlich wie alle Biker-Clubs als freiheitsliebende, gegen das Spießbürgertum mehr oder weniger rebellierende Vereinigung", sagt Fischer: „Dass ich als Mitglied einer solchen Bußgelder begleichen muss, wenn mein Zeitplan nicht mit den terminlichen Vorgaben der Nomads vereinbar ist, macht die Sache mit der Freiheitsliebe nicht unbedingt glaubwürdiger." Der Golfclub habe sich bisher noch nie beschwert, wenn Fischer mal nicht dabei war.

So verwegen eine gesellschaftliche Gruppierung sich auch gerne den Anschein geben mag – sie folgt bestimmten Regeln: im Golfclub, im Geschäftsleben oder bei den Black Riders. Eine davon lautet: Money makes the world go round. Eine weitere: Nach oben buckeln, nach unten treten. Diese Regeln sind nicht unbedingt strenger, je offizieller die Gruppierung – so kann man einen Banktermin verschieben, während der Rockerclub sich unter Umständen ewig verärgert gibt, sollte man ein Treffen versäumen. Die Bank, sagt Fischer, wird ihre Verärgerung vielleicht anders zeigen, sie Sie mit anderen Mitteln spüren lassen. „Aber Kindergarten", sagt Fischer, „das ist überall."

Regel Nummer Drei: Eigenen moralischen Prinzipien treu bleiben

Mit Mitte Zwanzig bricht Fischer mit seiner Frau und Freunden auf zur ersten Motorradtour nach Clermont-Ferrand: Dort findet jährlich eines der größten Hells Angels-Treffen in Europa statt. „Gleich am ersten Tag lernten wir eine bemerkenswerte Truppe von zehn Rockern kennen: alle extrem entspannt, jeder fuhr eine tollere Harley als der andere", erinnert sich Fischer an die Begegnung. Unmittelbar schoss ihm die Frage in den Kopf, wie man sich so ein Rockerleben eigentlich finanzieren kann – „das konnte ich mir damals nicht erklären."

Im zweiten Sommer in Clermont-Ferrand sollte einer der Rocker ihn aufklären: „Wenn du willst, bringe ich dir ein Kilo Koks mit, kostet 6000 Mark, am Markt kannst du es in Gramm-Portionen für 120.000 Mark verticken, wenn du es ein bisschen streckst." Er und seine Kollegen waren als Trucker auf der Strecke Deutschland-Holland unterwegs. An einem ihrer Rastplätze hätte Fischer die Ware entgegennehmen können – und vielleicht für lange Zeit keine finanziellen Sorgen gehabt.

Was für eine Versuchung. 120.000 Mark sind für den jungen Fischer eine schier unvorstellbare Summe. Obwohl schwer beeindruckt von dem Angebot, lehnt er ab. Und begegnet einem der Rocker knapp zwanzig Jahre später bei einem Motorradtreffen in Faak am See wieder. Fischer trägt Jogginghose und Badeschlappen, der Mann im Klappstuhl viele Falten im wettergegerbten Gesicht. „Fischer!" ruft er über den Parkplatz. Der traut seinen Augen kaum: Der Rocker sieht müde aus. „Als ich ihn nach dem Rest der Gruppe fragte, sagte er, er sei allein unterwegs", erinnert sich Fischer. Alle anderen saßen noch im Gefängnis.

Fischers einzige Drogenerfahrung seither blieb ein Sommer, in dem er jedes Wochenende Cannabis rauchte. „Die Erfahrung war für mich hochinteressant, fast spirituell. Wie auf dem Motorradtreffen, als ich angetrunken meine geplante Unternehmensgründung ankündigte, erfüllte mich die Droge mit einer Art tieferem Bewusstsein – ich wusste genau, dass ich meine unmöglich erscheinenden Ziele in die Tat umsetzen würde. Allerdings nicht mit einem Brummschädel."

Nachdem er nach zu vielen Joints an einem Montagmorgen ernsthaft darüber nachdenken musste, ob er nicht einfach liegen bleiben und die Arbeit auf morgen verschieben sollte, war ihm klar, dass mit Drogen Schluss sein musste. „Bewusstseinserweiternde Getränke", wie Fischer es nennt – und damit vor allem Rotwein und Champagner meint – gehören im Hause Fischer aber zu den meisten Familienfesten. Was bleibt, ist ein Einblick in ein Paralleluniversum: „Durch das Rockerleben habe ich meine Frau gefunden, und durch dasselbe Leben wäre ich fast in die Illegalität abgerutscht. Ohne diese Erfahrungen wäre ich nicht der, der ich bin."

Regel Nummer Vier: Ein bisschen verrückt sein ist erlaubt

Ob eine durchzechte Nacht mit Schwarzwälder Rockern oder eine spontane Motorradtour: Es gibt Ansprüche im Leben, die so gar nicht mit dem durchstrukturierten Tagesplan eines Unternehmers zusammenpassen wollen. Dennoch sind es diese Momente, die manchmal für den nötigen Antrieb sorgen – auch für Geschäftliches. „Wenn ich aus dem Urlaub komme, trauere ich nicht der Zeit hinterher, die ich entspannt an einem Hotelpool oder in einer fremden Stadt verbringen konnte. Ganz im Gegenteil: Ich bin dankbar für das Erlebte und kann es gleichzeitig kaum erwarten, wieder im Büro nach dem Rechten zu sehen – mit einer ganz anderen Energie", sagt Fischer.

Auch Lothar Seiwert, Experte für Zeitmanagement und die sogenannte Work-Life- Balance, betont die Wichtigkeit eines Ausgleichs zu einem anspruchsvollen Berufsleben: „Der Schlüssel zu einem wirklich erfolgreichen Zeitmanagement liegt darin, Zeit für sich selbst und die eigene Lebensfreude einzuplanen und diese Termine genauso ernst zu nehmen wie geschäftliche Verpflichtungen."

Und auch zu ihnen zu stehen: Fischer hat schon seit langem kein Problem mehr damit, wenn er einem seiner Kunden auf einer Motorradtour zufällig in Rockerkluft begegnet – auch wenn er sie nur noch selten anlegt. „Dieses Outfit ist für mich ein Zeichen für Freiheit und Unbedarftheit. Diese Eigenschaften haben mich schon immer geprägt und fasziniert – warum sollte ich das also vor meinen Kunden verstecken?" Fischer hält sich damit an seine Vorsätze wie mit den roten Herrenschuhen: Alles ist erlaubt, wenn es authentisch ist. Das gilt ohne Ausnahme auch für Geschäftsführer, da ist sich Fischer sicher. „Meine wilden Seiten gehören eben dazu."

Kapitel 6

Prüfen Sie, mit wem Sie sich geschäftlich binden.

Wenn man einem Menschen trauen kann, erübrigt sich ein Vertrag. Wenn man ihm nicht trauen kann, ist ein Vertrag nutzlos.

(Jean Paul Getty, amerikanischer Industrieller und Kunstmäzen)

Als „interessanteste Phase" seiner Selbstständigkeit bezeichnet Fischer heute die Zeit, in der alles zusammenzubrechen drohte. Fischer hatte gerade seine erste Filiale in Gutach vergrößert. „Bis dahin war ich erfolgsverwöhnt – und dann kam der Einbruch." Der Grund: Fischer hatte sich mit einem Branchenkollegen zusammengetan. Nicht aus Überzeugung, sondern aus einem Gefühl heraus, das er von seiner Mutter geerbt und seither zu unterdrücken versucht hatte: Die Angst vor dem Ungewissen.

„Zwei Jahre nach der Eröffnung in Gutach bauten wir aus. Unsere Kunden konnten sich im Dezember 2001 auf 1200 Quadratmetern Küchen aussuchen, die wir auf 550 Quadratmetern Schreinerei individualisierten und in weiteren 350 lagerten. Es lief eigentlich zu gut, um wahr zu sein. Meinen Mitstreitern entging das nicht.

Auch ein damaliger Branchenkollege, der später ein Küchenstudio im Breisgau führte, wollte plötzlich bauen.

„Er hatte schon bei meiner ersten Ausstellung am Kirchberg die Wege für unsere Kundschaft geebnet: Er baute die Haustüren und half bei diversen Arbeiten. Kurz nach der Eröffnung in Gutach kam er auf mich zu und sagte, er hätte die Möglichkeit, eine Ladenbaufirma mit knapp einer Million Mark Umsatz zu kaufen, die Sache sei ihm aber zu groß. Ich stieg also mit ein: Jeder kaufte die Hälfte der Firma Lange und Partner GmbH. Sie lief mehr schlecht als recht. Der Kollege war ein Junger, ein Wilder, so wie ich. Der könnte gefährlich werden, dachte ich mir. Schon 2000 kam er auf mich zu und sagte, auch er wolle bauen. Meine Reaktion war, wie ich heute weiß, die einzig falsche: Angst.

Ich entschied schnell: ‚Wir haben eh schon eine gemeinsame GmbH, lass uns da alles reinschmeißen!' Mein Küchenumsatz, sein Schreinerumsatz, mein Schreinerumsatz: Die Fischer Lange GmbH war eine recht große Firma. Das führte aber auch dazu, dass mein neuer Geschäftspartner nicht mehr nur für vier, sondern auch für meine sechs Schreiner verantwortlich war. Eine Schreinerei mit zehn Mann, die man gut organisieren muss. Schnell wurde das Geschäft defizitär."

Fazit: Angst ist nie ein guter Berater, erst recht nicht im Geschäftlichen. „Sie darf nie der Antrieb für unternehmerisches Handeln sein", sagt Fischer. Ganz im Gegenteil: Ein erfolgreiches Unternehmen erfordert Mut. Und die Stärke, Unsicherheit zu ertragen und zu überwinden. Die Erkenntnis, dass er und Lange sich wieder trennen mussten, traf Fischer wie ein Blitz. Die Kraft, sie auch umzusetzen, musste er über Monate hinweg jeden Tag aufs Neue aufbringen.

Kapitel 6

"Ich war zehn Tage auf Fastenkur. Es ist unglaublich, was im Kopf passiert, wenn der Körper nicht mehr mit Nahrungsaufnahme beschäftigt ist. Meine Mitarbeiter fürchteten mich, wenn sie wussten, ich komme aus der Fastenwoche: Ich stecke dann so voller Energie, dass ich alles niederzumähen drohe, dass mir im Weg zu stehen scheint.

So auch 2002 an den gurgelnden Düsen eines Pools im Fastenhotel. Die Einsicht kam am späten Nachmittag, und schnell war sie ein einziger, klarer Gedanke: Wenn die Verbindung mit meinem Geschäftspartner bleibt, werde ich ein Leben lang geschäftlich auf der Stelle treten. Mit der Erkenntnis kam ein Lachen über mich. Ich zweifelte nicht einen Augenblick daran, dass wir auseinander müssen.

Als ich zurück nach Oberwinden kam, weihte ich nur meine Frau in meinen Plan ein: Mein Geschäftspartner sollte selbst zu mir kommen und die Trennung verlangen. Ich brachte es nicht fertig, ihm alles vor die Füße zu schmeißen. Er würde sehen, dass wir als zwei Firmen besser funktionieren und uns nicht im Weg stehen.

Dann habe ich anderthalb Jahre lang etwas getan, was gar nicht meinem Wesen entspricht: Ich habe nur nach Dingen gesucht, die nicht funktionieren. Ich habe in der Scheiße gerührt. Ich habe alles aufgedeckt, was schief läuft, und warum es schiefläuft.

Mein Geschäftspartner kam kurz vor Weihnachten 2003. Er hatte die Schnauze voll – verständlicherweise. Ob man sich denn wieder trennen könne? Man konnte. Aber es war ein nicht enden wollender Drahtseilakt. Den Bankern, denen wir vor vier Jahren noch erklärt hatten, warum eine Zusammenlegung beider Firmen zu einer GmbH sinnvoll sei, mussten wir nun weismachen, wie effektiv wir beide als getrennte Unternehmer arbeiten würden."

Und das kostete: „Meine Frau und ich hatten teilweise Zahlungen von einhundert oder zweihunderttausend Euro im Briefkasten liegen. Woher wir das Geld nehmen sollten, wussten wir nicht," erinnert sich Fischer an seine schwierigstes Jahre: „Wir hatten eine Kreditlinie von 250.000 Euro und das Konto war manchmal um 600.000 Euro überzogen. Mit unwahrscheinlich viel Zins."

Die Erfahrung, nahe am Abgrund zu stehen, empfindet er heute als sehr lehrreich. Wieder halfen ihm die Erkenntnisse aus der Parallelwelt des Motorradclubs: „Dass wir die Krise durchgestanden haben, hat sicher auch mit meinen Erlebnissen als Rocker zu tun - oder mit dem Gemeinschaftsgefühl unabhängig von gesellschaftlicher Konformität, was ich dort erfahren durfte.

Wenn das mit meinem Laden jetzt schiefgeht, dachte ich, ist das wirtschaftlich ein Fiasko – aber das soziale Gefüge, meine Familie und Freunde, die bleiben. Also ist es ja eigentlich nie der Abgrund. Klar, das gesellschaftliche Ansehen, das ist dann beim Teufel. Aber damit könnte ich leben, das war mir egal."

Heute wägt Fischer die Risiken einer neuen Geschäftsidee viel stärker ab. Dabei ist das Risiko, etwas Neues zu tun, für ihn heute viel kleiner als damals. Letztendlich hat Fischer es seinen guten Verbindungen zu verdanken, dass er die Krise am Ende auch geschäftlich meisterte: Hätte ihm während der Trennungsphase von seinem Geschäftspartner nicht wieder ein Vertrauter aus der Bankenbranche aus der Patsche geholfen – sowohl Fischer als auch seinen ehemaligen Partner würde es heute als Geschäftsleute nicht mehr geben. Schließlich war es ein inoffizielles Treffen, das beide rettete:

„Einen Vorstand wegen einer Krise wie der Trennung von Fischer und Partner auf dem Handy anzurufen, ist eigentlich ein No-Go. ‚Wir brauchen eine Lösung', flehte ich dennoch in mein Telefon, als ich schon fast alles hinschmeißen wollte. Wir trafen uns auf neutralem Boden in der Pfeffermühle in Waldkirch. In Hemd und Sakko stieg er aus seinem Auto – wohl das erste und einzige Mal, dass ich einen Bankvorstand ohne Krawatte traf. Ich stand mit meiner Hausbank und ungefähr 2,5 Millionen im Feuer, die Fakten, wie schlecht es um Fischer und Partner bestellt war, legte ich unbeschönigt auf den Tisch. Ich weiß nicht wie, aber mein Bekannter hat nach diesem Gespräch einen Deal mit dem Vorstand der Bank meines noch-Partners ausgehandelt: Bei der Trennung kümmerte sich die Volksbank um meine, die Sparkasse um seine finanzielle Seite. Ohne dieses Mittagessen mit geöffneten Hemdkragen gäbe es die Fischer Holding heute nicht.

Nach drei Jahren, elf Monaten und 22 Tagen gingen mein ex-Geschäftspartner und ich wieder getrennte Wege. Die Zeit hat mich geprägt: Ich werde nie wieder eine geschäftliche

Partnerschaft eingehen. Entweder sammle ich alleine die Lorbeeren ein – oder ich scheitere allein."

Zwar hatte Fischer nach diesem Gespräch seine Bank auf seiner Seite. Überstanden war die Krise aber noch lange nicht.

„Du bist einfach ein rotes Licht"

Die Zeit nach der geschäftlichen Trennung glich einer tiefen geschäftlichen und persönlichen Talfahrt. Ein Intensivbetreuer von Fischers Bank kümmerte sich fortan um die Geschäfte der Fischer Küchenatelier GmbH, da die Kredite an die Firma für die Bank nicht mehr mit genügend Sicherheiten hinterlegt waren. „Die meisten haben keine Chance, je zurückbezahlt zu werden", weiß Fischer heute.

Fünf Jahre lang wanderte er durch das „dunkle Tal" Intensivbetreuung, wie er es nennt: „Da ist kein Handlungsspielraum, du kannst nicht investieren, kriegst keine neuen Kredite, nichts: Du bist einfach ein rotes Licht." Fischer wollte sich damit nicht geschlagen geben. Doch die Bank hielt sich an ihre Pflichten: Mindestens fünf Jahre lang muss ein Kunde intensivbetreut werden, bevor er wieder eigenständig Geschäfte machen darf. „Nicht, dass ich so lange gebraucht hätte", sagt Fischer heute selbstbewusst. Er hat die Zeit auch als großen Ansporn empfunden. Ein Vertreter der Bank spürte diese Stimmung bei Raimund Fischer: Obwohl sein Unternehmen bei seiner Hausbank 2006 noch intensivbetreut war, bekam Fischer von einer anderen den Kredit, mit dem er weiter expandieren konnte: Im Mai eröffnete sein 2. Küchenstudio in Offenburg –

Kapitel 6

zunächst auf 240 Quadratmetern mit 12 Musterküchen. Bereits 2008 erweiterte er die Filiale auf 42 Musterküchen auf 1400 Quadratmetern, außerdem ergänzte nun ein Fliesenstudio das Angebot.

Fischer sitzt 2016 in einem Café auf dem Freiburger Schlossberg, die Vormittagssonne strahlt durch die großen Fenster, es sind kaum andere Gäste im Raum. Nervös reibt er mit der Handfläche über die weiße Tischdecke, winkt die Bedienung heran, bestellt noch ein Wasser, lächelt. „Wir haben in dieser Zeit gelernt, uns trotz der Misere von unserer besten Seite zu zeigen", sagt er langsam. Wir, damit meint er sich und seine Frau Bianca, die mitten in der Krisenzeit Sohn Carlos zur Welt brachte.

„Vorhang auf, Bühne frei", sei ihr Motto in dieser Zeit gewesen – mit diesen Worten trat Bianca Fischer während der Krise morgens regelmäßig ins Badezimmer des Paares, und Fischer wusste nicht, ob er lachen oder weinen sollte. „Aber aufgeben war keine Option. Auch an der Tilgungsrate des Gebäudes in Gutach wollten wir nicht rütteln – die Banken sollten sehen, es geht uns zwar nicht prächtig, aber immerhin zahlen wir weiter ab", erinnert er sich. Dann nimmt er einen großen Schluck aus dem Wasserglas.

An einen der schönsten Momente in seiner geschäftlichen Laufbahn erinnert sich Fischer, als sei es gestern gewesen. Am Ende der Intensivbetreuung sitzt Fischer seinem zuständigen Kundenbetreuer gegenüber. „Jetzt mal Butter bei die Fische: Wie viele Firmen hast du in deinem Berufsleben in die Intensivbetreuung geschickt?" Fischer stellt die Frage heute mit derselben Neugier in den Augen, wie er sie vor Jahren im Büro des Bankers verspürt haben muss. „Dreizehn", sagt der Banker. „Und wie viele kamen wieder zurück?" Pause. Fischer blickt aus dem Fenster. „Zwei."

„Es war wie damals mit dem Mathelehrer Wöhrlin: Du kannst Fehler machen, aber wenn du dich anstrengst und alles gibst, kriegst du am Ende deinen Lohn und hast ein Standing. Das hatte ich von da an bei meiner Hausbank – und da ging es bei Weitem um mehr als eine Mathe-Note. Trotz des ganzen Zinobers war mir im Kopf immer klar: Das geht gut! Ich wusste nicht warum – ich war ja völlig ausgebrannt."

Die Bedienung im Café auf dem Freiburger Schlossberg kommt noch einmal vorbei, sie fragt, ob alles in Ordnung sei. „Alles gut", sagt Fischer und strahlt. Diese zwei Worte sind in der Krisenzeit zu seinem Mantra geworden. „Ich habe einfach das Gefühl, es gibt mir und meinem Gesprächspartner ein positives Feedback, wenn ich das ab und zu betone. Alles gut. Auch wenn man an manchen Dingen noch arbeiten muss, bis sie so werden, wie man sich das wünscht."

Vom Luxus, Entscheidungen alleine treffen zu können

Auch Fischers ehemaliger Geschäftspartner betreibt heute ein eigenes Küchenstudio im Breisgau. Dass dieser als dreifacher Vater oft andere Prämissen gehabt habe als er, wundert Fischer heute nicht: „Ich war zu unserer gemeinsamen Geschäftszeit in einer ganz anderen Phase, habe jedes Jahr draufgepackt, sowohl beim Umsatz als auch bei der Rendite – dass das auch so blieb, war meine oberste Priorität", erklärt er. Es machte ihm nichts aus, zwölf Stunden oder länger am Tag zu arbeiten und auch das ganze Wochenende in der Firma zu verbringen: „Für mich ging es nur darum, ein Ziel zu verfolgen. Es dann zu erreichen, war absolut geil." Mittlerweile, als Vater, kann er den Wunsch nach einem anderen Lebensrhythmus verstehen.

Seit der geschäftlichen Trennung spricht Fischer vom „Luxus, Entscheidungen alleine treffen zu können" – grundsätzlich hört er nur auf seinen langjährigen Steuerberater, Menschen wie den vertrauten Banker und natürlich seine Ehefrau Bianca.

„Die Geschäftsentwicklung 2004 bis 2015 zeigt ja: Im Alleingang bin ich besser – entweder alleine groß oder alleine kaputt. Wenn heute jemand zu mir kommt und sagt, Raimund, ich habe da ein riesiges Loch mit Goldmünzen hinter dem Haus, lass es uns zusammen ausbuddeln, mit einer gemeinsamen Gesellschaft! Dann gibt es für mich nur zwei Optionen: Entweder, du stellst mich dafür an, dass ich buddle. Oder du verkaufst mir dein Loch und ich buddle dann allein. So bin ich entweder alleine erfolgreich oder alleine ruiniert. Ich mache nie wieder in meinem Leben etwas geschäftlich mit jemandem zusammen. Das habe ich daraus gelernt."

Was er auch gelernt hat: Nicht sein ehemaliger Geschäftspartner oder irgendjemand anderes trägt die Schuld an der gescheiterten Partnerschaft. "Anytime we think the problem is 'out there', that thought is the problem," schreibt der Bestsellerautor Stehen R. Covey in "The 7 habits of highly effective people". Es ist ein Appell, nicht zu jammern oder anderen die Schuld an der eigenen Unzufriedenheit zu geben. Sondern sich um das zu kümmern, was wir beeinflussen können – und wenn wir das nicht wollen, sind wir ganz einfach: selbst schuld. Wer jammert und beschuldigt, löst nicht das Problem. Er macht es sogar noch schlimmer. Bis er sich entschließt, aktiv zu werden – und wenn das auch, wie in Fischers Fall, damit anfängt, „in der Scheiße zu rühren."

Insgesamt hat die geschäftliche Trennung Fischer einen satten Geldbetrag, ebenso viele Nerven und – geht es nach Fischers Steuerberater – auch eine leicht angekratzte Psyche gekostet: „Der sagt, mein Drang, dass immer genug Geld auf dem Firmenkonto sein muss, kommt aus der schlimmen Zeit der geschäftlichen Trennung. Ich bin da schon ein bisschen fanatisch."

Auch für das soziale Umfeld sei die Krise schädlich gewesen: „Leute wenden sich ab, soziale Gefüge werden zertrampelt, wenn man sich nur noch für das Geschäft einsetzt und diesen Weg so konsequent geht. Aber das gehört wohl zu den normalen Schattenseiten des Unternehmertums", sagt Fischer und rührt nachdenklich im Kaffee. Auch er habe Opfer bringen müssen in dieser Zeit: Viele Wochenenden in der Firma, ohne die Familie. Seit der Geburt seines Sohnes hatte er mit seiner Frau einen Deal: Maximal 15 Samstage im Jahr durften für die Firma draufgehen – der Rest ist für Familie und Zeit zu zweit reserviert.

„Das flexibilisiert sich aber, seit unser Sohn auch gerne mal ein Wochenende mitkommt auf eine Messe in Berlin, wo er seinen Spaß hat", sagt Fischer. Er hat seine Balance wieder gefunden.

Kapitel 7

Lassen Sie Ihrem Banker gegenüber die Hosen runter (auch, wenn Sie Maßanzug tragen.)

Ein Geheimnis des Erfolges ist, den Standpunkt des anderen zu verstehen.

(Henry Ford, Automobilbauer)

Seit den Jahren der Intensivbetreuung hat Raimund Fischer immer wieder prägende Erlebnisse mit Bankern gehabt – im Positiven wie im Negativen. „Egal, wie dreckig es mir und dem Unternehmen in den fünf intensivbetreuten Jahren ging – ich hatte nie das Gefühl, das der Bankvorstand, der mir geholfen hat, auch nur einen Augenblick auf meine Leistung herabschaute." Raimund Fischer zieht die Augenbrauen hoch, er hört sie oft, die Kommentare über verwöhnte Banker, die rücksichtslos mit dem Geld ihrer Kunden spekulieren. „Es geht um die Anerkennung des Gegenübers und der Position des Gegenübers," sagt der Unternehmer. Und erinnert sich an eine Szene am Telefon mit einem Bankangestellten.

„‚Nettes Auto', sagte mir der Banker am Telefon, als er meine Investition für einen neuen Sportwagen in der Bilanz bemerkte. Ich musste zu der Zeit eine Steuerrückstellung auflösen und habe das auch genauso kommuniziert. ‚Schön, Herr Fischer, solange das alles bei Ihnen geschäftlich läuft, sagen wir da nichts – aber sie wissen, dass solche Posten als erstes getilgt werden, wenn es mal bergab geht', wies er mich in freundlichem Ton darauf hin, dass er sowohl wisse, wozu eine Steuerrückstellung aufgelöst werden kann. Wir hatten dann noch ein sehr nettes Gespräch – ich mag diese direkte Art, die Dinge anzusprechen, solange ich mit Respekt behandelt werde."

Offenheit zählt

„Lassen Sie gegenüber der Bank ihres Vertrauens die Hosen runter", empfiehlt Fischer. Aus der Krisenzeit mit seinem ehemaligen Geschäftspartner kennt er das Gefühl, sprichwörtlich mit nacktem Hintern der Bank und andererseits im realen Leben mit Smoking den Gästen einer Branchenveranstaltung gegenüberzustehen. „Hätte ich dem Bankvorstand damals nicht inoffiziell alles klipp und klar offengelegt, wären wir heute in der Insolvenz."

Ein einziges Mal in seinem Leben hat Fischer einen Scheck für einen Lieferanten platzen lassen. „Natürlich habe ich das meiner Bank sofort erklärt", sagt er. Um seine Erklärung nachvollziehen zu können, musste die großes Verständnis aufbringen – doch Fischer hielt an seiner Entscheidung fest.

„Ich war damals Kunde bei Dreyer Küchen, die große Probleme mit ihren Küchenfronten hatten: Sie verzogen sich immer wieder, die Kunden beschwerten sich. Man munkelte, die Firma gehe insolvent. Dann kam der Anruf: Dreyer müsse seine Geschäfte einstellen.

Ich sollte meinen Kunden aber noch bestellte 50 oder 60 Dreyer-Küchen liefern – was ich nicht konnte, wenn die Fir-

ma den Betrieb einstellt. Ich tauschte mich also in einer Beraterrunde aus Steuerberater, Hausbank und einem Anwalt aus. Der sagte: Sie haben nur eine Chance, ihr Geld oder ihre Küchen je zu bekommen – wenn sie aufhören, Rechnungen zu bezahlen. Also stoppte ich die Zahlungen: Fast 100.000 Euro. Es waren aber noch 4 Küchen auszuliefern.

Dreyer rief mich an, um mitzuteilen, dass sie nicht liefern würden, solange ich nicht zahle - logisch. Ich sagte ihm zu, einen LKW zu schicken, der die Küchen abholt und einen Scheck über den entsprechenden Betrag mitbringt.

Den Fahrer wies ich an, mich anzurufen, sobald er die vier Küchen auf dem LKW haben würde und aus dem Tor gefahren war – dann ließ ich den Scheck sperren. Ich hatte meine Küchen – und 100.000 Euro nicht bezahlt. So hatte ich immerhin Verhandlungspotenzial. Über die 100.000 Euro sprachen wir dann. Ich hatte viel Aufwand, die Dreyer-Küchen in meiner Werkstatt nachzubauen. Also zahlte ich ihm 50.000 Euro und behielt den Rest als Entschädigung ein. Deal.

Natürlich war das unverschämt – ich traute mich das damals als einziger unter allen Dreyer-Kunden. Ein Tag nach dem geplatzten Scheck rief mich ein damaliger Verbandschef an und machte mich rund. Man ließe dem Lieferanten keinen Scheck platzen, was solle denn das. Dann war Dreyer pleite und alle Händler blieben auf ihren Küchen sitzen. Ein Jahr später auf einer Schulung des Verbandes kam dessen Vorstand auf mich zu – und klopfte mir auf die Schulter: ‚Sie haben als Einziger das Richtige gemacht. Alle anderen Händler haben das teuer bezahlt.'

Auch die Bank hatte am Ende fast ein wenig Verständnis. Sie hat zumindest gesehen, dass ich trotz aller Berater auch einen eigenen Kopf habe – von dem am Ende auch sie profitiert."

Zeigen Sie, was Sie wissen

Durch Fortbildungen und Seminare hatte sich Raimund Fischer schon vor seinem berufsbegleitenden Hochschulabschluss 2005 über alternative Finanzierungsmöglichkeiten informiert – ein Muss für jeden Unternehmer, wie er heute sagt.

„Den Anbau in Gutach 2002 habe ich teilweise in japanischen Yen finanziert: Eine hochspekulative Finanzierungsart, die eine Bank niemals anbieten würde. Ich wusste, dass man das auch sicherer machen kann über Währungstermingeschäfte, also: man finanziert in einer fremden Währung und hofft darauf, dass die Währung weniger wert wird. Der Yen war damals sehr stark, die Prognose fallend. Die Kosten für den Bau lagen bei 1,5 Millionen, fast 700.000 habe ich in japanischen Yen finanziert – und in drei Jahren allein durch die Währungsspekulation fast 30 Prozent der Summe getilgt. In dieser Zeit checkte ich natürlich jeden Morgen mehrmals: Was macht der Kurs? Wie gebannt saß ich am PC. Es hat sich gelohnt.

Vor allem, wenn ich an meine allererste Finanzierung beim Ausbau unseres Elternhauses in der Staude dachte: Damals hatte ich ein Kontokorrent mit zwölf Prozent, weil ich nichts wusste. Wir haben das später geändert – die Bank behandelt aber ihre Kunden grundsätzlich nach deren Wissensstand. Das führt dazu, dass ich heute während eines Bankgesprächs

Kapitel 7

immer versuche, alle Finanzierungen, die es gibt, in irgendeinem Satz zu erwähnen – nur um zu zeigen, dass ich sie kenne."

Aus demselben Grund hat Fischer für seine Bank ein dezidiertes Organigramm seiner Firmen erstellt, das den einen oder anderen Firmenkundenbetreuer einer Bank schon staunen ließ: „Was sie da haben, das machen vielleicht fünf Prozent der Firmen, die wir betreuen – die anderen wissen gar nicht, wie sie genau aufgestellt sind."

Tiefstapeln, aber nicht jammern

„Ja, es ist ganz ordentlich, wir sind zufrieden, aber in dem einen Bereich, da hätten wir noch ein bisschen mehr machen können. Unterm Strich passt es schon, aber da gibt es noch unwahrscheinlich viele Chancen, da gibt es noch ein Defizit. Daran arbeiten wir. Das kostet erstmal noch mehr Geld – aber in der Summe sind wir ja gut dabei. Es geht schon auch noch besser! Ob wir das schaffen, weiß ich noch nicht genau – aber wir sind dran."

Es gleicht einem kleinen Slalomtanz, wenn Fischer von seinen Entwicklungsgesprächen bei einer Bank erzählt. Loben, Fordern und gleichzeitig einräumen, was noch besser geht – natürlich nicht ohne zu betonen, dass das Geschäft insgesamt gut dasteht. Anhand von Zahlen, Analyse und Redekunst: „Das ist alles Politik. Ein bisschen wie im Fall des verschuldeten Griechenlands: Kauft sich das Land wieder ein paar Monate Zeit, kann es wieder an einigen Schläuchen drehen – das Grundproblem ist aber nicht behoben. Die Zeit bekommt es nur, wenn es trotz der miserablen Lage gut abwägt - und sich kooperationswillig zeigt. Und dann fängt das Spiel wieder von vorne an."

Dennoch setzt Fischer auch im Finanziellen auf klare Zielsetzungen, die mit Bankberatern bestenfalls schriftlich vereinbart werden - die einzige Strategie, mit der er auch als kleiner Unternehmer immer weitere Filialen eröffnen konnte.

Mit Persönlichkeit punkten

Vertrauen, dass einem Unternehmer von Seiten der Bank entgegengebracht wird, sollte nie enttäuscht werden - das hat Raimund Fischer spätestens gelernt, als er den späteren Bankvorstand kennenlernte, der ihm einen Kredit für sein allererstes Studio ermöglichte und bei der Trennung von seinem Ex-Geschäftspartner half. Ihm immer wieder zu beweisen, dass er - auch persönlich - noch mit allen Mitteln dazu gewillt war, Kredite zu begleichen und sein Unternehmen zu erweitern, stärkte eine Bindung, von der die Fischer Holding heute profitiert.

"Mir war immer klar, dass die Persönlichkeit Bankern gegenüber ausschlaggebend ist. Warum sollten sie sonst in wichtigen Besprechungen immer mindestens zu zweit auftreten? Einer redet, der andere checkt ab, was für ein Typ du bist: Steht der zu seinem Wort? Deshalb gilt es auch beim eigenen Handeln ganz genau darauf zu achten, was man damit aussagt. Ein Grundsatz lautet: Investieren Sie immer lieber zu viel als zu wenig! Das sagt auch was über die Persönlichkeit aus. Nämlich, dass jemand fähig oder nicht fähig ist, seine

Kapitel 7

Kosten vernünftig zu planen. Und nachfinanzieren zu müssen – das ist für einen Banker immer furchtbar."

Fischer sitzt noch immer am Tisch des Cafés in Freiburg, die Sonne steht hoch, er wischt sich eine Schweißperle von der Stirn. Der Rest seines Körpers nimmt drei Viertel der Tischlänge ein – nicht wegen seiner breiteren Statur. Fischer baut sich gegenüber Gesprächspartnern gerne ein wenig auf, er nimmt Raum ein – ganz bewusst. Keine Spur mehr von den zappeligen Füßen unter dem Tisch, die sein Steuerberater vor Jahren kritisierte. Man ist in so einem Moment geneigt, ihm alles zuzutrauen. Und genau das ist seine Strategie.

Kapitel 8

Treiben Sie Ihr Wachstum voran, aber bleiben Sie sich treu.

Ein Flugzeug erfinden ist nichts. Ein Flugzeug bauen ist viel. Fliegen ist alles! Otto (Lilienthal, Luftfahrtpionier)

Der blutrote Umschlag hat Din-A4-Größe, er fühlt sich schwer und stabil an, das Papier glatt und samtig. Die Einladung, die Fischer zu seinem 50. Geburtstag am 23. August 2016 verschickt, enthält nur wenig Text.

Stattdessen lässt sie Bilder sprechen: 28 Fotos, auf den meisten ist der Unternehmer mit seiner Familie oder zumindest mit Sohn Carlos zu sehen. Mal in lederner Motorradweste über der nackten Brust auf einer Harley sitzend,

mal, noch sehr jugendlich, mit Schreinerkollegen vor einem alten Holzschuppen. Nur das letzte Bild ist etwas größer gedruckt, es zeigt Fischer an einen wackeligen Holzzaun gelehnt, sein Blick schweift über den dahinter liegenden Ozean. „Haltet Euch schonmal den 23.08.2066 frei, dann feiern wir den 100er", steht darunter, weiß auf silbern glänzendem Karton.

Fischer gehört zu den Menschen, die groß denken, auch privat. Ihm fällt dazu eine sinnbildliche Geschichte ein, sie handelt von der Hochzeitsreise mit seiner Frau Bianca. Das Paar plante eine zweiwöchige Kreuzfahrt, weiße Strände, Blick über türkises Wasser auf kleine Inseln. Das ganze in einer so komfortablen Suite, wie es sich das junge Unternehmerpaar eben leisten konnte. Auf ein geräumiges Doppelzimmer hatten sie sich geeinigt, hübsch, aber nicht pompös, geräumig, aber auch kein Apartment. „Die Junior-Suite hätte nochmal dreitausend Euro mehr gekostet", erinnert sich Fischer. Sie witzelten, wie luxuriös sie unterwegs sein würden in so einer Suite. „Meiner Frau war das aber garnicht wichtig, das Doppelzimmer reichte ihr vollkommen". Nur Fischer war angefixt. Im Reisebüro fragte er nach dem letztmöglichen Termin für ein Upgrade. Am Tag der Deadline buchte er die Suite, das Geld brachte er in bar mit, nachdem er die Wochen zuvor jeden nur möglichen Cent dafür zur Seite gelegt hatte. „Bianca staunte nicht schlecht, als wir an Bord unsere Zimmertür aufschlossen," sagt er und lacht. Er weiß: Hätte er sie eingeweiht, sie hätte ihn garantiert gebremst und gesagt, lass doch, das brauchen wir nicht.

Kapitel 8

Ausloten, was geht, was möglich ist und vor allem: wie er es erreichen kann, das ist Fischers Antrieb. Ein Motor, den er fast nie ausschalten kann. Er muss eigentlich immer noch einen draufsetzen – auch im geschäftlichen. Doch trotzdem – oder gerade deshalb – findet sich unter den Schlagworten, die auf seiner Geburtstagseinladung zu einer Art Collage seiner Eigenschaften angeordnet sind, auch viel Selbstkritik. „Verbissen" steht da, „unbequem" und „Tiefschläge". Einer davon war die Trennung von seinem langjährigen Geschäftspartner.

Das Wort „Trennung" steht wohl aber auch für die persönlichen Enttäuschungen, die der Unternehmer in Beziehungen erlebt hat. Kurz dahinter: „Depression" – die bisher schwerste Phase seines Lebens (s. Kap. 12). Am Ende steht die Eigenschaft, der er seinen geschäftlichen Erfolg wohl größtenteils zu verdanken hat: die Beharrlichkeit.

Immer weitermachen, trotz Tiefschlägen am Ball bleiben, groß denken – reicht das? „Naja", sagt Fischer, „am Anfang kann ein kleines bisschen Überheblichkeit nicht schaden." Überheblichkeit? Das Wort steht sehr klein, aber ganz oben in Fischers Collage. Er weiß, dass sie ihm vorgeworfen wird, wenn er mit einem Luxus-Sportwagen durch sein kleines Heimatdorf fährt. Er ahnt, was manche Bewohner leise zueinander sagen, wenn sie an Fischers Haus mit dem Pool und dem automatischen Rasenmäher vorbeischlendern, hinein in die dunklen Wälder des Schwarzwaldes, vorbei an alten Bauernhöfen, vor denen Hühner im Mist picken.

Er beruft sich dann auf den alten Grundsatz, nachdem jeder seines Glückes Schmied ist. Überheblichkeit sei ein Motor, sagt er, aber nur, wenn man sie nicht die anderen spüren lasse, sondern ausschließlich sich selbst. Die Tiefschläge, die das Unternehmerleben mit sich bringe, holen ihn schließlich ganz automatisch zurück auf den Boden: „So hoch man fliegt, so tief kann man immer auch fallen."

Welches Wachstum passt zum Unternehmen?

Wie hoch sie oder er fliegen will, muss dabei jeder für sich und sein Unternehmenskonzept selbst entscheiden. Eine draufgängerische oder sehr risikoaffine Persönlichkeit sei dafür keine zwingende Voraussetzung, meint zum Beispiel Catharina Bruns. Die Unternehmerin, Buch- und Blogautorin von „Work is not a Job" und „Frei sein statt frei haben" ist der Meinung, dass jede und jeder das Zeug zum Unternehmer hat - und es auch nutzen sollte. „Unternehmerische Kreativität ist die Schlüsselkompetenz für mehr Selbstbestimmung und Freiheit" beschreibt sie auf ihrer Webseite ihr Projekt „happy new monday". Es soll Selbstständige ermutigen und coachen, „zwei Geister" in sich zu wecken: Den Künstler und den Unternehmer. Denn schlummern würden diese beiden in jedem von uns.

„Klein anfangen, bei sich bleiben und nicht die Großen kopieren wollen": Das empfiehlt Bruns Gründern, egal ob sie schon etabliert sind und an neuen Projekten feilen, oder ob sie gerade erst darüber nachdenken, sich selbstständig zu machen.

Kapitel 8

Wer sein Metier wie Raimund Fischer schon gefunden hat, steht dagegen oft in Versuchung, den „Großen" nachzueifern - und darüber hinaus die eigenen Kernkompetenzen aus den Augen zu verlieren. Als Küchenfilialist beruhte Fischers Konzept zwar auf der Zusammenarbeit mit etablierten Herstellern. Seine Kunden überzeugte er letztendlich aber mit dem Angebot einer kompletten Individualisierung ihrer Wunschküche - und deren maßgeschneidertem Einbau, der über die Firma aus einer Hand abgewickelt werden kann: Von der Planung über die Montage bis hin zur Wartung.

Groß werden, aber sich selbst treu bleiben - so könnte sein Motto lauten. Die Idee, seine Firmenfilialen in einer Holding zusammenzufassen, passte für Fischer zunächst nicht in dieses Credo:

„Um einen höheren Eigenkapitalwert ausweisen zu können, holte ich mir 2007 Risikokapital in meine Filiale in Gutach. Der Risikokapitalgeber machte mich darauf aufmerksam, dass es für mein Unternehmen eine gute Option wäre, eine Holding zu gründen: ‚Sie expandieren schließlich enorm, da wäre es doch einfacher, man sähe die Holdingbilanz und den tatsächlichen Firmenwert, statt weiter in einzelnen Gesellschaften zu denken.'

Ich habe das zuerst nicht richtig verstanden: eine Holding, als Schreinermeister? Das ist ja wohl eine Nummer zu groß, dachte ich. Trotzdem ließ es mir keine Ruhe. Ich recherchierte und sprach mit einem Wirtschaftsprüfer. Der war mir von eben dem Risikokapitalgeber empfohlen worden, der es natür-

lich gerne sehen würde, wenn sein Risikokapital statt in einer Gesellschaft in einer Holding platziert würde. Ich war also skeptisch. Ich hatte das Gefühl, ein Schreinermeister aus dem Elztal leiht sich einen teuren Maßanzug, zieht die besten Schuhe an, geht zur Maniküre und zum Frisör stellt sich dann hin und sagt: Ich bin der Größte. Und das wäre nun wirklich überheblich gewesen. Der Wirtschaftsprüfer holte mich zurück auf den Boden: ‚Herr Fischer', sagte er, ‚mit der Holding zeigen Sie lediglich die von Ihnen geschaffenen Werte der letzten 23 Jahre.'

Das hat mir ein bisschen die Augen geöffnet. Die Wahrheit liegt für mich irgendwo dazwischen. Die Holding – das ist eine Mischung aus Werte zeigen und Wichtigtuerei. Aber ohne diesen Schritt, dieses bisschen ‚Denken wie die Großen', würde mein Unternehmen heute auf große Vorteile verzichten müssen."

Holding, das klingt nach einem trägen, anonymen Riesenkonzern, der jeden Bezug zu seinen Einzelbestandteilen, den Tochtergesellschaften, verloren hat. Dabei handelt es sich bei dem Konstrukt lediglich um eine Organisationsstruktur: Mindestens drei Kapitalgesellschaften müssen existieren, die eine – genannt Muttergesellschaft – zu mindestens zehn Prozent an der anderen – der Tochtergesellschaft – beteiligt sein. Der Gesellschafter und Chef der Muttergesellschaft ist eine natürliche Person – in der Fischer Holding also Raimund Fischer, der gleichzeitig als Geschäftsführer der unter dem Dach der Holding stehenden Gesellschaften fungiert.

Fischer hatte mit seinen acht GmbHs – die siebte gründete er im April 2016 in Villingen-Schwenningen, mit der Schweizer Filiale in der Bauarena Volketswil bei Zürich 2017 wurden es acht – zwar auch acht Mal Kosten und Verwaltungsaufwand für ebenso viele Jahresabschlüsse. Die Werte der einzelnen Firmen konnte Fischer aber – ohne einen einzigen Cent Steuer abziehen zu müssen – addieren und als voll haftendes Eigenkapital der Holding angeben. Ein Riesenvorteil, wenn es um Finanzierungen für die weitere Expansion geht.

Auch die Kommunikation mit Banken habe sich seit der Gründung der Holding „extrem entspannt", sagt Fischer. Dennoch war ihm am Anfang nicht wohl bei der Sache. Ihn plagte das Gefühl, sich über Wert zu verkaufen. Erst nach einer verbindlichen Anfrage beim Finanzamt, das sein Firmenkonstrukt absegnete, konnte auch er sich entspannen.

Die einzelnen Firmenstandorte waren seit dem Holding-Konzept finanziell unabhängig voneinander: Geht es einer GmbH schlecht, können die anderen trotzdem florieren und den Gesamtwert der Holding aufrechterhalten. Die Holding bietet neben Steuerersparnissen außerdem Vorteile in Bezug auf die Haftung: So kann Vermögen gesichert werden, da die Muttergesellschaft nicht für ihre Töchter haftet. Fischers Holding hatte mit seinen Küchenstudios keine sogenannten Ergebnisabführungsverträge geschlossen.

Die Verluste einer Gesellschaft konnten somit mit den Ergebnissen einer anderen verrechnet werden. Für Fischer war das ein Vorteil. Es sei ohnehin schwierig, eine schlecht laufende Filiale zu schließen: „Die Lieferanten würden das nicht so einfach akzeptieren. Und mit denen muss der Konzern weiterarbeiten." Außerdem habe er so ein eigenes „Frühwarnsystem" etabliert: „Ich will rechtzeitig alarmiert sein, wenn es Schwachstellen gibt." Eine Sicherheit, die er schätzt – weil er weiß, dass sein Unternehmen nicht immer so gut lief.

Gelten keine solchen Ergebnisabführungsverträge, profitiert der Unternehmer in einer Holding von der sogenannten Haftungskapselung: So können zum Beispiel besonders risikoreiche Geschäftsbereiche in eine Tochtergesellschaft ausgegliedert werden, um den Schaden im Haftungsfall zu begrenzen. Regulärer Leistungsaustausch zwischen Konzerngesellschaften – wie Vermietungen oder Warenlieferungen – müssen aber zu marktüblichen Konditionen erfolgen. Ansonsten ermittelt das Finanzamt wegen verdeckter Gewinnausschüttung.

Für Fischer war ein Vorteil der Holding am attraktivsten: Mit ihrer Bilanz kann er günstiger an Kapital kommen. Das braucht er, um zu wachsen. Und wachsen, das wollte und will er.

Klingt trotzdem alles immer noch nach Großkonzern? Von wegen. Auf Gründerportalen im Netz wird die Holding auch für Start-Ups als „Geheimtipp" angepriesen. Wer gleich als Holding starte, könne schneller die Vorteile nutzen – das gelte gerade dann, wenn, wie bei Start-Ups üblich, schon mit Hinblick auf den zukünftigen Verkauf des Unternehmens gegründet wird. So bleiben 95 Prozent des Veräußerungsgewinnes steuerfrei, wenn dieser in der Holding verbleibt – also lediglich der Muttergesellschaft übertragen wird. Den Gewinn können die Gesellschafter dann reinvestieren.

Es ist also garnicht so abwegig, bereits als Gründer eine Holding zu starten. Daran gedacht hat Fischer beim Start seines Unternehmens dennoch nicht im Entferntesten. „Wir werden die Hure der Industrie sein", prognostizierte er seinen Kollegen schon in der Meisterschule. Und an dieser Erkenntnis richtete sich auch seine Wachstumsstrategie aus.

Die führenden Hersteller auf dem Küchenmarkt, Branchenprimus Nobilia gefolgt von Häcker, Nolte und Schüller verkaufen nicht direkt, sondern über Händler wie Fischer ihre Produkte. Der Unternehmer sah es also vor allem als seine Aufgabe, die standardisierte Produktpalette der Hersteller für den Kunden zu individualisieren.

Bereits 2009 hat er sich sein Küchen-Konzept „bicaralux" patentieren lassen. Mit dem Konzept lassen sich Küchen durch hochwertige, hinter Glas verschlossene Fotos und Drucke zu Einzelstücken designen. Der Name bicaralux leitet sich von Fischers größter Leidenschaft ab: Seiner Familie, Bianca, Carlos und Raimund, das „lux" steht für den Luxus der Einmaligkeit.

2014 konnte er den Hersteller Häcker für sein eigenes Produkt begeistern: Die Firma verkauft unter den Namen „classic" ein junges und modernes, als „systemat" ein sehr höherpreisiges Küchensortiment, das sich an Fischers Kreationen orientiert. Dabei ist es nicht bei Glasfronten geblieben: Das Design der Fronten fertigten die Fischer Küchenateliers selbst, die Küchen stammen von Häcker. „Das geht nur mit einem Partner, der den Mut hat, auch etwas anderes zu verkaufen als die anderen Großen", sagt Fischer.

Was Kunden wollen

„Wir können die Form und Fähigkeiten eines Großunternehmens haben und trotzdem den Spirit und das Herz einer kleinen Firma", schreibt Amazon-Gründer Jeff Bezos in einem Aktionärsbrief von 2017, „aber wir müssen uns dazu entscheiden." Bezos hat es - Stand 2020 - zum reichsten Mann der Welt vor Bill Gates gebracht, dabei startete sein Unternehmen zunächst nur als Online-Bookstore.

Mittlerweile verschickt Amazon in Großbritannien bereits testweise Pakete per Drohne, in Deutschland macht es dem Lebensmittelhandel mit einem Lieferservice Konkurrenz und kooperiert seit Sommer 2017 mit der Drogeriekette Rossmann. Schwer vorstellbar, wie in einem Unternehmen dieser Größenordnung die Dynamik einer kleinen Firma bestehen soll - und dennoch spricht seine rasante Expansion dafür. Sein Erfolg, schreibt Bezos in dem Brief, liege vor allem an seiner „Besessenheit" - von der Unternehmung an sich und von seinen Kunden. Kein Kunde habe je darum gebeten, einen Service wie Amazon Prime anzubieten. Und dennoch habe er sich als gewollt herausgestellt.

Auch wenn es sich bei Amazon um eine weltweit agierenden Versand-Giganten handelt: Selbst kleine Unternehmen können sich bei Bezos abschauen, welche Fragen er stellt, um sich zu vergrößern. Welche Kunden will ich ansprechen und was wollen diese Kunden - vielleicht noch ohne es zu wissen?

Beim Beispiel Küche überbieten sich die Hersteller auf dem extrem wettbewerbsintensiven Markt vor allem an immer mehr Raffinesse bei Technik und Design. Ausfahrbare Dunstabzüge, die lautlos in die Arbeitsplatte gleiten. Beton, von Hand auf Holzplatten gestrichen, um jede Küche zum Designerstück zu machen. Und eine Anti-Fingerprint-Technik, durch die Oberflächen nach der Behandlung mit Lichtwellen für immer von fettigen Spuren verschont bleiben sollen. Ob der Kunde das braucht?

Der Geschäftsführer der Münchner Werbeagentur Serviceplan gab der Süddeutschen Zeitung als Antwort die Erklärung, es ginge dem Kunden bei derartigem Schnickschnack nicht um Funktionalität, sondern um ein Lebensgefühl: „Es repräsentiert einen Sinn für Ästhetik, es demonstriert den eigenen Qualitätsanspruch - und es verdeutlicht mir selbst, aber auch jedem, der mich besuchen kommt, dass ich mir so etwas leisten kann."

Die Frage nach dem richtigen Maß an Wachstum für das eigene Unternehmen geht also auch immer mit der Frage einher: Welche Kunden möchte ich ansprechen, was kann und möchte das Unternehmen ihnen bieten? Nicht jeder Küchenhersteller muss die ewig unbefleckte Lichtwellen-Küche im Portfolio haben, wenn sein Geschäftsmodell zum Beispiel eher auf junge Kunden und Single-Küchen zugeschnitten ist. Für die Zufriedenheit des Kunden ist außerdem nicht nur das Produkt an sich ausschlaggebend. Welchen Service ein Unternehmen rund um das eigentlich Produkt anbietet, kann die Kundenzufriedenheit enorm beeinflussen. Und genau hier können Firmen gleich welcher Größenordnung ansetzen.

Der Kunde ist König - wirklich? Oder wird ihm, wie im Märchen „Des Kaisers neue Kleider", immer nur genau das angedreht, wonach er fragt, um ihn nicht zu entzürnen? Darf ein kundenorientiertes Unternehmen auch auf Ideen hinweisen, die den Kunden vielleicht zufriedener machen, ohne dass er selbst konkret danach gefragt hat - und unabhängig davon, ob diese Lösung ihn günstiger oder teurer zu stehen käme?

Jeder kennt das Problem mit Call-Centern. Ruft der Mobilfunkanbieter seinen Kunden das dritte Mail im Monat an, um ihm einen vermeintlich besseren Tarif anzudrehen, nervt das. Hat andersherum der Kunde ein Problem, möchte er sich am liebsten rund um die Uhr an eine Service-Hotline wenden können.

Unkomplizierte Erreichbarkeit für die eigenen Kunden ist Pflicht. Die Kür heißt effektives Beschwerdemanagement. Oder im Wirtschafts-Sprech: Die Berücksichtigung des

„Beschwerde-Paradoxons". Diesem Phänomen zufolge sind Kunden, deren Beschwerde zu ihrer vollen Zufriedenheit bearbeitet wurde, auch insgesamt mit dem Unternehmen zufriedener als diejenigen, die nie Grund zur Beschwerde hatten. Der Effekt wurde in zahlreichen Studien bewiesen. Und er entspricht einem zutiefst menschlichen Bedürfnis: In einer mehr oder weniger komplizierten Lage verstanden und versorgt zu werden. Vor allem, wenn man dafür bezahlt hat.

Gelingt es der Firma, die vom Kunden erwartete Reaktion des Unternehmens auf seine Beschwerde sogar im Positiven zu übertreffen, bindet sie den Kunden noch enger an den von ihm gewählten Dienstleister. Und das Unternehmen profitiert auch für zukünftige Fälle: Das Online-Gründermagazin Starting Up spricht dabei von „Return on Complaints", also Vorteilen, die einem Unternehmen durch konstruktiven Umgang mit Reklamationen entstehen.

Natürlich kann das Unternehmen nicht aus jeder einzelnen Beschwerde einen strategischen, materiellen oder kommunikativen Nutzen ziehen. Häuft sich eine Reklamation aber, weist sie auf einen Mangel am Produkt hin. Oder lief nur etwas in der Kommunikation mit dem Kundenberater schief? Dann sollte dieser sich vielleicht im Umgang mit Kunden noch besser schulen lassen.

Nicht umsonst werden Kunden mit Rabatten oder Gewinnspielen gelockt, wenn sie dafür an Umfragen über ihre Zufriedenheit teilnehmen. Bietet sich die schriftliche

Befragung der Kunden im eigenen Geschäftsmodell nicht an oder will sich die Mehrheit der Kunden dafür keine Zeit nehmen? Dann liegt es erst recht am Unternehmen, jeder Beschwerde Aufmerksamkeit zu schenken - und genau zuzuhören. Ein Kunde, der sich beschwert, sucht schließlich die Kommunikation mit dem Unternehmen. Die andere Möglichkeit wäre, zu schmollen und anderen zu erzählen, wie mies der Service und die Produkte von Firma XY sind. Was gefällt Ihnen besser?

Das Portal für Versicherungs- und Finanznachrichten Experten-Report beschreibt Beschwerdemanagement als „Qualitätsindikator der Zukunft". Schließlich ist die Kundenorientierung und Servicequalität in vielen Branchen das einzige Merkmal, anhand dessen sich die Anbieter voneinander unterscheiden. Eine Küche gibt es bei Ikea, beim Küchenhändler um die Ecke, gebraucht im Internet oder vom XXL- Discounter. Ihre Funktion erfüllen alle auf eine Weise. Das „Drumherum" - Beratung, Garantie und das Gefühl, bei Problemen einen verlässlichen Ansprechpartner zu haben - bekommt der Kunde aber nicht überall in gleichem Maße.

Nur, wenn der Kunde von der Qualität von Produkt und Service überzeugt ist, empfiehlt er beide auch weiter - an Freunde, Familie, Arbeitskollegen. Das wirkungsvollste Marketing - Empfehlungsmarketing - bekommt Ihr Unternehmen also quasi geschenkt, wenn es sich beim Kunden verdient gemacht hat. Andernfalls wenden sich die Kunden eben an den bekanntesten oder den günstigsten Anbieter, der nicht unbedingt der Beste für sie bietet.

Kapitel 8

In der Praxis im Umgang mit Kunden und Beschwerden fallen trotzdem allerhand Probleme an. „Den meisten Aufwand, sowohl zeitlich, strategisch als auch gedanklich, kostet nie das Produkt an sich. Sondern gleich nach den eigenen Mitarbeitern die unzufriedenen Kunden," so empfindet es Raimund Fischer nach 27 Jahren in seiner eigenen Firma. Einem Rechtsexperten der Verbraucherzentrale Bremen zufolge sind viele Unternehmer mit dem Thema Kundenservice überfordert. Der Grund? "Sie verkaufen massenhaft ihr Produkt übers Internet, auf massenhafte Beschwerden sind sie aber nicht eingestellt," erklärt er der Süddeutschen Zeitung. Es wächst also erst das Unternehmen, dann kommt, oft erheblich später, ein Kundenservice dazu. Nur ist der Bedarf dafür dann oft schon übergroß - und mancher Kunde bereits verärgert zur Konkurrenz übergelaufen.

In Fischers Holding war immer in erster Linie der Kundenberater für Beschwerdemanagement zuständig, der einen Käufer von Anfang an bei der Auswahl seiner Küche begleitet hat. Eine spezielle Abteilung oder gesonderte Ansprechpartner für Reklamationen gibt es nicht. „Das heißt, die schwirigen Fälle landen am Ende bei mir auf dem Schreibtisch oder am Telefon", sagt Fischer und zieht die Augenbrauen nach oben.

Fischer ist kein Mann, mit dem man diskutieren will - schon garnicht, wenn es um eine Beschwerde geht. Er kann, filtert er seine Worte nicht durch eine E-Mail oder ausreichende Vorgespräche, ziemlich aufbrausend werden. Was dann passiert, kann Fischer noch ganz genau anhand eines Beispiels erklären. Nur einmal, sagt er, sei ihm wirklich der Geduldsfaden gerissen. Empfehlungsmarketing hin oder her, zum Teufel mit der Kundenzufriedenheit. Eine Frau aus der Umgebung seines Heimatortes hatte sich mehrfach geweigert, die verbleibende Rechnungssumme von einigen tausend Euro zu begleichen. Sie argumentierte mit Verspätungen bei der Montage und Qualitätsmängeln.

Aus Fischers Sicht war der Auftrag normal verlaufen. Was die verspätete Montage angehe, sei man ihr bereits preislich entgegen gekommen. Genau nachvollziehbar ist der Fall heute nicht mehr. Nur insofern, dass Fischer nach einem Satz der Kundin die Nerven verlor: „Herr Fischer, also, wenn ich dieses Geld noch zahlen muss, dann muss ich Ihnen leider sagen, dass ich Sie niemandem weiterempfehlen kann."

Fischer holt Luft. Denkt eine Sekunde, vielleicht zwei. „Wissen Sie was? Ich glaube, die Leute in Ihrem Umfeld wissen ganz genau, was Sie für eine Person sind. Eine, die niemals Ruhe gibt und immer etwas zu meckern hat. Ich glaube, ich will garnicht, dass Sie mich irgendwem weiterempfehlen. Denn die Leute um Sie herum wissen genau, wie Sie ticken, die würden sicher nichts wollen, was Sie empfohlen haben." Stille in der Leitung. Wie die Frau reagiert hat, das will Fischer nicht mehr genau wissen. Gezahlt hat sie. Empfohlen wohl eher nicht.

Welche Kunden wollen Sie? „Auf den minimalen Prozentsatz, der mir nur ans Bein pinkeln will, kann ich getrost verzichten", sagt Fischer. Auf die große Mehrheit der Beschwerden - und die Untersuchung ihrer Ursachen - zu verzichten, konnte und wollte er sich aber nie leisten. Denn ja, der Kunde ist König. Das gilt für Fischer bis heute und es galt in seinen Küchenstudios für ihn selbst genauso wie für alle seit Mitarbeiter. Solange eine Reklamation ihre Berechtigung hat, und sei sie auch nur ein Gefühl nachlässiger Behandlung: Dem Anliegen ist nachzugehen, so schwer das manchmal fällt. Vor allem, wenn es wie in vielen kleineren Unternehmen kein ausgelagertes Call-Center gibt, das sich damit beschäftigt.

Für eine kleine Firma kann das bedeuten, dass jeder der Mitarbeiter, der im Kontakt zu Kunden steht, regelmäßig geschult wird. Mittelständler sollten sich beim Thema Wachstum überlegen, ob sie nicht zunächst in ihre Service-Qualität investieren wollen, statt - um beim Beispiel der Küche zu bleiben - in den immer allerneuesten selbstdenkenden Dunstabzug.

Außer natürlich, es geht um eine Erweiterung der Zielgruppe - ein Trend, der sich an der Küchenbranche sehr gut beobachten lässt. Viele Händler setzen wie Fischer auf Qualität und allumfassenden Service statt auf Dumpingpreise – und treffen damit den Nerv der Kundschaft. Auch wenn noch nicht jeder, der eine neue Küche will, auf digital vernetzte Haushaltsgeräte und Dampfgarer mit integrierter Kamera besteht: Laut GfK machen deutsche Küchenhändler 45 Prozent ihres Umsatzes mit Küchen, die über 10.000 Euro kosten. Kein Wunder, gibt doch gut ein Viertel der Befragten an, dem Thema Kochen „mit Leidenschaft" zu begegnen – das gilt vor allem für die Gruppe der 50- bis 59-Jährigen sowie die der 20- bis 29-Jährigen.

Wie also diese Zielgruppe ansprechen? Küchenhersteller wie Störmer holen sich Stars wie Mariella Ahrens ins Boot, um für die „perfekte" Küche zu werben. Sie wollen damit den gesellschaftlichen Trend weg von der Hausfrau hinterm Herd, hin zur berufstätigen Erfolgsfrau zwischen Kindern, Küche und Karriere symbolisieren. Andere locken mit High-Tech-Neuheiten wie Backöfen, die Schmutz per Pyrolyse pulverisieren. Und auch digital kommunizierende Herde mit Spracheingabe und elektrisch öffnende Schranktüren mit Mattlackfronten sorgen dafür, dass sich eine lange außer Acht gelassene Zielgruppe mehr für die Küche interessiert als je zuvor: Männer. „Beton" ist der neue Farbton am Küchenschrank. Darin fugenlos verbaut: Sous-Vide-Backöfen mit Steak-Garzeit-Angabe. Einen davon führt Starkoch Christian Mittermeier auf der Möbelmesse M.O.W. 2015 in Bielefeld im „Showroom" eines großen Geräteherstellers vor: Kleine Türmchen aus sous-vide-gegarter Rinderbrust, Käse, Crackern und eingelegtem Gemüse zieren die Tischdeko der Küchenausstellung.

Vom ehemaligen Hausfrauenjob hinter dem dampfenden Herd keine Spur. Ohnehin verschwindet jedes aufsteigende Wölkchen gleich in einem diskreten Dampfeinzug direkt neben dem Induktionskochfeld, bevor es Gästen in die Nase steigt. „Freunde lädt man heute nicht mehr in die gute Stube, sondern in die gute Küche", so sagt es Markus Sander, Geschäftsführer des Küchenherstellers Häcker.

Die Konsumforschung in Deutschland gibt ihm Recht: Laut Gfk geben die Deutschen im internationalen Vergleich am meisten Geld für ein komfortables Kochsetting aus. Dabei zielen die Hersteller schon lange nicht mehr nur auf das weibliche Klientel ab. Wo es früher zum Kauf einer neuen Küche ein Kochtopf-Set geschenkt gab, wird heute schonmal ein Wochenendtrip mit einem brandneuen Geländewagenmodell verlost.

Digital wachsen

In Fischers Fall lautete das Credo beim Thema Wachstum vor allem: Neue Filialen eröffnen und damit ein breiteres Gebiet erschließen, innerhalb dessen potentielle Kunden zu Fischer-Kunden werden können. „Ich will der größte Anbieter in Süddeutschland werden", sein ehrgeiziges Ziel sprach er schon lange aus, bevor ein großer Investor gerade wegen seiner immensen Expansion auf ihn aufmerksam wurde - doch dazu später mehr.

Auf Messen und Branchentreffen in Deutschland und der Schweiz schmiedet Fischer bis dahin an Kooperationen mit Zulieferern und Händlern, die fortan bestenfalls auch ihre eigenen Kunden über Fischers Angebot informierten. Solche Strategien sind sinnvoll, reichen aber in Zeiten der totalen Digitalisierung schon lange nicht mehr aus.

Hans Strothoff, der Gründer des Branchenverbandes Musterhaus Küchen (MHK), spricht auf einer Jubiläumsfeier 2014 über die „Online-Offensive" der Vereinigung. Rund 600 MHK-Fachgeschäfte wie das von Raimund Fischer gibt es zu dem Zeitpunkt deutschlandweit - und genau dorthin sollen auch die internetaffinen Kunden finden, wenn sie eine Küche brauchen. Strothoff gestikuliert, er zeigt einen TV-Werbespot und ein Online-Portal, das nicht weniger werden soll als eine Seite, „die man besucht haben muss, bevor man eine Küche, Elektrogeräte oder Zubehör kauft", wie er erklärt. Auch wenn dieses Ziel sehr hoch gesteckt ist – es geht in die richtige Richtung. Doch in die muss jeder Händler auch bereit sein, aufzubrechen.

In seinem Offenburger Küchenstudio hat Fischer ein 3D-Kino gebaut, in dem sich Kunden in ihrer zukünftigen Küche digital umsehen können. Aus Küchenstudios kennen die Kunden dieses Angebot noch weniger. Aus dem Internet schon. Neben einem Online-Küchenplaner auf der eigenen Webseite, wie ihn beispielsweise einer der führenden Küchenverkäufer - Ikea - auch in seinen Shops anbietet, sind diverse Social-Media-Accounts auch für Unternehmen in der Küchen- und Möbelbranche

nicht mehr wegzudenken. Vor allem, wenn die Zielgruppe ein jüngeres Publikum der 20- bis 40-Jährigen einschließt. „Wozu brauche ich bitteschön Social Media?", fragte sich auch Raimund Fischer. Schließlich hatte seine Firma bereits über zwei Jahrzehnte lang erfolgreich expandiert. Erst ein Vortrag über Marktexpansion im Online-Bereich öffnete ihm die Augen. Sofort ließ er sich die Domain singleküchen.de reservieren - in der richtigen Annahme, dass vor allem junges Publikum erstmal online nach der passenden Küche suchen würde.

Kunden suchen online, finden online, beschweren sich und empfehlen Firmen und Hersteller online. Unternehmen müssen sich deshalb überlegen, welche Rolle sie in diesem Prozess einnehmen wollen - die des Beobachters oder die des aktiven Mit- Gestalters?

In Fischers Unternehmen pflegten lange zwei studentische Aushilfskräfte Produkte in die Online-Datenbank ein, damit Kunden sie im Webshop ansehen können. Jeder Link musste separat bearbeitet, jedes Produkt mit Preisen und Infos bestückt werden. Fischer stößt verächtlich Luft aus und winkt ab. Er weiß, dass er nicht um diesen Prozess herumkommt, wenn er Kunden halten und vor allem: sich auf die Bedürfnisse neuer Kunden einstellen will. Seine größte Zielgruppe ist zwar noch die des zweiten Bedarfsmarktes. So erfüllen sich zum Beispiel Paare, die ihr Wohneigentum abbezahlt haben und deren Kinder aus dem Haus sind, den Wunsch nach einer neuen, komfortablen Küche. Doch die Generation der „digital natives" rückt rasant nach. Und will das volle Programm von der Planung über die Beratung bis hin zum schnellen Kauf von Ersatzteilen: Online.

Alexander Breiter konnte diesen Prozess am eigenen Geschäftsmodell nachvollziehen. Dem Co-Geschäftsführer des Münchner Hut-Fachgeschäftes Hut Breiter, Anfang 30, kommt das anfängliche Murren über Online-Vertrieb bekannt vor: „Regenschirme zum Beispiel haben wir bis dahin im Sortiment verkauft. Der Kunde möchte aber online genau den blauen Regenschirm kaufen. (...) Zwar ist es ein gehöriger Aufwand, alle Daten einzupflegen, aber wir haben nette Umsätze gemacht," sagte er gegenüber dem Google-Magazin „Aufbruch München" vom Juni 2016. Die Expansion zu Amazon brachte dem Unternehmen schließlich weitere 100 georderte Pakete pro Tag, gibt die Geschäftsführung gegenüber dem Magazin an. Und schließlich seien auch zunehmend Kunden aus dem Online- ins reale Geschäft gekommen.

„Ich bin dagegen, auf jeden Trend aufzuspringen", sagt Raimund Fischer, „aber kein Unternehmen kann es sich leisten, potenzielle neue Zielgruppen nicht für sich zu erschließen." Warum tun sich Unternehmer dennoch so schwer mit der Digitalisierung? Heike Bruch, Professorin für Betriebswirtschaftslehre mit besonderer Berücksichtigung von Leadership an der Uni St. Gallen, nennt drei Gründe dafür. „Digitalisierung" - das klinge schon so kompliziert, denken sich viele etablierte Mittelständler. Und schreckten deshalb davor zurück. „Komplexe Herausforderungen werden deutlich langsamer angegangen", sagt Bruch gegenüber dem Google-Magazin Aufbruch München. Ein weiteres Problem seien fehlende Anschauungsbeispiele von erfolgreichen Unternehmen, die den Digitalisierungsprozess erfolgreich angehen und dennoch Ähnlichkeiten mit der eigenen Firma haben. „Viele Unternehmer fahren ins Silicon Valley und gucken sich dort die Unternehmen an. Das ist interessant, hilft aber nichts. Diese Unternehmen sind in den allermeisten Fällen nicht mit Google oder Facebook oder Tesla vergleichbar", erklärt die Professorin.

Den dritten Grund dafür, den Aufbruch nach Online zu scheuen, kennt Raimund Fischer nur allzu gut. „Viele Unternehmen sind mit ihrem vorhandenen Geschäftsmodell sehr erfolgreich", sagt Heike Bruch. Warum also etwas ändern? Laut einer Trendstudie der Universität St. Gallen in Zusammenarbeit mit der Telekom-Innovationseinheit Shareground sind etwa 30 Prozent der Unternehmen klassische „Hochleister" und erfolgreich mit ihrer traditionellen Arbeitsweise. Nur 6 Prozent sind „erfolgreiche Pioniere", denen es gelingt, innovative Arbeitsweisen anzuwenden und trotzdem erfolgreich zu sein. „Viele Unternehmen spüren also keinen Handlungsdruck. Entsprechend schieben sie Veränderungen vor sich her", erklärt Bruch. Ihre Empfehlung: „Suchen Sie Erfolgsbeispiele von Unternehmen, die vergleichbar sind, von denen Sie wirklich lernen können." Außerdem rät auch sie zu einer Vision des eigenen, digitalisierten Unternehmens. Welche Aspekte der Digitalisierung könnten Sie für sich nutzen? Was macht für Ihr Geschäftsmodell Sinn, und welcher erste Schritt führt dorthin? Vielleicht hilft ein Blick auf Ihr Produkt und die Überlegung, wie Sie es am liebsten serviert bekämen.

Auch Küchen vergleichen Kunden heute gerne erst einmal online.

„Eine Küche will man aber anfassen, man will die Materialien fühlen, mit denen man täglich hantiert", erklärt ein Kundenberater der Fischer Küchenateliers. Die Küche hat das Auto als liebstes Statussymbol der Deutschen überholt. Sie ist daher ein hoch emotional besetztes Produkt. Oder würden Sie ein Auto bestellen, von dem Sie nur wissen, dass es groß, stabil, schnell und dunkelblau lackiert ist - ohne einmal darin beschleunigt zu haben?

Ein reiner Online-Shop würde Fischers größte Kundengruppe nicht zufriedenstellen. Sie will sich auch vor Ort von den handwerklichen Kompetenzen und der persönlichen Beratung überzeugen lassen.

Ein Mann, der seinen Offline- mit dem Online-Shop gekonnt kombiniert und ebenfalls großen Wert auf Handwerkskunst legt, heißt Stefan Dümig. Knapp 1200 Likes hat sein kleiner Bäckerladen in Haar bei München auf Facebook. Sein Konzept: Er backt alles von der Semmel über Brot, Kuchen und Torten aus Dinkelmehl. Nicht nur die Fassade seiner Bäckerei in knallgelb zieht die Aufmerksamkeit seiner Kunden auf sich. Bei Dümig kann man Gebäck auch Online bestellen, man erreicht ihn über Twitter oder Whats App, wo er seine Follower mit Neuigkeiten versorgt - und mit Fotos von dampfendem Dinkelbrot. Auch wenn seine frischen Backwaren natürlich eher über die Ladentheke als per Mausklick verkauft werden, hat Dümig erkannt: „Heutzutage braucht man keine Kunden, sondern Fans."

Natürlich brauchen die wenigsten Bäcker einen so umfassenden Online-Auftritt. Sagt zumindest das Bauchgefühl. Ein Bäcker steht schließlich für Frische, Persönlichkeit, Spontanität beim Einkauf - aber auch Omnipräsenz. Sich abzuheben, kann deshalb nicht schaden. Bäcker können sich bewusst gegen ein Online-Konzept entscheiden, um ihre ursprünglichen Stärken zu betonen: Den kleinen

Kapitel 8

Plausch an der Bäckertheke, den Kaffee zum Mitnehmen und die Kuchenvitrine, aus der sich Familien am Wochenende etwas aussuchen, um zuhause das knisternde Bäckerpapier aufzufalten und heimlich von der Sahne zu naschen, die am Pappboden kleben geblieben ist. Das Konzept funktioniert ziemlich erfolgreich. Und: Es hat sich seit Ewigkeiten kaum verändert.

Aber es muss ja garnicht immer gleich der ganze Laden online verfügbar sein. Nicht alles, was digital ist, ist zwangsläufig auch gut oder besser für das Unternehmen. Auch die Kunden von Stefan Dümig wollen eine frische Dinkelsemmel riechen – und lassen sich vom Duft einer Möhren-Dinkel-Seele, die im Web-Shop angepriesen recht dröge klingt, vielleicht auch zu deren Kauf verleiten. Trotzdem zeigt das Beispiel vom Dinkelbäcker Dümig, wie Digitalisierung auch für kleine Unternehmen funktionieren kann.

Gerade der Einzelhandel sei von ihr nämlich besonders betroffen, meint der IHK- Hauptgeschäftsführer für München und Oberbayern, Peter Driessen. „Die Industrie gibt den Digitalisierungsdruck nach unten weiter", sagte er im Interview mit dem Journalisten Christoph Henn. So ist es für Fischers Unternehmen denkbar, dass ein falsch konfigurierter Backofen in Zukunft nicht mehr von einem Handwerker vor Ort, sondern per Online-Schalte repariert wird.

Digitalisiert sich das Produkt, muss der Service rundherum mitziehen. Welche Aspekte dabei tatsächlich online stattfinden können oder sollten - wie zum Beispiel eine Kundenberatung per Chat - muss der Unternehmer selbst entscheiden. Denn wer kennt die Firma besser als er oder sie selbst? „Digitalisierung lässt sich kaum delegieren", beschreibt Driessen diese Aufgabe. Sie anzugehen, befremdet die meisten Unternehmen dennoch: So gaben bei einer BIHK-Umfrage im Jahr 2015 ganze 94 Prozent der bayerischen Unternehmen an, aus eigener Sicht von der Digitalisierung betroffen zu sein. Als voll drauf eingestellt bezeichneten sich nur drei Prozent.

Die Frage, welches Wachstum zu Ihrem Unternehmen passt, müssen Sie sich dabei wohl auch für Ihr digitales Unternehmen stellen. Welche Prozesse muss ich anpassen, um mit der industriellen Entwicklung mithalten zu können - und was sind Spielereien? Auch bei Social-Media-Kanälen gilt es abzuwägen, welcher das Unternehmen am ehesten voranbringt, ihm Fans beschert. Weil Küchen, Kochen und Genießen bildstarke Themen sind, entschied sich Raimund Fischer neben Facebook für einen Account bei Instagram.

Hier können seine Mitarbeiter Bilder von Küchen ebenso hochladen wie Videos und Schnappschüsse von Kochevents in einer der Filialen. „Damit experimentieren wir erstmal, bevor wir weitere Accounts aufbauen", sagt Fischer. Knapp 1400 Menschen folgen den Fischer Kücheateliers im April 2020 bei Instagram.

Einen großen Fehler, den IHK-Chef Driessen bei kleinen und mittleren Unternehmern feststellt, wollte Fischer sich nie vorwerfen müssen: „Die oft mangelnde Bereitschaft, etwas Neues zu wagen und Dinge in Frage zu stellen, die sich bewährt haben."

Kapitel 9

Netzwerken und kommunizieren Sie mit Planung.

Das größte Problem bei Kommunikation ist die Illusion, dass sie stattfand.

(George Bernard Shaw)

Ein Berliner Nobelhotel, Ende April 2015. Der weiß-rote Schriftzug der MHK Group hängt in metergroßen Leuchtbuchstaben über der großen Eingangshalle. Er steht für den Einkaufsverband MHK, der an diesem Wochenende zu seinem 35-jährigen Jubiläum einlädt. Drei Tage lang feiert sich die Branche im Tagungszentrum des Hotels. Auf der Küchenmesse „Living & Style" flanieren an die 2000 Firmenvertreter und Gäste zwischen Kochinseln und Küchenzeilen, nippen an Sektkelchen und verkosten die Probier-Häppchen des Showcookings an jeder Ecke des gut 5000 Quadratmeter großen Ausstellungsgeländes.

Für Fischer ist die Messe vor allem eines: Gelegenheit für strategische Gespräche und, wie er sagt, „die Möglichkeit, sich selbst ein wenig zu belohnen." Mit einem opulenten Gala-Abend und organisiertem Freizeitprogramm in der Hauptstadt soll den Verbandsmitgliedern ihr „ganzjähriger Vollzeit-Einsatz", wie ihn der Unternehmer nennt, ein wenig versüßt werden. Denn das Küchengeschäft schläft nie. Viele Studios haben mindestens einen Sonntag im Monat geöffnet oder schließen erst am späten Abend ihre Türen, um berufstätige Kundschaft anzulocken. Dazu kommen Dutzende Branchenmessen im Jahr, auf denen die Verkäufer ihre Küchen und Möbel vor Publikum ausstellen oder sich untereinander vernetzen.

Wie bei der Gesellschafter- und Mitgliederversammlung der MHK an diesem Samstagnachmittag im April. Fischer freut sich jedes Jahr auf die Jahreshauptversammlung seines Verbandes. „Man ackert das ganze Jahr wie ein Wilder, da ist das hier auch mal eine willkommene Abwechslung". Doch auch die will gut geplant sein. Deshalb ist Fischer mit seiner Familie bereits am Donnerstagabend angereist. „Es ist ein ganz anderes Gefühl, ob man bei so einer Veranstaltung von Anfang an unter denen ist, die vor Ort sind und die Ankommenden empfangen", sagt er, „oder unter denen, die abgehetzt am Freitagabend nach der Arbeit anreisen". Als junger Unternehmer habe er stets versucht, möglichst viele Termine unter einen Hut zu kriegen, ohne dabei „immer mit dem Kopf dabei zu sein, anstatt schon bei der nächsten Aufgabe."

Das zehre an der eigenen Energie – und sei daher auf Dauer kontraproduktiv. „Wenn ich mir nun schon die Mühe mache, ein Wochenende nach Berlin zu einem Branchentreffen zu reisen, möchte ich mich auch voll darauf konzentrieren", sagt Fischer. Das Verzeichnis der geladenen Gäste und Firmen hat er sich zuhause in Gutach genau durchgelesen. Er hat eine Liste von Leuten, mit denen er an diesem Wochenende sprechen will - sortiert nach Priorität und Thema. Am Ende dieser Liste ist immer noch ein wenig Platz für zufällige Begegnungen.

Kapitel 9

Gute Vorbereitung ist das A und O

Der Rekorderlös der MHK Group von vier Milliarden Euro im Jahr 2014 steht für eine voranschreitende Entwicklung: Die Deutschen geben mehr und mehr Geld für Küchen aus. Fast 60 Prozent der Befragten – Frauen wie Männer – geben als wichtigstes Statussymbol eine „tolle Küche" an – doppelt so viele, wie die Antwort „tolles Auto" wählten, so der Siemens-Trendreport „Future Living" von 2013. Im selben Jahr fusionierte MHK mit dem Einrichtungspartnerring VME – und wurde so zum größten Kücheneinkaufsverband Europas.

Knapp 1500 Fachhändler gehörten dem Verband 2014 in Deutschland an, über 700 davon aus dem europäischen Ausland. Fischer stieß erst 2013 dazu. Trotzdem scheint sein Name vielen der 3500 Gäste auf der Berliner Jahresversammlung ein Begriff zu sein: Kaum ein Messestand, an dem er nicht mit einem vertrauten Händedruck begrüßt wird. Abends am runden Gala-Tisch ist er es, der die große Eistorte zum Dessert für alle anschneidet und verteilt. Er greift sofort nach dem großen Messer, bedient sich selbst aber zuletzt – und greift sich dann noch ein zweites Stück. „Eis geht immer", sagt er und grinst in die Runde. Der „Always On"- Modus der letzten Tage fällt an diesem letzten Abend in Berlin sichtlich von ihm ab. Seine Liste ist fast abgehakt.

Zeit für zufällige Begegnungen also. Doch auch auf die hat er sich zuhause schon eingestellt. Zwei Stunden lang hat er das Programm, die wichtigen Podiumsdiskussionen und die geladenen Speaker studiert, um abzuwägen, was er in den drei Tagen besprechen will. Bereits am ersten Messetag in Berlin wurde Fischer mit zwei anderen Küchenhändlern zum „altano-Top Partner 2014" gekürt: Er und seine beiden Kollegen haben für die MHK-Eigenmarke in dem Jahr die größten Erfolge erzielt. „Das ist natürlich nett", sagt er, „aber es gehört halt zum Brimborium so einer Veranstaltung dazu. Deshalb muss ich trotzdem genauso am Ball bleiben wie alle anderen."

Szenenwechsel. Fischer sitzt im Frühstücksraum eines Bielefelder Hotels, in der Nähe findet die M.O.W., eine große europäische Küchen- und Möbelmesse statt. Seine Haare sind zu einem strengen Zopf in den Nacken gebunden, damit niemand merkt, dass er Kamm und Rasierer zuhause vergessen hat. Erst nach Mitternacht kam er im Hotel an. Zu spät, um sich noch in einer Drogerie mit dem fehlenden Equipment auszurüsten. „Ich bin zerstreut heute", sagt er und löffelt nachdenklich sein Frühstücksei. Dabei ist für ihn gute Vorbereitung gerade auch beim Outfit und natürlich dem Styling unerlässlich. Der Effekt schlägt sich sofort in der Ausstrahlung nieder, meint der Unternehmer.

Er trägt einen nachtblauen Anzug mit beigen Nähten, im selben Ton wie seine spitzen Designerschuhe. „Im Alter muss man eben mehr Wert auf gute Accessoires legen", erklärt er grinsend. Außerdem hält er seinen Ernährungsplan auf Geschäftsreisen strikt ein: Viel Eiweiß, Gemüse und wenig Brot, gerade wenn ein Hotelbuffet dazu einlädt, ausufernd zu frühstücken. „Ich brauche einen klaren

Kapitel 9

Kopf, keinen vollen Magen", sagt Fischer und greift zu seinem Obstsalat.

Für den Tag hat er sich ein straffes Programm erarbeitet: Welche Händler sind wo, wen muss ich unbedingt sprechen? Auf alle persönlichen Gespräche kann er sich aber trotz intensiver Planung nicht vorbereiten – wie Fischer später auf der riesigen Bielefelder Möbelmesse feststellen wird. Die Firma Miele hat sich dort im hintersten Hof von Gut Böckel eingerichtet, einem urigen Gehöft im nordrhein-westfälischen Rödinghausen. Zwischen Backsteinmauern und Holzbalken nippen Geschäftspartner dort am Espresso und lassen sich von Kundenberatern intelligent vernetzte Kochfelder vorführen. Der Raum ist nicht einmal halb so groß wie eine Turnhalle – die darin angehäufte Technik- und Designvarianten erscheint nichtsdestotrotz: endlos.

Fischer hat ein Wachstumscredo übernommen, laut dem er nicht mehr bedeutend in die Breite der Produkte, sondern in die Tiefe der Lieferantenverbindungen und Kundenbedürfnisse investieren will. Mit wem er bei Miele sprechen möchte, hat er sich vorher genau überlegt. Seinen Miele-Firmenkundenbetreuer lässt er am Eingang links liegen, nur zu einem kurzen Überblick durch die Halle lässt er sich überreden. „Bitte wirklich nur die Neuheiten und in Schnellversion", sagt er zu dem Mann, der ihn mit einem dicken Katalog am Eingang der Ausstellung empfängt. Fischer will sich mit den strategischen Dingen beschäftigen. „Ich stricke lieber im Hintergrund", raunt er und lächelt, als er bemerkt, dass er bereits erwartet wird.

Der Marketingleiter von Miele Deutschland, hat Fischer zum Gespräch gebeten. Der freut sich wie ein kleines Kind. Mit großen Schritten läuft er zur Kaffeebar im hinteren Teil der Ausstellungsräume. Der schmale, große Mann mit feinen Gesichtszügen, bittet Fischer und seinen Firmenkundenberater höflich, an einem Tisch Platz zu nehmen. Er faltet die gepflegten Hände auf dem weißen Tischtuch, sein Ehering sitzt ihm ein bisschen zu locker. „Sie sind ein wichtiger Handelspartner, guter Geschäftsfreund und ein strategischer Wachstumspartner", antwortet er Fischer auf die Frage, was ihm denn die Ehre bereite. Der ironische Unterton macht den Marketingleiter nervös, doch Fischer kommt jetzt voll in Fahrt.

„Die ganze Veranstaltung ist lediglich eine Verhandlung: Wer verkauft was wem am besten?", erklärt Fischer später die Gespräche mit Lieferanten und anderen Händlern auf der M.O.W.. Mit seiner Einstellung hält er nicht hinterm Berg. Er weiß, wie gut seine selbstironische Art bei den meisten Leuten ankommt. Mit Humor über die eigenen kleinen Unzulänglichkeiten gleicht er die spitzen Bemerkungen aus, die er sich an anderer Stelle manchmal nicht verkneifen kann.

Das Gespräch am Miele-Tisch nimmt schnell einen deutlicheren Ton an, als der Miele-Marketingleiter auf die Internetgeschäfte des Konzerns zu sprechen kommt. Es geht um die Höhe der Provision, die Miele jenen Händlern zahlen will, die über ihren eigenen Online-Shop die Produkte des Geräte-Riesen vertreiben. Als er die Zahlen hört, verzieht Fischer eine Miene. „Aus ihrer Sicht kann ich das ja verstehen", sagt er etwas zu laut und beugt sich nach vorne. Obwohl sein Gegenüber und er sich heute zum ersten Mal begegnen, spricht er wie mit einem alten Geschäftspartner. „Ich stelle mir aber die Frage: Passt die Miele-Philosophie ins Fischer-Konzept?" Pause. Der Mann mit den gepflegten Händen zieht die Augenbrauen hoch, er ist diese Art von Gegenwind nicht gewohnt. Doch da setzt der Unternehmer schon wieder an. „Genau da bin ich mir gerade nicht sicher. Warum sollte ich mir das Ganze nicht erstmal zwei Jahre anschauen, bevor ich Verbindlichkeiten eingehe?"

Er lehnt sich zurück, wartet. Sein Firmenkundenberater schwitzt, er ruckelt noch einmal an der Brille, das rote Einstecktuch sitzt schief. Der Miele-Vertreter faltet die Hände ineinander, langsam und mit einem Lächeln auf den schmalen Lippen. Ihm bleibt heute nichts anderes übrig, als Fischer mit seiner Art gewähren zu lassen. Nicht unwahrscheinlich, dass er sich später hinter verschlossenen Türen furchtbar über ihn ärgern wird, ihn anmaßend finden wird, sich über ihn lustig macht. Fischer weiß das. Eher riskiert er es, anzuecken, als sich wie ein Mäuschen anzupassen und den großen Firmen unterzuordnen. Ob das langfristig eine gute Strategie ist, kann ihm keiner sagen. Fischer folgt hier keiner Strategie, er ist ein Gefühlsmensch. „Und mein Gefühl sagt mir, die werden sich nochmal mit einem besseren Angebot melden, wenn sie es ernst meinen", sagt Fischer nach dem Gespräch.

Um kurz vor acht Uhr abends parkt sein dunkler SUV quietschend vor einer Discounter-Filiale irgendwo an der

A30 bei Bad Oeynhausen. Fischer hat heute acht Lieferanten getroffen und ebenso viele Espressi hinuntergestürzt. Seiner Frau hat er zwischen den Terminen die wichtigsten Entwicklungen nach Gutach durchgesagt. Nun braucht er endlich eine Haarbürste und Rasierzeug.

Eine Bürste haben sie hier nicht, erklärt die Verkäuferin. Fischer deckt sich mit Rasierschaum und Klingen ein. „Eine schlechte Rasur kann mehr versauen als man für möglich hält", sagt Fischer mit Blick auf den kommenden letzten Messetag – und rennt noch schnell in den zweiten Supermarkt nebenan.

Das Netzwerken ist für heute noch nicht vorbei. Um kurz nach acht fährt Fischer wieder auf die A30, zurück zum Bielefelder Geschäftssitz der MHK. Unter dem Motto „toskanische Nacht" lädt der Verband seine Mitglieder zu einem „Meet and Greet". Das muss man Fischer nicht zweimal sagen: Er scherzt, schüttelt Hände und lehnt sich immer wieder mit einem zufriedenen Lachen in seinem Stuhl zurück, wenn er mit seinen Kollegen und neuen Bekanntschaften redet. Er trinkt stilles Wasser, den ganzen Abend lang. Morgen vormittag, sagt Fischer, möchte er vor der Abfahrt noch ein paar Geschäftspartner sprechen. „Gute Vorbereitung", sagt er, „ist das A und O."

Die richtigen Netzwerke finden

Die Wissenschaftlerin Catherine Kirchmeyer von der Wayne State Universität in Detroit fand heraus, dass ein gutes Netzwerk vor allem dann beruflich voranbringt, wenn es besonders breit gestreut ist – also in viele verschiedene Bereiche hinein verankert ist. Dabei könnten die Beziehungen auch nur locker bestehen, um im entscheidenden Moment dennoch Ausschlag zu geben. Ihre Forschung bezog sich zwar auf den Karriereverlauf junger Akademiker. Doch auch bildungsunabhängig hätten im Beruf gute Beziehungen zu Kollegen eine so hohe Bedeutung, dass sie sogar die Gesundheit von Probanden beeinflussten, führen Forscher der Tel Aviv University in einer 2011 veröffentlichten Studie an.

Mit Fischers Unternehmen wuchs sein Bewusstsein, wie wichtig die engen, häufig auch persönlichen Kontakte zu Beratern und Vertrauten für den Unternehmensaufbau sind. Dabei gehen viele seiner Beziehungen auf die kleine, dörfliche Gemeinschaft des Elztales zurück. Zwar wuchs seine Firma bald über die Gegend hinaus. Sein Dorf bedeutet für ihn aber noch immer: Geborgenheit. „Die Sonne über dem Hörnleberg, die Natur, die Elz – da steckt eine enorme Energie drin", sagt Fischer.

Er schätzt seine vielseitigen Kontakte in der Gegend, zu Schreinern, Maurern, Ofenbauern. Sie mit Bedacht zu pflegen, gehörte für ihn auch innerhalb seines Unternehmens immer dazu. „Ob ich ein Mitarbeitergespräch mit einer Sachbearbeiterin in Offenburg führe oder einen Firmenvorstand in Berlin treffe – das macht für mich keinen Unterschied. Beides kostet volle Aufmerksamkeit." Seinen Mitarbeitern 2018 zu vermitteln, dass er die Fischer Küchenateliers an einen großen Investoren verkaufen würde, brach ihm fast das Herz. Fischer, der nie um Worte ringt und beim sprechen vor Publikum auf spontane Wortwahl setzt, ließ sich für diese Ankündigung eine Rede schreiben - „sonst wären mir die tränen gekommen", sagt er im Frühjahr 2020 mit Rückblick auf seinen Firmen-Exit (dazu mehr in Kapitel 14).

Viele Mitarbeiter der Fischer Küchenateliers kommen aus dem Elztäler Raum, manche haben ihn von Anfang an begleitet. „Mein Netzwerk ist eigentlich klein und uralt", sagt Fischer. Sein Netzwerk, das sind die Menschen, ohne die Fischers Unternehmen nicht entstanden wäre.

Gerade in Bezug auf gute Beziehungen zum engsten Umfeld sieht Fischer „Provinzler", wie er sich als Oberwindener sieht, eventuell sogar im Vorteil. „In einer Stadt wie Berlin wäre ich wahrscheinlich untergegangen", sagt er, der nicht immer ein guter Netzwerker war. Für ihn war es wertvoll, dass durch das dörfliche Umfeld ohnehin jeder jeden kannte. Eine Großstadt, das bedeute immer auch mehr innovative Köpfe und damit mehr Konkurrenz. Manche mag das inspirieren oder anstacheln. Fischer, so meint er, hätte in so einem Umfeld wohl nie den Drang verspürt, der Enge des Dorfes zu entkommen: „In der Stadt hätte ich es nicht so weit gebracht, weil ich mich nicht so stark hätte abgrenzen müssen."

Gerade in Großstädten gibt es heute an jeder Ecke sogenannte shared workspaces oder Co-Offices. Kreative teilen sich Büroräume und Ateliers, Start-Ups vernetzen sich auf Kongressen und natürlich über die sozialen Netzwerke. Das alles gab es nicht, als Fischer gründete. Mit der geschäftlichen Expansion sah sich Fischer deshalb auch nach neuen Möglichkeiten im Bereich der Branchenverbände um – und wechselte vom Verband „Der Kreis" zu MHK, dem Einkaufsverband Musterhaus Küchen. Der Wechsel sollte ihm viele neue Türen öffnen – vor allem im Bereich Netzwerken, Kommunikation und Selbstmarketing.

Über Branchenverbände bekommen Filialinhaber verbesserte Einkaufskonditionen – die sie dann auch an ihre Kunden weitergeben können. Außerdem werden sie an jährlichen Sonderausschüttungen beteiligt – was für Fischer immer eher ein Sahnehäubchen als ein Grund seiner Mitgliedschaft war. Auf seiner ersten Jahreshauptversammlung, so erinnert er sich, schlich er sich während der Boni-Ausschüttung auf die Toilette, um den Scheck im Umschlag mit seinem Namen zu begutachten. Da ist der Unternehmer noch ganz Handwerker: „Ich glaube immer erst das, was ich in meinen eigenen Händen halte."

Praktisch denken, wie Fischer es tut, ist aber beim Thema Networking eine heikle Sache. Unzählige Ratgeber beschäftigen sich ausschließlich mit dem Thema, wie man überzeugend und effektiv Small-Talk hält. Dabei geht es am Ende doch sehr oft nur darum, dem anderen die eigene Visitenkarte anzudrehen und darauf zu spekulieren, dass auf dem netten Talk ein handfester wirtschaftlicher Nutzen folgt. Fischer ist fasziniert von Menschen, die für ihre Sache „brennen". Ganz unabhängig davon, welcher Job-Titel auf ihrer Visitenkarte steht. Er kann brillant smalltalken, wenn ihn sein Gegenüber ernsthaft interessiert, auf menschlicher oder geschäftlicher Ebene. Lässt es ihn aber nicht nach ein paar Momenten „lodern", hat Fischer für sich eine Entscheidung getroffen: Kein fingierter Smalltalk mit „Energiestaubsaugern".

„Ich bin mittlerweile knallhart, wenn mir Menschen zu blöd sind oder mir die Kommunikation nichts bringt", sagt der Unternehmer. „Deshalb habe ich mich auch immer wieder im Leben von Leuten verabschiedet." Gute Beziehungen auf verschiedenen Ebenen zu haben, sei natürlich vorteilhaft. „Aber man muss manche sozialen Kontakte auch riskieren, wenn sie kein Verständnis für den eigenen Weg aufbringen wollen", sagt Fischer. Sein enger Freundeskreis ist deshalb im Laufe der Jahre kleiner geworden, daran war die Firma nicht unschuldig.

Sein bester Freund, selbst Unternehmer mit einer eigenen Druckerei, kann seine Nöte im geschäftlichen wie privaten am besten verstehen. Er kritisiert nicht, wenn Fischer sich in anstrengenden Phasen mal wochenlang nicht meldet. Aber er ist immer ansprechbar. „Ich habe mit dieser Art zu kommunizieren auch schon privat Erde verbrannt", sagt er. Aber am Ende zähle die Qualität des Netzwerkes, nicht die reine Größe.

Essenziell sind für ihn ein paar wenige zuverlässige „Hinterfrager". Fischer meint damit die Menschen, denen er blind vertraut und die ihn schon lange oder sehr gut kennen. Nur ihren Rat nimmt er sich wirklich zu Herzen, egal worum es geht. „Bei denen kann ich ausschließen, dass es ihnen um irgendetwas anderes geht als mir einen ehrlich gemeinten Rat zu geben. Da stecken keine Begehrlichkeiten dahinter." Die Liste der Hinterfrager aber ist kurz: Sei-

Kapitel 9

ne Frau Bianca, sein Steuerberater. Und dann gibt es noch die Menschen, die ihn zwar nicht besonders gut kennen, aber sich durch ihre besondere Authentizität auszeichnen.

Sie begegnen Fischer oft als die zufälligen Kontakte, für die er auf seiner Prioritätenliste der Gesprächspartner immer noch ein wenig Platz einräumt. Und nicht selten sind sie und ihre Lebensgeschichten es, die Fischer begeistern, wenn er sich selbst antriebslos fühlt.

Es ist ein Sonntagvormittag 2015, Fischer steht mit seinem Koffer in der Lobby des Berliner MHK-Messehotels, er sieht erschöpft aus. Ein Mann Mitte 30, rotes Haar und Sommersprossen, tippt ihm auf die Schulter. Fischers Blick erhellt sich. Freudig schüttelt er dem jungen Mann die Hand, ein wenig länger als nötig. Den Rothaarigen kennt er schon von anderen Küchenmessen. Er hat versucht, ihn für seine Firma abzuwerben, doch ohne Erfolg. Der Mann fasziniere ihn, erzählt Fischer später.

Seit Jahren leide der Verkäufer an Krebs. „Aber seit er das weiß, hat er sein Leben umgestellt, seine Ernährung, er läuft Marathon", sagt Fischer, als kenne er noch viel mehr Details aus dem Leben des Mannes. Er blickt Fischer beim Gespräch die ganze Zeit in die Augen, erzählt von sich, erst ernst, dann lacht er. „Der da", sagt Fischer nach dem Small Talk, „ist einer der wenigen, der nicht schon während des Gesprächs an den nächsten Termin denkt." Den Vorsatz, der Fischer manchmal so zu schaffen macht, scheint dieser Mann spielend in die Tat umzusetzen: Wo ich bin, will ich sein.

Wie Kommunikation gelingt

„Ein Teil des Erfolges ist es, immer wieder durch Glück oder einen guten Riecher die richtigen Leute zu finden. Ich habe nicht immer die richtigen Menschen gefunden, aber ganz oft die richtigen Menschen für die richtigen Momente, die verstanden haben, was ich wollte. Vermutlich aber auch, weil ich immer ganz offen kommuniziert habe, was ich will und wo ich hinwill," erzählt Fischer 2015 während einer Autofahrt zu seinem Studio in Freiburg-Zähringen. Dann lenkt er den dunklen SUV auf den Parkplatz.

Im Eingangsbereich des Freiburger Küchenateliers knien zwei kräftige Männer, ihre blauen Arbeitshosen sind mit hellem Holzstaub bedeckt. Die türkise Landhausküche ist fast fertig: Noch fehlen die Armaturen und ein Esstisch. Die Männer arbeiten konzentriert, kaum heben sie die Köpfe, als Raimund Fischer sich im Vorbeigehen die Sonnenbrille von der Nase nimmt. „Ich habe ja immer nur Gutes gehört von den Häcker-Monteuren", grüßt er die Angestellten des Küchenherstellers mit heller Stimme, „und jetzt sehe ich sie endlich mal in Aktion!"

Es ist einer dieser Tage, an denen Fischer mit sichtlich guter Laune unterwegs ist. Seine Begrüßung klingt aufrichtig – es freut ihn, Menschen zu sehen, die in ihr Handwerk vertieft sind. Manchmal huscht ihm dann der Gedanke an die alte Werkstatt seines Elternhauses durch den Kopf, wo er seinem Vater, dem Schreiner, oft stundenlang beim Arbeiten zusah. Die Monteure blicken überrascht auf und sehen erst Fischer, dann einander an. „Ja, wir sind auch guter Dinge", kommt vom einen zurück, erst zögerlich, dann strahlend. Er steht auf und klopft sich den Holzstaub von der Arbeitshose. Fischer schenkt ihm einen anerkennenden Blick: „Das ist die Hauptsache, Männer."

Mit der angemessenen Kommunikation ist es ganz ähnlich wie mit dem „in Erinnerung bleiben" aus Kapitel 4: Nur, wer sich von seinem Gegenüber im Gespräch wertgeschätzt fühlt, wird die Unterhaltung auch länger im Kopf behalten. Es geht darum, sich für den anderen zu interessieren – auch wenn die spannenden Aspekte seiner Geschichte vielleicht nicht sofort erkennbar sind. Thorsten Otto, Moderator der BR-Talksendung „Mensch, Otto!" und Buchautor des Kommunikationsratgebers „Die richtigen Worte finden", ist sicher: „Mit ein bisschen Offenheit und Neugier kann jedes Gespräch Spaß machen," wie er seine Freude an der Arbeit als Radio-Talker der SZ gegenüber beschreibt. Sein Job ist es, die Menschen dazu zu bringen, sich wohlzufühlen und sich zu öffnen. Er erschließt eine Beziehungsebene, die über den reinen Informationsaustausch hinausgeht. Mit der Erkenntnis: „Jeder hat eine interessante Geschichte."

„Nicht der Inhalt, der ausgetauscht wird, entscheidet, sondern die Art und Weise, wie es gesagt wird," sagt auch Susanne Kilian im Interview mit der SZ. Die UN- Dolmetscherin und interkulturelle Kommunikationstrainerin betont, welche Rolle soziale Regeln in der zwischenmenschlichen Kommunikation – ob beruflich oder privat – spielen. So sei es zum Beispiel eine speziell deutsche Eigenart, dass Gespräche immer sofort auf den Austausch von Fakten und die Orientierung hin zur nächstmöglichen Lösung eines Problems fokussiert seien. Dabei sei der vorangehende Small Talk, eine Art „Kennenlerntanz" beider Gesprächspartner, gerade im Geschäftlichen unabdingbar: „Ein Gespräch auf der Sachebene ist nicht möglich, wenn nicht die Beziehungsebene vorher gepflegt wurde."

Eine Beziehung herstellen – das heißt nicht, dass man sich nach jedem geschäftlichen Gespräch noch auf einen Kaffee treffen muss. Um wirklich auf einer Ebene zu kommunizieren, müssen wir uns aber bestenfalls ein umfassendes Bild vom Gesprächspartner machen, um entsprechend auf ihn oder sie eingehen zu können. Wirkt das Gegenüber fröhlich oder verschlossen, spricht er oder sie mit gedämpfter oder fester Stimme? Überhaupt, die Stimme: „Die Wirkung von Menschen auf ihre Umwelt [wird] zu 55 Prozent von ihrem Aussehen und Verhalten, zu 38 Prozent von der Stimme und nur zu 7 Prozent vom Inhalt der Äußerung" bestimmt – so fasst der Kommunikationsberater Manfred Piwinger die Erkenntnisse sozialpsychologischer Untersuchungen zusammen. „Unternehmen", sagt er, „haben nicht nur ein Gesicht, sondern auch eine Stimme."

Das was wir sagen ist also ganz schnell zweitrangig in Abhängigkeit davon, wie wir es sagen und welche Beziehung wir zum Gegenüber haben. Fischer hat die beiden Monteure in seinem Küchenstudio aus der obigen Szene noch nie persönlich getroffen. Es bieten sich also mehrere Möglichkeiten: Er könnte sich einfach ganz formell vorstellen als Geschäftsführer, zwei Hände schütteln – oder aber, und das ist für viele Monteure leider das häufigere Erlebnis, er könnte mit keinem oder einem knappen Gruß an ihnen vorbeirauschen. Im oben geschilderten Fall entschied er sich bewusst oder unbewusst dafür, erstmal eine Beziehung aufzubauen – durch Wertschätzung des Gegenübers und, was natürlich immer gut ankommt: ein kleines Lob.

Was, wenn er grußlos vorbeigelaufen wäre? „Man kann nicht nicht kommuizieren" ist wohl einer der berühmtesten Sätze des verstorbenen Kommunikationswissenschaftlers und Psychotherapeuten Paul Watzlawick. Auch wenn ich nichts sage, kann das also eine ganze Menge heißen. Zum Beispiel: „Ihr seid mir komplett egal, mich mit euch zu unterhalten, ist Zeitverschwendung – ich habe als Geschäftsführer besseres zu tun." Diese wortlose Botschaft würde wohl keinen Mitarbeiter dazu bewegen, sich gerne für seine Arbeit und den Arbeitgeber einzusetzen und mit Freude an seine Aufgaben zu gehen.

Mit einem Satz sendet Fischer also nicht nur eine verbale Botschaft aus. Er tut auch etwas, indem er spricht: Er zeigt, dass er sich für die Arbeit der Monteure interessiert und sie positiv wahrnimmt. „Reden ist Handeln": Was der britische Philosoph John L. Austin mit seiner „Sprechakttheorie" besagt, lässt sich heruntergebrochen auch in der Kommunikation mit Mitarbeitern anwenden.

Bei Watzlawick und Austin hat jeder sogenannte Sprechakt eine Botschaft, die beim Gegenüber bestenfalls so ankommt, wie ihr Sprecher sie auch gemeint hat. Je mehr sich Sprecher und „Empfänger", also zum Beispiel Geschäftsführer und Monteur, aber in verschiedenen Lebens-

oder Arbeitswelten bewegen, desto höher das Risiko, dass eine Botschaft missverstanden oder schlichtweg gar nicht vom Adressaten wahrgenommen wird. Der Unternehmer Fischer erkennt diese Theorie ganz konkret in seiner eigenen Mitarbeiterkommunikation wieder: „Als ich Monteur war, war es für mich total einfach, mit einem anderen Monteur zu sprechen. Kniffliger war es, sich mit dem Geschäftsführer oder auch einem Verkäufer zu unterhalten. Als Verkäufer musste ich mich dann schon ein bisschen zurücknehmen, wenn ich mit dem Monteur oder dem Auslieferer sprach. Das meine ich nicht böse – aber die Erwartungshaltung an die Kommunikation ist einfach auf jeder geschäftlichen Stufe eine andere."

Erwartungshaltung ist eines der Worte, das Fischer gerne benutzt – auch den Monteuren gegenüber. Ob Kommunikation gelinge oder nicht, hänge eher von der Bereitwilligkeit des Gegenübers ab, das Gesagte auch aufnehmen zu wollen. Und von der Fähigkeit, sich aufeinander einzulassen: „Als Geschäftsführer ist man ständig mit Vollgas im strategischen Bereich unterwegs. Zu entschleunigen, sich voll auf die Belange der Leute im ausführenden Bereich zu konzentrieren und dann im rechten Moment den richtigen Ton anzuschlagen – das gelingt mir nicht immer," weiß er. Die Zeit, als der Unternehmer selbst aus Monteur angestellt war, liegt über 27 Jahre zurück – „da ist der Abstand schon groß", sagt er heute. Und: „Manchmal habe ich im Gespräch das Gefühl, die denken: Ach, der Alte erzählt wieder irgendeinen Mist."

Kapitel 9

Kommunikation auf Augenhöhe

Was Fischers Ansicht nach jede Kommunikation erleichtert: Offenheit, Zeit – und Emotionen. Fischer gelingt es, einen Menschen während des Gesprächs nicht nur vollends für sich einzunehmen. Er gibt ihm im Gegenzug auch das Gefühl, seine uneingeschränkte Aufmerksamkeit zu genießen. Das liegt nicht nur an der ab- und ansteigenden Melodie seines badischen Dialekts, einem sympathischen Singsang, den Fischer gern mit Lachern und ein paar ironischen Untertönen anreichert. Er weiß um deren Bedeutung, auch wenn es ums rein geschäftliche geht – egal ob ihm eine Bankdirektorin oder ein Fliesenleger gegenübersitzt.

Wenn es ihm nicht zwischen Tür und Angel gelingt, seine Anliegen mit denen von Mitarbeitern auszutauschen, teilt er sie ihnen auch schon mal mit einer längeren, ganz persönlichen Mail mit – wie im Fall eines Studioleiters, der 2015 mit dem Gedanken spielte, die Fischer Küchenstudios zu verlassen.

„Ich wusste seit einer Weile, dass Studioleiter Herr B. kündigen wollte. Nicht, weil er unzufrieden gewesen wäre. Er hatte mir gegenüber mehrmals angedeutet, dass ihm die mit der Studioleitung einhergehende Verantwortung zu groß wurde, auch was die zeitlichen Anforderungen betrifft. In seiner Position musste er auch das ein oder andere Wochenende auf Küchenmessen präsent sein – eine schwere Entscheidung für einen Familienvater. Zudem war er beim vorhergehenden Arbeitgeber in einer vergleichbaren Position übel behandelt

worden – vielleicht spielte also auch die Angst eine Rolle, er könnte erneutem Druck nicht standhalten. Ich hatte das Gefühl, ihm diese Angst in Gesprächen nicht wirklich nehmen zu können. Dabei wollte ich ihn unbedingt im Unternehmen halten – ein motivierter, fähiger Mann mit Führungskompetenz. Aber wie sollte ich emotional an ihn rankommen?"

Wie dieser Fall zeigt, lohnt es sich bei wichtigen Angelegenheiten, ein wenig mehr Zeit in die Kommunikation zu investieren und verschiedene Wege auszuprobieren. Manche Menschen können selbst mit Lob, das vor allen anderen ausgesprochen wird, schlecht umgehen. Sie werden rot oder bringen keinen Ton mehr heraus. Die Kommunikation per Mail gibt dem Gegenüber Zeit, über Argumente nachzudenken und sie mit etwas Abstand zu betrachten. Natürlich bedarf es aber auch dabei der richtigen Worte.

"Nach einem Motorradwochenende kam ich sonntags früh erschöpft und glücklich nach Hause. Zwei Tage raus aus dem Hamsterrad hatten mir den Kopf durchgelüftet, unterbewusst hatte mich das Problem mit Herrn B. aber weiter beschäftigt. Am Vormittag setzte ich mich also in Ruhe an den PC und schrieb in einer Mail an B. alles nieder, was mir im Kopf herumschwirrte: Dass ich seine Bedenken verstehe. Dass er seine Position auch beibehalten könnte, ohne dass er auf Messen muss. Dann auch noch ein bisschen mehr Geld, um das Thema Absicherung für die Familie anzusprechen und seine wirklich besonderen Fähigkeiten besser zu entlohnen – aber vor allem, dass ich ihn nicht einfach ziehen lassen könnte, ohne es noch auf diesem Weg versucht zu haben.

Antwort auf diese Mail bekam ich zunächst von B.'s Ehefrau. Wir kannten uns bereits flüchtig von Mitarbeiterveranstaltungen. Nun bedankte sie sich per Mail für meine Offenheit – und freute sich, dass ihr Mann nun weiter im Unternehmen bleiben wollte."

Mit seinem Vorschlag hatte Fischer den Mitarbeiter genau dort abgeholt, wo er stand: Vor der Entscheidung, ob er lieber die Verantwortung einer Leitungsposition oder mehr Zeit mit seiner Familie haben wollte. In Fischer's Vorschlag – weiterhin Studioleiter zu sein, aber ohne die volle Verantwortung für das Messegeschäft – fand sich B. wieder. Chef und Mitarbeiter hatten ein Kommunikationsniveau gefunden – und somit auch einen Kompromiss. Trotzdem war B. daraufhin noch auf der ein oder anderen Messe präsent – wo Fischer es sich nicht verkneifen konnte, ihn auf seine Stärken im Messegeschäft hinzuweisen:

„Fast im Vorbeigehen fing B. ein Gespräch mit ein paar Laufkunden an, keine 15 Minuten später setzten sie sich zu ihm an den Beratungstisch und unterhielten sich angeregt. Das kriegt nicht jeder so locker hin. Und genau das habe ich ihm nach der Messe auch nochmal in einer Mail kommuniziert. Vielleicht wollte ich ihm damit auch einfach nochmal ein bisschen schmeicheln und ihn in absehbarer Zeit auch für Messen zurückgewinnen – was natürlich auch in meinem eigenen Interesse gelegen hätte. Trotzdem: Wenn jemand etwas gut macht, möchte ich ihn darin fördern und fordern – auch das bedeutet für mich Führung."

Im Fall des Herrn B., der bis heute bei den Fischer Küchenateliers arbeitet, trug Fischers Sensibilität die erhofften Früchte. Es geht aber auch anders. Fischer neigt dazu, sich von Impulsen leiten zu lassen – und die nehmen keine Rücksicht auf Fischers Gegenüber. „Während ich mir bei Herrn B. die Zeit genommen habe, weil er mir wirklich wichtig ist, tue ich es in anderen Fällen schon auch mal, weil ich denke: Ok, dir führe ich jetzt mal deine eigene Inkompetenz vor Augen." Wie im Fall eines zu der Zeit bei Fischer angestellten Monteurs:

„Ein sonniges Wochenende zuhause mit meiner Familie, da kommt plötzlich am Sonntagmorgen um zehn Uhr eine Mail von einem meiner Monteure. Der Mitarbeiter beschwert sich, es liefe seit einigen Wochen „nichts mehr rund" bei der Auslieferung und diese „irrationalen Abläufe" habe sich sicherlich mal wieder „die Disposition ausgedacht."

Ich kann nicht anders als sofort zu antworten – wenn sich jemand um zehn am Sonntag bei mir beschwert, obwohl er genau weiß, dass ich diese Mail auch genau dann lesen werde, dann antworte ich auch umgehend. Natürlich nicht ohne einen gewissen Unterton. Also schreibe ich:

[...] Die Problematik einer sauberen Auslieferung und guten Montage, am besten in Kommunikation mit dem Kunden in ruhigen Bahnen, beschäftigt mich nun seit 24 Jahren. Es sind dabei aber immer viele Bedürfnisse zu berücksichtigen: Als allererstes die des Kunden. Dann die Sichtweise und Wünsche der Monteure, die Sichtweise und Wünsche der Verkäufer, die Sichtweise und Wünsche der Auslieferer, die Sicht-

Kapitel 9

weise und Wünsche der Sachbearbeiter in den Studios – und das versuchen wir hier in Gutach so gut wie möglich zu befriedigen und zu steuern. Gerade in dieser Zeit eine anspruchsvolle Aufgabe.

Wir sind immer noch nicht perfekt, aber wir arbeiten daran. Manchmal verzweifeln wir daran, dass wir immer und immer wieder dasselbe kommunizieren, aber niemand es umsetzt.

Vielleicht sprechen wir die falsche Sprache. [...]"

Was folgt, ist genau das: Ein Aufeinanderprallen zweier Positionen und zweier komplett unterschiedlicher kommunikativer Ebenen. Fischer bietet dem Monteur in seiner Mail an, sich „aktiv am Optimierungsprozess der Auslieferungen zu beteiligen", und zwar in Form von zwei Vorschlägen. Der Monteur solle entweder zwei Wochen lang die Auslieferer des Unternehmens begleiten und direkt vor Ort erklären, was wo und wie besser laufen könnte. Alternativ könne der Mitarbeiter dieselbe Zeit dem kaufmännischen Leiter bei der Planung der Auslieferungen zur Hand gehen, um seine Erfahrungen in dessen Arbeit einfließen zu lassen. Bei beiden Möglichkeiten solle für ihn kein finanzieller Nachteil entstehen. So könne man „vom Reden ins Handeln kommen."

Dass Fischers Vorschlag in dieser Mail, sein „Reden", bereits eindeutiges Handeln war (nämlich die alternativlose Aufforderung, etwas zu verbessern anstatt sich nur zu beschweren), war Fischer in diesem Moment nicht bewusst –

oder aber wollte er es einfach nicht wissen: „Natürlich habe ich da ein bisschen überreagiert und wollte ihm unter die Nase halten: Hey, schau mal, wenn du willst, dann ändere was!"

Dass der Monteur beide Lösungsvorschläge dankend ablehnte, ahnte Fischer schon, als er die Mail schrieb. Schließlich bot er keine Alternative an, falls sich der Monteur nicht am Optimierungsprozess beteiligen wollte. Damit wird ihm kommuniziert: Ich mache dir ein Angebot, über das du freiwillig entscheiden kannst. Wenn du es aber ablehnst, bestätigst du meine Annahme: Dass du nicht gewillt oder in der Lage bist, dich auf mein – natürlich wesentlich anspruchsvolleres – Arbeitsniveau zu begeben.

Mit diesem muss ein Geschäftsführer aber nunmal leben. „Das ist der Punkt mit dem Niveau des Gegenübers: Ich wollte mich auf die Sichtweise des Monteurs einlassen, ihm eine Bühne bieten. Gleichzeitig führe ich ihm vor Augen: Willst du das oder kannst du das überhaupt? Und da steckt natürlich auch eine Spur Zynismus drin."

Fischers Kommunikation in diesem Fall verfolgte also das eher egoistische Ziel der Selbstbestätigung: Dieser Typ versaut mir den Sonntag und ist dann im Gegensatz zu mir zu faul, sich über Lösungen statt Probleme Gedanken zu machen. Stattdessen müsste Fischer auch die Arbeitshaltung des Monteurs, der nur seine Aufgaben erledigen möchte, anstatt sich um strategische Verbesserungen im Unternehmen zu kümmern, akzeptieren. Und damit anerkennen: Nicht jeder Mitarbeiter kann und will im Unternehmen für alles die Verantwortung übernehmen - das muss nur der Unternehmer selbst.

Kapitel 10

Arbeiten Sie an Ihrer Führungskompetenz - immer.

Wähle dein Team sorgfältig aus. So viel von deinem Erfolg gebührt Menschen, von denen du umgeben bist.

(Tom Ford, amerikanischer Modedesigner und Regisseur)

„Hätten sie gute Führungskräfte, würden deutsche Unternehmen 105 Milliarden mehr Umsatz im Jahr machen": So fasst die mehrfach ausgezeichnete Wirtschafts- Bloggerin und Redakteurin der Wirtschaftswoche Claudia Tödtmann die Ergebnisse der Gallup-Studie 2016 zusammen. Das amerikanische Meinungsforschungsinstitut erhebt mit dem „Engagement Index Deutschland" seit 2002 jährlich, „wie sich die emotionale Mitarbeiterbindung auf Leistung und Wettbewerbsfähigkeit von Unternehmen auswirkt".

Und Tödtmanns Analyse geht weiter: Deutsche Unternehmen leisteten sich „mit 70 Prozent eine große Mehrheit von Mitarbeitern, die schweigen, statt Einsatzfreude an den Tag zu legen". Innerliche Kündigung lautet der Grund, aus dem so viele Angestellte nur Dienst nach Vorschrift machen, anstatt sich emotional an den Arbeitgeber gebunden zu fühlen. Darunter leidet nicht nur die Arbeitsmotivation, sondern auch das Verhältnis zu Vorgesetzten. So gaben 2016 ganze 69 Prozent der Arbeitnehmer an, mindestens einmal einen schlechten Vorgesetzten gehabt zu haben. Und die Chefs? Halten sich für unanfechtbar.

Die allermeisten seien sich „ihrer Defizite nicht bewusst", so ein Gallup-Mitarbeiter gegenüber Tödtmann, und weiter: „97 Prozent halten sich selbst für eine gute Führungskraft". Dem entgegen sagt nicht einmal jeder fünfte Arbeitnehmer (21 Prozent): „Die Führung, die ich bei der Arbeit erlebe, motiviert mich, hervorragende Arbeit zu leisten," berichtet das Forschungsinstitut in seiner Pressemitteilung.

Raimund Fischer kennt diese Krux: Man will ein guter Chef sein, hat aber auch hohe Erwartungen an seine Mitarbeiter. Diese zu führen und gleichzeitig als Arbeitnehmer zufriedenzustellen, gehört zu den schwierigsten Aufgaben von Führungspersonen. Laut Cay von Fournier, dem Arzt, Unternehmer und Autor von Ratgeberliteratur, ist das sogar deren wichtigste Aufgabe schlechthin. Er empfiehlt intensive Kommunikation mit den Mitarbeitern, das heißt: nicht nur halb- oder vierteljährliche, sondern regelmäßige Mitarbeitergespräche in kürzeren Abständen. Aber woher die Zeit dafür nehmen?

Geduld ist laut Fischer daher eine der Tugenden, in der sich Unternehmer in der Kommunikation mit Mitarbeitern vor allem üben müssen. Das gilt wahrscheinlich auch andersherum – denn kein Chef hat ein Patentrezept für die perfekte, zielführende Verständigung, bei der sich keine Seite benachteiligt fühlt. Um solcher Kommunikation Raum zu bieten, richtete Fischer im Sommer 2015 beispielsweise eine „Chef- Sprechstunde" ein: Zwei Stunden, in denen er telefonisch oder persönlich gezielt für besondere Anfragen erreichbar war, egal ob Azubi oder Filialleiter. Für die Sprechstunde sollten sich Mitarbeiter im Vorhinein anmelden: „So wissen beide Seiten, dass sie gerade nicht stören. Und wer einen Termin mit dem Chef macht, überlegt sich vorher auch konkret, ob das Anliegen so wichtig ist, dass es sich nicht auch im Kreise kompetenter Kollegen lösen lässt."

Ein dreiviertel Jahr lang hatte Fischer daraufhin zweimal im Monat zwei Stunden in seinem Kalender blockiert – doch niemand nutzte das Angebot. Die komplizierten Kundenfälle oder besonderen Anliegen seiner Mitarbeiter, die erst zu ihm durchdringen, wenn sie „brennen", wie Fischer es sagt – sie seien damit nicht weniger geworden.

Fischers Erfahrung spiegelt damit wieder, was Gallup auch 2016 festgestellt hat: Demzufolge erkennen Mitarbeiter zwar häufig Fehlentwicklungen im Unternehmen, die es zu beheben oder zu ersetzen gilt. Aber die Mitarbeiter schweigen lieber. Dem Engagement Index 2016 zufolge hat jeder dritte Mitarbeiter in den letzten zwölf Monaten mindestens einmal gegenüber seinem Vorgesetzten schwere Bedenken nicht geäußert – bei den Mitarbeitern ohne emotionale Bindung schwieg sogar fast jeder Zweite (45 %). Wie also die Mitarbeiter emotional binden – und so zum aktiven Gestalten motivieren?

Als „wichtigen Hebel" hierzu bezeichnet Gallup eben diesen kontinuierlichen Dialog zwischen Vorgesetztem und Mitarbeiter. Dass dieser im Unternehmen auch gepflegt wird, geben nur 14 Prozent der befragten Arbeitnehmer an. Mit am wichtigsten ist den meisten Angestellten, dass sie bei ihrer Arbeit das tun, was sie gut können. Dieses spezielle Einsatzgebiet immer schärfer zuzuschneiden, ist auch Aufgabe eines Chefs - aber dazu muss er eben regelmäßig nachfragen.

Führen heißt, sich persönlich zu kümmern

Die „Mitarbeiter-Welt", sagt Fischer, sei „eines der kompliziertesten Dinge, die es gibt": Das Handling von Personalangelegenheiten und die Suche neuer, fähiger Mitarbeitern habe ihn als Chef die meiste Arbeitszeit gekostet. „Und gleichzeitig ist diese Zeit am besten investiert", glaubt Fischer. Seine Strategie ist es, sein Angebot als Arbeitgeber auch auf die persönlichen Verhältnisse seiner (potenziellen) Mitarbeiter zuzuschneiden.

Damit folgt er einem Trend, den auch die Unternehmensberater des Meinungsforschungsinstituts Gallup 2016 ausmachten. So hätten sich dieMachtverhältnisse auf dem Arbeitsmarkt gedreht: Während qualifizierte Arbeitskräfte früher lange nach einem guten Job suchen mussten, konkurrieren heute zunehmend Unternehmen um die fähigsten Mitarbeiter. Die „Jobhopper" stehen in Zeiten digitaler Jobbörsen wie XING, LinkedIn und der gezielten Mitarbeiterabwerbung durch Headhunter stets mit einem Bein auf dem Arbeitsmarkt. Zudem geben Arbeitnehmer an, dass Geld und Annehmlichkeiten wie Firmenwägen oder Handys zwar wichtig für sie seinen. Ausschlaggebend dafür, bei einer Firma zu bleiben oder sich bei ihr zu bewerben, sind aber vor allem guter Zusammenhalt unter den Kollegen sowie mehr Flexibilität was Arbeitsort und -zeit angeht. Arbeitnehmer wollen ein Leben außerhalb ihrer Jobs führen, dass sie ebenfalls zufriedenstellt. Das heißt: Zeit für Freunde, Familie, Freizeit und Selbstbestimmung.

Trotzdem erscheint der Begriff „Work-Life-Balance" fast schon veraltet. Denn mit der Flexibilität am Arbeitsplatz - also Home Office im Positiven und ständiger Erreichbarkeit im „always-on"-Modus im Negativen - verschwimmt die klare Trennlinie zwischen Arbeit und Freizeit. Mittlerweile beschäftigen sich Autoren in einem Berg von Literatur mit den Phänomenen der neuen Arbeitswelt, oft bezeichnet als „New Work". Die meisten haben eines gemein: Den Anspruch der Menschen, nicht nur im Privaten, sondern auch am Arbeitsplatz als „ganzer Mensch" mit sozialen und eben menschlichen Bedürfnissen wahr- und ernstgenommen zu werden.

Erinnern Sie sich an Brunello Cucinnelli, den italienischen Wollhändler und Mode- Milliardär aus Kapitel 1? Im kleinen Dorf Solomeo essen seine Mitarbeiter in einem ehemaligen Bauernhaus dem ZEIT-bericht zufolge jeden Tag gemeinsam zu Mittag, es gibt traditionelle umbrische Gerichte, um sich nach einem Café Lungo wieder an die Entwürfe ihrer Kaschmirkollektionen zu setzen – in Büros mit mediterranen Steinböden und dunklen Holzmöbeln. So zumindest sehen die Räume auf den Webseiten des Unternehmers aus. Er beschreibt sein Konzept dort so: „Unsere Qualität ist das Ergebnis der inneren Qualitäten eines jeden Mitarbeiters."

Cucinellis Konzept ist es demzufolge, seinen Mitarbeitern so oft es geht nahe zu sein und sie so einander nahe zu bringen. In der Idylle eines umbrischen Dorfes mag das funktionieren. Die Realität kleiner und mittelständischer deutscher Firmen sieht aber ganz anders aus. Bereits 2014 stellten auch die Gallup-Forscher fest, dass es vor allem vom Verhalten des direkten Vorgesetzten eines Mitarbeiters abhängt, ob dieser sich in der Firma wohlfühlt oder nicht. „Emotional gebunden" bedeutet also, dass er sowohl einen guten Draht zur nächsthöheren Führungsperson hat als auch seine Arbeit nicht nur aus Pflichterfüllung, sondern mit eigener Motivation erledigt. Ein wichtiges Ergebnis der Umfrage von 2015 lautet: „Dialog fördert Bindung". Es geht darum, im ständigen Austausch zu stehen und die Anliegen und Probleme der eigenen Mitarbeiter zu kennen – und zwar, bevor man im Kündigungsgespräch von ihnen erfährt.

Wie man das als Chef am besten anstellt? Reden, reden, reden – und auch für Ansprache zugänglich sein. „Unsere Daten zeigen, dass bestimmte Faktoren dazu beitragen, dass Mitarbeitergespräche eine leistungssteigernde Wirkung entfalten", sagt Marco Nink, ehemaliger Senior Practice Consultant bei Gallup. Wieder zeigt sich allerdings, dass rein faktische Gespräche über Leistung und Schwächen nicht ausreichen – es muss ein sehr individueller Austausch stattfinden, der sich auf Stärken und Potenzial des Mitarbeiters konzentriert und eine „Beziehungsebene" herstellt. Ansonsten passiert, was Gallup als Fazit über eine Pressemitteilung des „Engagement Index 2015" schreibt: „Mitarbeitergespräche verfehlen zu häufig ihr eigentliches Ziel."

An dieser Stelle kommt erneut zum Tragen, was bereits im vorigen Kapitel erläutert wurde: Reden heißt Handeln - und vielleicht auch handeln lassen. Im Kienbaum- Ratgeber „Führen" weist die Unternehmens- und Personalberatung darauf hin, dass Führung eben auch Manipulation bedeutet. Klingt fies? Dabei bedeutet das Wort im eigentlichen Sinne nicht, jemanden heimlich und mit heimtückischer Absicht in eine gewisse, dem Manipulierenden hilfreiche Richtung zu lenken. „Manipulation" bedeutet nicht mehr als „Handgriff" oder „Handhabung" und erinnert an das englische Wort „handling", das längst Eingang in den deutschen Sprachgebrauch gefunden hat.

„Wichtig ist also nicht, ob etwas oder jemand manipuliert wird, sondern mit welchem Ziel und mit welchen Mitteln dies geschieht," schreiben die Autoren in Kienbaums Anleitung. Und verweisen auf das ebenfalls rückwirkende, „manipulative" Handeln von Mitarbeitern gegenüber ihren Vorgesetzten. Schließlich würden diese sich gegenüber ihrer Führungskraft ebenfalls „instrumentell verhalten" - also zum Beispiel verschweigen, womit sie an ihrem Arbeitsplatz unzufrieden sind oder dass sie sich sogar gerade nach einem anderen Job umsehen. Dieses Verhalten entspricht jedoch auf beiden Seiten natürlicherweise den Berufsrollen von Arbeitnehmer und Arbeitgeber - und das ist das Problem. „Jeder will für sich das beste herausholen", sagt Raimund Fischer. Einen Kompromiss zu finden, der beide motiviert, sei eine Kunst. Sie zu erlernen, beginnt damit, sich in den jeweils anderen hineinzuversetzen - und dessen Prioritäten zu kennen.

An einem grauen Januarmorgen 2015 sitzt Fischer in der VIP-Lounge eines Münchner Hotels, er trägt einen grauen Anzug zu blutrotem Hemd. Sein Handy hat er auf Vibration gestellt, während wichtigen Gespräche aktiviert er einen Mail-Responder. Als sein Sakko gar nicht mehr aufhört zu vibrieren, blickt Fischer aufs Display. „Für meine Studioleiter muss ich erreichbar sein", entschuldigt er sich und geht mit ernster Miene ans Handy.

Wenig später wird er das erste Mal an diesem Tag sein Lieblingssatz sagen: „Alles gut." Obwohl der Raum fast zu stark geheizt ist, hat Fischer plötzlich Gänsehaut. Er blickt vom Handy auf , es ist einer der Momente, in denen Fischer kurz seinen Zeitplan vergisst und einen Moment gedanklich abtaucht. Herr M., der eben angerufen hat, ist einer seiner langjährigen Mitarbeiter und zu dieser Zeit Leiter seiner Filiale in Offenburg. „Einer, auf den man sich absolut verlassen kann. Wenn er anruft, ist es kein Firlefanz," erklärt Fischer.

Sein enges Verhältnis zu vielen Mitarbeitern beruht auch auf persönlichen Erfahrungen, die er über die Jahre mit ihnen geteilt hat – und andersherum. „Als Herr M. gerade ein Jahr lang bei uns war, kam sein Sohn zur Welt: Als Frühchen mit 680 Gramm. Der Mann war natürlich fertig mit den Nerven. Ich habe ihm gesagt: Schließ den Laden ab, häng ein Schild an die Tür, nimm dir deine Zeit im Krankenhaus, wenn es sein muss, jeden Tag." Fischer stockt. „Heute ist der Bub quietschfidel und anderthalb Jahre jünger als unser Sohn Carlos. Sowas ist einfach geil."

Kapitel 10

Und es verbindet: Als Fischer und seine Frau 2014 die Diagnose Diabetes für ihren Sohn Carlos bekamen, übernahmen zwei Studioleiter die gesamte Betreuung von Fischers Stand auf der muba, der großen Basler Küchenmesse – und der teuersten im ganzen Jahr. Zwei komplette Wochenenden opferten seine Studioleiter. „Das war total unerwartet, die pure Loyalität", erinnert sich Fischer, die Haare auf seinem Unterarm stellen sich noch ein bisschen weiter auf. „Das sind die schönen Dinge im Unternehmertum."

Auch wegen solchen Momenten gehe er jede Stellenausschreibung, jede neue Personalie persönlich an, gemeinsam mit seiner Frau Bianca, die bis heute bei den Fischer Küchenateliers angestellt ist. „Wenn wir jemanden einstellen, geht es mehr um gemeinsame Ziele als um formale Qualifikation", sagt Fischer. Natürlich müsse ein Bewerber für bestimmte Bereiche wie beispielsweise den Verkauf ein entsprechendes Know-How mitbringen. Ob er das an der Uni oder in einem vorherigen Beruf gelernt hat, ist bei Fischer zweitrangig. Als er sich zuletzt ein Motorrad kaufte, war er von einem Verkäufer der Firma so angetan, dass er ihm seine Karte zusteckte – für den Fall, dass er die Branche wechseln wollte. Einen Job würde Fischer dem Mann wohl immer noch anbieten: „Der Typ hatte einfach Charisma."

Als Fischer später im Jahr 2015, es ist Sommer, in sein Offenburger Studio fährt, bittet ihn eine junge Sachbearbeiterin der Filiale spontan um ein Gespräch. Fischer mag es nicht, wenn sich sein Tagesplan unverhofft ändert – er hat einen genauen Zeitrahmen für das Studioleitergespräch vor Ort eingeplant. Fischer überlegt kurz, dann winkt er dem Studioleiter ab. Er verschwindet mit der jungen Mitarbeiterin an einem abgelegenen Tisch für Beratungsgespräche und nimmt seine typische Verhandlungsposition ein: den Stuhl ein Stück vom Tisch gerückt und leicht nach vorne zu seinem Gegenüber gebeugt, raumeinnehmend, aber offen.

Auf die Sachbearbeiterin hält er viel: Über 50 Bewerber habe es für die Buchhaltungsstelle gegeben, mit den letzten zehn sei der Studioleiter auf einer Messe zu Fischer gekommen, um ihm die engere Auswahl zu zeigen. Fischer war zunächst skeptisch. „Aber sie war sehr tough im Gespräch und sagte klar, was sie sich vorstellt" – ein Pluspunkt bei Fischer, dem Freund der klaren Worte. Nach ihrer Einstellung erfuhr der Unternehmer, dass seine neue Mitarbeiterin früh die Mutter verloren und sich um Vater und Bruder gekümmert hatte. Sie wusste, was es heißt, vollen Einsatz zu bringen. Fischer sieht es als seine Aufgabe, dafür für ihre Zufriedenheit im Unternehmen zu sorgen – auch wenn er dafür manchmal von seinen Zeitplänen abweichen muss.

Fischer kennt in seiner Zeit als Chef des eigenen Unternehmens viele persönliche Geschichten seiner Mitarbeiter – er teilt oft auch seine mit ihnen. „Es geht heute nicht mehr darum, rein berufliche Perspektiven aufzuzeigen: Sie müssen als Chef auch Interesse an den persönlichen Rahmenbedingungen jedes Mitarbeiters zeigen, wenn er oder sie das möchte. Gibt es eine Familie, Schulden oder andere

Kapitel 10

Notlagen? Wenn ich sowas weiß, dann bin ich sicher: Wir finden immer eine Lösung."

Dennoch sah Fischers das Verhältnis zu seinen Mitarbeitern im Spannungsverhältnis zwischen Vertrautheit und Hierarchie: Für einige von ihnen war er einfach „der Raimund", den sie kennen, von früher, aus dem Dorf, vom Rockerclub oder aus der Schreinerstube seines Vaters. Es lag also quasi nahe, ihn im Vorbeigehen auch mal wegen einer Lapalie anzusprechen – man kennt sich doch so gut. Doch für das unter Kollegen typische zwischen-Tür-und-Angel-Gespräch ist Fischers Zeitplan als Chef zu eng getaktet. Etwas widerwillig gibt er zu: „Es stört mich, wenn Mitarbeiter die Gelegenheit zu einem Gespräch nutzen, nur weil ich gerade da bin." Deshalb pflegt er als Chef in seiner Firma Rituale, die ein tägliches Gespräch in lockerer Atmosphäre dennoch ermöglichen – ganz ähnlich wie Brunelli Cucinelli, der wie Fischer aus sehr einfachen Verhältnissen stammt.

Die Ausstellungsküchen im zweiten Stock der Gutacher Fischer-Filiale spiegeln sich im glatten Marmorboden, unberührte High-Tech-Backöfen glitzern neben Arbeitsplatten aus Granit und Edelstahl, als der Duft von Spargel und gebackenem Schinken in die Büros der Gutacher Mitarbeiter strömt. Alles nur Schauküchen? Nicht um die Mittagszeit, wenn Bianca Fischer oder ihre Mutter, Fischers Schwiegermutter, in großen Töpfen Pasta kochen oder Kartoffelgratins in zwei der Backöfen schieben. Es gibt Penne mit Schinken-Spargelsoße und Tomatensalat, als sich zehn der 21 hier Beschäftigten, die an diesem Tag im Haus sind, am großen Esstisch einfinden.

Auch Sohn Carlos kommt von der Schule und setzt sich dazu, seine Mutter wuschelt ihm kurz durchs blonde Haar. Wie alle anderen stellt er sich in die kurze Schlange vor der großen Kochinsel, um sich sein Mittagessen zu nehmen. Fischer ist an diesem Tag Ende Mai 2015 angespannt, er hat viele unerledigte Dinge im Kopf. „Wenn ich gestresst bin, kriegen das die Mitarbeiter hier auch ungefiltert mit", weiß er, „aber ich finde, beim gemeinsamen Essen darf man sich auch kurz ein wenig entspannen oder den ein oder anderen Frust herausreden. Das müssen die aushalten", sagt er und lacht in die Runde. Auch seine Mitarbeiter erzählen, was sie heute besonders beschäftigt: Ein dringlicher Auftrag, ein unentschlossener Kunde, ein veränderter Liefertermin.

Es wird gescherzt und geplaudert, am Ende sind die beiden großen Pastatöpfe leer. Zwei der Monteure räumen Teller in eine Spülmaschine und schlendern zur Kaffeemaschine in die zweite der Küchen, die bei Fischer nicht nur zum Anschauen herumstehen. Fischer hat sich in seinem Stuhl zurückgelehnt, seine Gesichtszüge haben sich sichtlich entspannt. Wer ihn kennt, kann sein nächstes Bedürfnis erahnen: einen doppelten Espresso. Doch bevor er seinen Stuhl zurückschiebt, steht schon einer der Monteure vor ihm: „Espresso für den Boss", grinst er und weiß, dass Fischer sich über die leichte Ironie in seiner Stimme freut. Fischer bedankt sich. Und sinkt zurück auf seinen festen Platz am Kopf des Tisches.

Kapitel 10

Mitarbeiter motivieren - (wie) geht das?

Im Kienbaum-Ratgeber zu Führungsstrategien findet sich das Beispiel zweier Steinmetze, das auch in Form eines Cartoons seinen Weg in die sozialen Netzwerke gefunden hat. Beide Steinmetze arbeiten im selben Steinbruch, offenbar am selben Projekt. Fragt man den ersten, was er da mache, grummelt er zurück: „Na, was wohl? Ich schlage hier diesen Steinblock aus dem Steinbruch." Der zweite ist gleich nebenan mit derselben Arbeit beschäftigt. Fragt man ihn, was er da tue, antwortet er mit leuchtenden Augen: „Ich baue mit meinem Team eine Kathedrale!"

Es kann sein, dass der erste Steinmetz an diesem Tag einfach nur schlechte Laune hat und keine blöden Fragen beantworten will. Auch der zweite könnte mal mit dem falschen Fuß aufstehen, aber offenbar sieht er auch dann einen tieferen Sinn in seiner Arbeit. Er hat ein Ziel vor Augen. Er spürt Begeisterung. Oder vielleicht sogar intrinsische Motivation - für Chefs der Jackpot unter den Eigenschaften seiner Mitarbeiter. Denn im Gegensatz zur anderen Art von Motivation in der Psychologie, der extrinsischen, spürt der intrinsisch motivierte Mitarbeiter, Chef oder eben Steinmetz einen eigenen, inneren Antrieb für sein Tun. Das Ergebnis dieses Tuns ist dabei fast zweitrangig. Es kann sein, eine neue Sprache zu lernen, einen Gartenzaun zu bauen - oder jeden Kunden am Telefon solange zu beraten, bis er restlos glücklich ist.

Den Nutzen seines Tuns sieht der intrinsisch motivierte Mitarbeiter nämlich nicht nur in der bloßen Tätigkeit selbst, sondern in der persönlichen Belohnung und dem Antrieb, den er dadurch verspürt. Den Sinn der Tätigkeit gibt er sich also selbst - er braucht dazu keine extrinsischen Anreize wie Geld, Ansehen oder einen neuen Firmenwagen. Diese Anreize sind zwar attraktiv und können ebenfalls motivieren. Das Problem ist nur: Sie erschöpfen sich. Kein Mitarbeiter wird sich jahrelang mit einer einmaligen Zusatzprämie zufriedengeben. Er wird bald die nächste brauchen, um die hohe Motivation konstant zu halten.

Der Kienbaum-Ratgeber führt auch das Beispiel eines Marathon-Läufers an. Von außen betrachtet hat niemand einen direkten Nutzen davon, sich dazu zu trimmen, 42 Kilometer möglichst unbeschadet und zügig zu laufen. Auch für die Gesundheit des Läufers selbst würde es wohl ausreichen, moderat Sport zu treiben. Geld bekommt er (zumindest als Hobby-Läufer) nicht für seinen Erfolg. Das Ansehen unter Freunden und Bekannten für seine Leistung wird mit der Zeit verpuffen. Und trotzdem trainiert der Marathonläufer, und rennt, und rennt - und kommt ans Ziel. Die Belohnung, die er empfindet, wenn er über die Ziellinie läuft, wird nur er selbst spüren und nachvollziehen können.

Die weit verbreitete Annahme, Mitarbeiter dauerhaft durch äußere Einflüsse - also auch Führungsmethoden - motivieren zu können, hält der Unternehmer und Autor Cay von Fournier für eine der „Fehlannahmen über Führung und Management" und einen der häufigsten Fehler mittelständischer Unternehmen. Die Art von Motivation, die ein Marathonläufer für seine 42 Kilometer aufbringt, wird kein Chef durch finanzielle Anreize oder anderes „Zuckerbrot" aufrechterhalten können - ohne nicht auch von Zeit zu Zeit die „Peitsche" zu zeigen, also klarzumachen: Du bekommst von mir folgende Annehmlichkeiten, aber jetzt musst du auch liefern.

Durch intrinsische Motivation sind Menschen von sich aus darauf fokussiert, ein Ziel zu erreichen oder etwas bestimmtes immer weiter zu tun, ohne dabei Langeweile oder Frust zu empfinden. Um als Chef auch nur in die Nähe dieses Motivationsniveaus seiner Mitarbeiter zu kommen, greift allein der Grundsatz der guten und kontinuierlichen Kommunikation mit seinen Angestellten: Was macht ihnen Spaß, wo sehen sie ihr größtes Potenzial? Für welche wichtige Tätigkeit würden sie gerne mehr Zeit aufwenden? Welche Bestandteile ihres Jobs sehen sie vielleicht als müßig oder überflüssig an und wenn möglich, können diese anders verteilt oder ausgelagert werden? Können Mitarbeiter diese Fragen regelmäßig für sich und dann auch dem Chef beantworten, bekommt die intrinsische Motivation zumindest immer wieder eine neue Chance. Sie wahrzunehmen, könnte verlockender sein als ein paar Euro mehr Weihnachtsgeld.

Trotzdem: Der „perfekte Chef" sein, wie es der Wirtschaftswissenschaftler Cay von Fournier in seinem gleichnamigen Buch beschreibt – das wird trotz der 98 von ihm beschriebenen Eigenschaften, die eine fähige und empathische Führungskraft ausmachen, eine Utopie bleiben. Zum Glück räumt der Autor ein, dass es den „perfekten" Chef gar nicht gibt – und auch nicht geben muss: Fehler zu machen sei schließlich auch eine wichtige Eigenschaft von Führungskräften. Und zwar eine sehr menschliche.

Die Antwort auf die Frage, ob Unternehmensführer ihre Mitarbeiter motivieren können, muss wohl wie sooft lauten: Jein, aber. Denn selbst, wenn ein Mitarbeiter innerlich gekündigt hat, kann er zu neuer Motivation finden - so sahen es auch die Spezialisten aus der Gallup-Studie von 2016. Vielleicht werden sie die reine Tätigkeit ihrer Arbeit nicht mit voller Begeisterung ausüben. Die meisten Befragten (77 Prozent) würden aber sogar weiterarbeiten, wenn sie nicht auf das Geld angewiesen wären. Ein wichtiger Grund dafür sind gut harmonierende Teams. Wer kennt nicht das Gefühl, mies gelaunt in ein Büro zu laufen und erstmal den oder die Lieblingskollegin zu treffen, die einen mit einem aufmunternden Spruch empfängt? Kleinigkeiten sind Gold wert.

Ein guter Chef fördert dieses Zusammenspiel seiner Mitarbeiter - und gibt ihnen Raum, sich auch als Team selbst zu verwirklichen. So kommt oft auf natürliche Weise zustande, was sich viele Arbeitnehmer wünschen: Sich mit der Tätigkeit einbringen zu können, die sie am besten beherrschen. Ein Blick auf Start-Ups bestätigt diese Funktionsweise: Oder würde eine Gründerin ein Geschäftsmodell starten, das sie bereits von Anfang an langweilt? In Gründer-Teams sind die Rollen meistens klar verteilt, obwohl es viel Kommunikation und Beratung untereinander gibt. Allein deshalb können kleine Jungunternehmen oft schnell

Kapitel 10

Erfolge erzielen. Und bei Missverständnissen schnell an den richtigen Schrauben drehen.

So ähnlich wie bei Valery Gergiev, Chefdirigent der Münchner Philharmoniker. Nirgends sonst fällt es so umgehend auf wie in der Musik, wenn Missklänge herrschen - also jemand falsch spielt oder nicht volle Leistung bringt. Gergiev beschreibt seine Arbeit mit den Musikern so: „Ich höre nicht auf, bis wir den richtigen Klang gefunden haben". Dazu kann es auch mal nötig sein, mit der Aufstellung des Orchesters zu experimentieren - und in jeder neuen Zusammenstellung erneut genau hinzuhören. So resümiert einer von Gergievs Musikern die letzte Neuaufstellung im September 2015: „Der Klang wurde transparenter. Dadurch haben auch wir das Gefühl, dass jedes einzelne Instrument von uns an Bedeutung gewinnt." Persönlich wahrgenommen zu werden und die unmittelbaren Auswirkungen unserer Leistung zu spüren, das dürften wohl die motivierendsten Momente auch seines Arbeitslebens sein.

Die Kunst des Delegierens: Dinge abgeben lernen

Im Unterschied zu einem mittelständischen Unternehmen steht im Orchester jedes einzelne Mitglied auf der Bühne, hör- und sichtbar für das Publikum. Wenn in einem durchschnittlichen Mittelstandsbetrieb jemand ein wenig „schief spielt", nicht „den Ton trifft", dann kann das erstmal sehr lange unbemerkt bleiben.

Raimund Fischer „wurschtelt" in seinem Orchester dann manchmal auch herum wie ein Elefant im Porzellanladen, das sagt er selbst so von sich. Die schwierigsten Beispiele, die - das hat er sich vorgenommen - so nach Möglichkeit nicht wieder vorkommen sollen, will er auch für dieses Buch preisgeben. Auch wenn er nicht stolz darauf ist.

Als langjähriger Chef eines eigenen Unternehmens hat er seine Schwächen und Fehler kennengelernt – als Chef insbesondere im Umgang mit Mitarbeitern. „Wenn ich mies drauf bin, dann habe ich weniger Nerv, mich mit den Menschen intensiv zu beschäftigen, wenn ich gut drauf bin, kann ich die Dinge in Seelenruhe erklären und sorge für ein entspanntes Gespräch, von dem beide profitieren." So hat er bereits viele Male selbst erfahren, was auch von Fournier in seinem Buch ausführt: Gute Führung steht und fällt mit dem wahrhaftigen Interesse am Menschen und der Arbeit an der eigenen (Führungs-)Persönlichkeit.

Häufig sieht Fischer sein Handeln Mitarbeitern gegenüber stark von den eigenen, situativen Emotionen geprägt. Auch von negativen: „Ich war längst nicht immer der einfühlsame Chef", sagt er. „Ich habe ganz viele Dinge gelöst, indem ich Mitarbeitern einen Spiegel vorhalten wollte. Manchmal mit dem Hintergedanken: Verdammt, kapierst du das nicht selbst?" Das Gefühl eines Chefs, seinen Mitarbeitern nichts zutrauen zu können, kennt Christine Walker aus vielen Fällen. Das Effizienz-Coaching ihrer Agentur PLU verspricht Führungskräften eine Arbeitsentlastung von 20 Prozent, also einem Tag pro Woche - wenn sie lernen, Dinge abzugeben und sich so besser zu organisieren. In das Training eingebunden sind die jeweiligen Sekretäre oder Sekretärinnen der Chefs, die das Verfahren dann aktiv anwenden - und ein Erfolgsteam mit ihrem Chef bilden. „Dass dies oftmals nicht der Fall ist, liegt häufig an Büro- und Arbeitsabläufen, aber auch daran, dass die Chefs nicht gut delegieren können", sagt Walker in einem Interview mit Zeit Online.

Raimund Fischer fällt dazu der Fall eines bei ihm angestellten Schreiners ein, dem er am Ende ungebeten bei der Arbeit half.

„Ein Monteur rief mich an, als er gerade bei einem Kunden eine Küche einbaute. Es war eine spezielle Küche, man musste ein Kochfeld, das schmäler war als normal, quer statt längs einbauen - auf diese Art der Planung haben wir das Kundenproblem gelöst und könnten seine Wunschküche trotz schwierigen Raumverhältnissen einbauen. Allerdings musste der Monteur dazu von einer Granitplatte auf jeder Seite anderthalb Zentimeter abflexen. Das macht natürlich eine furchtbare Sauerei, ist also keine angenehme Arbeit.

Am Telefon meckerte mich der Monteur an, das sei „ein Scheiß", falsch bestellt und überhaupt unzumutbar. Für ihn, einen ausgebildeten Schreiner. Ich habe eine Riesenwut bekommen, bin aber äußerlich ganz ruhig geblieben. Okay, habe ich gesagt, mach' du woanders weiter, ich komme. Dann bin ich zur Baustelle gefahren, habe mir den Fall von ihm zeigen lassen, seine Flex genommen und bin damit raus auf den Balkon. Alles klar, habe ich zu ihm gesagt, wir schauen jetzt auf die Uhr, los geht's. Ich habe die Platte auf zwei Böcke gelegt, abgeflext, saubergemacht, abgesaugt, wieder eingelegt, Kochfelder eingebaut. Es waren keine 35 Minuten vergangen. Der

Mitarbeiter hat nie wieder angerufen. Ich verstehe seinen Ärger nur insofern, dass er damals auf Prozente arbeitete. Allerdings hätte er ja auch sagen können: Chef, ich berechne eine Stunde mehr für das Flexen. Kein Problem. Und ja, das hätte ich ihm auch am Telefon anbieten können. Aber in dem Moment hat es mich persönlich übermannt.

Ich kann nicht verstehen, wenn Leute den einfachsten Weg nicht erkennen und stattdessen andere Leute damit beauftragen, ein Problem zu lösen, das sie selbst in kurzer Zeit beheben könnten – wenn sie nur wollten. Das ist für mich unverständlich, weil es an meiner Vorstellung von Effizienz vorbeigeht."

Es gehört aber auch zu den Aufgaben eines effizienten Chefs, sich nicht wegen jeder Kleinigkeit gleich selbst einzuschalten. Ein „In Ordnung, Herr X., dann erledigen Sie Ihre Arbeit bitte trotzdem bestmöglich und berechnen den zusätzlichen Zeitaufwand entsprechend, danke", hätte an dieser Stelle besser getan. Oder der Gedanke an die Aussage von Fischer's vertrautem Steuerberater, der sagte: „Wenn du willst, dass jemand deine Arbeit genau so wie du macht, musst du diesen jemand auf zwei bis drei Personen verteilen." Genau das würde den meisten Chefs nicht schaden.

Denn das Problem gerade in mittelständischen Unternehmen ist: Sie sind zu klein, um für jede Angelegenheit eine eigene Abteilung mit zuständiger Leitung zu beschäftigen. Und zu groß, als dass sich der Chef um jedes Problem persönlich kümmern könnte. Will er aber. Mit dem Ergebnis der Überforderung, Wut oder des ineffizienten „Selbst-Anpackens" wie im vorigen Beispiel. Denn die Herdplatte war zwar in 35 Minuten eingebaut. Die Aktion als Ganzes hat den Unternehmer aber mindestens um anderthalb Stunden seines Arbeitstages gebracht, von nervlichen Ressourcen ganz zu schweigen.

Während der Fall des etwas zu bequemen Monteurs schon einige Jahre zurückliegt und Fischer seine Reaktion in dem Fall auch auf seine damals noch geringere Erfahrung zurückführt, beschäftigen den Unternehmer heute nahezu ständig kleine und größere Unstimmigkeiten mit Mitarbeitern. Am Ende sei jedoch „alles eine Frage der Kompromisse. Denn im Endeffekt versucht jeder, beim Anderen herauszuholen, was für ihn am besten ist. Somit leben wir in einem ständigen Interessenkonflikt."

So schildert Fischer außerdem den Fall eines Monteurs, der häufig krankgeschrieben war und wenn dann immer genau nach sechs Wochen - der Dauer der Lohnfortzahlung im Krankheitsfall - zurückkehrte. Dann beschwere er sich offenbar andauernd über das hohe Stresslevel bei Küchenauslieferungen. Bis Fischer ihm und seinen Kollegen eines Tages begegnete, wie sie nach einer vermeintlich anstrengenden Auslieferung eine Kaffeepause machten. Zuerst dachte er sich nichts dabei, als sie gemütlich beisammenstanden, mitten am Vormittag, vor der vorgesehenen Mittagspause. Bis er erfuhr, dass sie zu dritt in der Filiale mit der Kaffeemaschine gehalten hatten, um ein 20 Zentimeter großes Kistchen mit Ersatzteilen vorbeizubringen. „Wenn es nur um ein Paketchen geht, erwarte ich, dass einer es abgibt und die anderen beiden im Auto warten und dann geht's weiter – vor allem, wenn man sich morgens noch darüber beschwert hat, wie zeitlich knapp alles ist," sagt Fischer, seine Wangen röten sich.

Es ist eine Mischung aus Wut und Unverständnis, die ihn plagt, wenn er solche Geschichten erzählt. Gegenüber dem Mitarbeiter habe er damals klare Worte gefunden: „Verarschen Sie mich nicht."

Und er erzählt weiter: „Derselbe Mitarbeiter bekommt übrigens eine Stundenentlohnung, fühlt sich aber immer unterbezahlt. Ein Jahr zuvor hatte unser kaufmännischer Leiter ihm ein neues Konzept vorgeschlagen, bei dem er zwar weniger Stundenlohn, aber zusätzlich leistungsbezogene Vergütung für Gewicht, zu fahrende Strecke und auszuliefernde Menge beziehen würde. Ein anderer Auslieferer hat das Angebot angenommen und verdient jetzt unterm Strich mehr als Herr F. mit dem Stundenlohn, weil er sich sehr engagiert. Herr F. fühlt sich nun wieder schlecht behandelt, obwohl wir ihm dasselbe Modell vor einem Jahr angeboten haben. Man kann es eben als Chef manchmal nur falsch machen."

Den Grund dafür liefert Fischer aus eigener Erfahrung gleich mit: Die meisten Mitarbeiter wollten garnicht gesagt bekommen, wie sie etwas zu tun hätten. Nach einer bestimmten Zeit im Unternehmen würden sie denken, sie wüssten am besten, wie es eben geht und empfänden sich daher als unersetzbar. Das, sagt Fischer, sei bei alldem der größte Trugschluss. Sowohl die Mitarbeiter als auch der

Chef müssten bereit sein, Dinge abzugeben. Und zu erkennen, wie Fischer es sagt: „Jeder im Unternehmen ist ersetzbar. Auch der Chef."

Doch das Problem fängt schon dabei an, Zuständigkeiten klar zu benennen und innerhalb des (mittelständischen) Unternehmens zu kommunizieren. Das könnte Situationen wie die folgende aus Fischers Büro in Gutach 2015 vielleicht vermeiden.

Fischer sitzt vor seinem Bildschirm und sieht sich die Umbaupläne für das Karlsruher Küchenstudio an. Im Untergeschoss gab es ein Problem mit der Raumaufteilung, dass er kurz später telefonisch mit dem Architekten besprechen will. Ein Mitarbeiter aus der nebenan liegenden Filiale klopft, Fische blickt auf, wortlos, da steckt der Mann bereits den Kopf durch die Glastür. „Herr Fischer, der Kunde XY wollte wissen, ob es zur x-Küche auch die Geräte in der y-Ausführung gibt, und er möchte gern noch mehr Geräte integrieren.." Schon während er spricht, hebt Fischer langsam die flache Hand in Richtung seines Mitarbeiters. „Stop", sagt er, schon leicht gereizt, „das kann ich nicht leisten, besprechen Sie das bitte mit dem Studioleiter, der hat die Produktexpertise."

Als der Verkaufsmitarbeiter erneut ansetzt, unterbricht ihn Fischer: „Das ist alles wunderbar, aber bitte sagen Sie das nicht mir, das kann ich nicht leisten!" Er klingt nun wie ein quengelndes Kind, das sich nicht zu helfen weiß. Denn das Problem liegt bereits in den Wurzeln des Unternehmens. Weil die Fischer Küchenateliers als kleines Familienunternehmen starteten, haben viele langjährige Mitarbeiter die losen, informellen Strukturen noch immer in Fleisch und Blut, solange „der Raimund" ihr Chef ist - das sollte sich erst 2018 mit dem Verkauf der Firma ändern. Ein solches Konstrukt verlockt dazu, Hierarchien auszuklammern: Oder können Sie sich vorstellen, dass in einem Großkonzern der Verkaufsassistent beim Vorstand klopft, um ihm mitzuteilen, dass ein Kunde eine Detailfrage zum Produkt hat? Fischer fährt als Chef die Strategie, einerseits nahbar und eng im Kontakt mit seinen Mitarbeitern zu sein. Andererseits wachsen ihm die damit verbundenen Aufgaben zeitweise über den Kopf.

Wie also den Mitarbeitern als Mittelständler klare Strukturen vermitteln? Seine Studienabschlussarbeit hat Fischer dem Thema „Total Quality Management" in Unternehmen wie dem seinen gewidmet. Sein Fazit: „Prozesse der Qualität zuliebe immer weiter zu optimieren – dazu braucht es die Unterstützung aller Mitarbeiter. Und die sind, wie alle Menschen, Gewohnheitstiere."

Gewohnheitstiere - sowohl Führungskräfte und Mitarbeiter - halten naturgemäß am liebsten am bestehenden Zustand fest. Prozesse, festgefahrene Strukturen und Verhaltensweisen nachhaltig zu verändern, bezeichnet die Wirtschaftswissenschaft als „Change-Management". Trotzdem werden auch mit Change-Management-Methoden wie Workshops, Trainings und Mitarbeiter-Mobilisierung (wobei dies nur einige der am häufigsten verwendeten sind, wie die Unternehmensberatung Capgemini regelmäßig in Studien erhebt) Veränderungen meist nur dann erreicht, wenn das Unternehmen sich mit einer Krise auseinandersetzen muss. Oder Führungskräfte diese realistischerweise bevorstehende Krise frühzeitig erkennen - und entsprechend kommunizieren.

Steckt das Unternehmen bereits in der Krise, müssten Mitarbeiter mit geplanten Veränderungen „überrumpelt" werden, um sie noch rechtzeitig durchzusetzen. In einer bestehenden Krise habe das Unternehmen „nicht mehr die Gestaltungsspielräume, die gerade beim Change-Management notwendig sein können", schreiben die Fachautoren um den Diplom-Wirtschaftsingenieur der Hochschule Mannheim Jürgen Fleig. Und weisen auf einen Kernpunkt hin, der auch in mittelständischen Unternehmen wie Fischers maßgeblich zum Erfolg verhelfen kann: Die „Einbindung von Multiplikatoren an Schlüsselpositionen". Anders gesagt: Das Delegieren von Aufgaben und Teilorganisation an fähige Mitarbeiter.

Solche menschlichen „Puffer", wie Fischer sie nennt, können Chefs vor allem in der Kommunikation mit Mitarbeitern entlasten. Diese ist der erste Schritt in Richtung einer Veränderung: So unterstreicht die Fachliteratur zu Change-Management immer wieder den ersten, wichtigsten Schritt zu einer Veränderung im Unternehmen: Die Gründe für den Widerstand der „Gewohnheitstiere" müssen zuerst verstanden werden, um die Notwendigkeit von Veränderungen erklären, begründen und umsetzen zu können. „Tatsächlich ist Veränderung ohne Widerstand kaum denkbar", schreibt Michael Ahr vom Institut für Verwaltungsberatung: „Nur wer versteht, was die Organisation und die Menschen bewegt oder blockiert, ist in der Lage, die richtigen Fragen zu stellen und wirksame Antworten zu finden."

Aus der Praxis hat sich Fischer zum Thema Veränderung aber auch den Satz eines Vorstandes der Festo AG gemerkt. Der erfahrene Chef des baden-württembergischen Automatisierungsunternehmens mit rund 18.000 Mitarbeitern soll auf einer Schulung gesagt haben: „Wenn sie einem Mitarbeiter etwas beibringen wollen, müssen sie es ihm mindestens sieben Mal sagen – und zwar nicht beiläufig, sondern richtig. Nur so haben Sie die Chance, dass es ankommt."

Doch Fischer tut sich schwer, Dinge mantraartig zu wiederholen, geschweige denn sich ständig die Zeit dafür zu nehmen. Ob diese Vorgehensweise außerdem auch nur ansatzweise die intrinsische Motivation eines Mitarbeiters ins Leben rufen kann, bleibt dahingestellt. „Manche Aufgaben können von manchen Menschen einfach nicht besser gemacht werden, als sie es im Moment tun", sagt Fischer, sich selbst eingeschlossen. Da helfe nur ein Positionswechsel und ein totales Verlassen der Komfortzone. Also: Raus aus den gewohnten Arbeitsabläufen, hinein in eine neue Aufgabe.

Dieses beständige Lernen und neu-entdecken-lassen der Mitarbeiter zählt auch die Shareground-Studie der Universität St. Gallen zu ihren „Folgen für das Personalmanagement" in einer sich schnell wandelnden Arbeitswelt. Dazu zählen die Wissenschaftler auch die Fähigkeit, zu delegieren und rein routinemäßige Prozesse auszulagern. Fischer fällt das Abgeben der Kontrolle auch nach über 25 Firmenjahren noch schwer. Jungen Unternehmern rät er, sich frühzeitig besser zu strukturieren - vor allem personell mit einer „rechten Hand der Geschäftsführung". Selbst an diese zu delegieren, lerne er erst „mit zunehmendem Alter", lacht der Unternehmer, der 2016 seinen 50. Geburtstag feierte. Dafür klappt es wenige Jahre später mit dem „Zurückblicken und Innehalten" schon deutlich besser - aber dazu mehr im Folgenden.

Kapitel 11

Genießen Sie ab und zu, was Sie schon erreicht haben.

Jedes Ding wird mit mehr Genuss erjagt als genossen.

(William Shakespeare, Schriftsteller)

Wenn Konrad Bernheimer, erfolgreicher Kunsthändler mit Galerien in München und London, von seiner Burg mit 40 Zimmern im Chiemgau spricht, könnte man meinen, der millionenschwere Geschäftsmann sei frisch verliebt: „Das Betreten von Marquartstein ist etwas ganz Besonderes, das verzaubert jeden", sagte er der Süddeutschen Zeitung im Interview. „Man geht über die Zugbrücke, macht das Tor auf, geht hinein und hört dann, wie das Tor wieder zufällt. Und dann gehe ich gerne ein paar Schritte in den zauberhaften Burghof. Dieses Gefühl ist einfach wunderbar, weil in diesem Moment die ganze hektische Welt außen vor ist."

Bernheimer, mit damals 65 Jahren einer der führenden Kunsthändler Europas, hatte die Burganlage aus dem Baujahr 1075 vor über 30 Jahren gekauft und dort mit seiner Frau und den vier Töchtern regelmäßig Wochenenden und Schulferien verbracht. 2015 entschloss er sich, Marquartstein zu verkaufen – er und seine Familie würden das Anwesen einfach zu wenig nutzen, sagte er der SZ. Das tue ihm und seiner Frau „am meisten weh", sagte er im Gespräch mit der Chiemgau-Zeitung, aber: „Irgendwann muss die Vernunft über die Emotion gehen." Seine Töchter könnten sich nicht vorstellen, die Burg zu übernehmen. Der Traum von Marquartstein, das „auf jeden Fall" einmal sein Alterssitz werden sollte – er ist dahin. Und stand kurz darauf beim Luxusimmobilienhändler Sotheby's International Realty zum Verkauf – Preis „auf Anfrage".

Dinge zu besitzen, sagt Fischer, sei die eine Sache. Sie sich leisten zu können, könne einen stolz machen. Die größte Kunst aber sei es, sie zu genießen, sagt der Unternehmer und tritt auf das Gaspedal seines mattschwarzen SUV-Sondermodells. Das Auto? Spielerei, Gehabe, das weiß er selbst, sagt er. Wichtig sind andere Dinge. Gerade war er mit seiner Frau auf einem AC/DC-Konzert in Leipzig, für das die beiden nur sehr kurzfristig Tickets bekommen hatten. „Wir haben in einer Bettenburg übernachtet, die halbe Nacht abgerockt und sind am nächsten Tag müde und verspannt wieder nach Hause gekommen. Überglücklich." Es ist ganz egal, ob das Herz an einer luxuriösen Burganlage hängt oder sich von Gitarrenriffen mitreißen lässt. Man sollte ihm die Gelegenheit geben, das auch auszukosten.

Das 60-Prozent-Spaß-Prinzip

Das klingt erstmal nach dem schon etwas abgenutzten Begriff der „Work-Life- Balance". Fischer rümpft bei dem Wort ein wenig die Nase. Er liebt, was er tut, auch wenn es nicht immer Vergnügen ist. Sein Prinzip stellt nicht die strikte Trennung von Arbeits- und Freizeit in den Mittelpunkt. Sondern die Lebensqualität der Zeit, in der er arbeitet. „Nicht jeder einzelne Arbeitstag besteht zu 60 Prozent aus Spaß. Aber die Summe der Arbeitszeit, in der ich mich mit meinem Business beschäftige und daran große Freude empfinde, muss immer auf 60 Prozent kommen. Sonst muss ich etwas ändern", sagt er.

Vor allem komme es darauf an, „energetisch sinnvoll" zu arbeiten. Das heißt: „Wenn ich merke, am Computer bin ich heute nicht produktiv, dann fahre ich raus auf eine Baustelle oder führe ein gutes Mitarbeitergespräch", sagt er 2016 noch als Chef seiner Küchenateliers. „Früher war ich auch verrückt und bin bis zehn im Büro gesessen. Wenn ich heute spüre, es wird ineffizient: Aufhören, was anderes machen."

Natürlich falle ihm dieses Prinzip im Alter von mittlerweile etwas über 50 wesentlich leichter als früher, in den Anfangsjahren seines Unternehmensaufbaus. „Mit 30 denkt man nicht über Energiereserven nach", weiß Fischer, er hat es selbst noch viel länger so gehalten. Mittlerweile versuche er, besser mit Energien zu wirtschaften - und auf das Gesamtergebnis zu blicken. Manchmal hilft dabei auch die Erkenntnis aus dem Pareto-Prinzip, auch bekannt als 80/20-Prinzip: Es besagt nach dem italienischen Ökonomen Wilfredo Pareto, dass 80 Prozent eines Effektes (zum Beispiel verkaufte Produkte, positive Rückmeldungen) auf nur 20 Prozent des Einsatzes dafür beruhen.

Wir müssen also nicht in möglichst kurzer Zeit viel machen, um viel zu erreichen. Wirklich wichtig ist nur ein Bruchteil der Aufgaben, die jeden Tag auf der to-do-Liste stehen. Dieser Bruchteil muss einwandfrei erledigt werden, um den größtmöglichen Output zu ernten.

So erzählt ein Münchner Unternehmer aus der IT-Branche zum Beispiel, er siebe seine Kunden nach einiger Zeit immer wieder dahingehend aus, wie treu und daher gewinnbringend sie für ihn seien. Dabei zähle nicht nur monetärer Gewinn. Auch herausfordernde Aufgaben und dadurch Erkenntnisgewinn können eine wertvolle Entlohnung für das wachsende Unternehmen sein. Kunden, die ihm langfristig mehr Arbeit als Ertrag brächten, sage er nach einer gewissen Wartezeit freundlich aus bestimmten Gründen ab: So passe zum Beispiel die Art der Dienstleistung für den Kunden aufgrund einer internen Weiterentwicklung nicht mehr ins Portfolio seines Start-Ups.

Ärgerliche Kunden habe er deswegen noch nicht erlebt - alles eine Frage der angemessenen Kommunikation, sagt er. Und diejenigen Kunden, die nicht regelmäßig für Aufträge sorgten, seien meist auch nicht eng an sein Start-Up gebunden und hätten daher kein Problem damit, sich einen Ersatz zu suchen. Für den Gründer hingegen lohnt sich das charmante Abservieren - es schenkt ihm neue Kapazitäten dafür, die wichtigsten 20 Prozent seiner Arbeit bestmöglich zu erledigen.

Trotzdem gehören zu jedem Arbeitstag auch unangenehme Dinge. Fischer versucht meistens, sie gleich morgens zu erledigen, „wenn ich voller Energie bin", wie er sagt. Das entspricht zum Beispiel auch dem Konzept einer effektiven Tagesplanung von Zeitmanagement-Trainer Lothar Seiwert. Er empfiehlt, die frühen Morgenstunden und den Vormittag für Aufgaben zu nutzen, die sowohl wichtig als auch dringlich sind. Solche Aufgaben bringen Sie bezüglich Ihrer langfristigen, persönlichen Prioritäten weiter, müssen und können aber dennoch schnell erledigt werden. Seiwert nennt diese Art von Aufgaben „A-Aufgaben": Meist handelt es sich dabei um akute Probleme, die eine schnelle Lösung erfordern.

Fischer nennt Beispiele: „Böse Mails" beantworten – also Kommunikation wie Beschwerden oder Problemberichte von Mitarbeitern, administrative Dinge erledigen, bevor Deadlines für die Vorlage von Unterlagen für Bauprojekte anstehen. Erst ab dem frühen Nachmittag widmet er sich den „angenehmen, strategischen Dingen" und der intensiven Kommunikation mit Kollegen oder Geschäftspartnern.

Und wenn eine „böse Mail" am späten Nachmittag eintrifft? In den meisten Fällen lässt sich eine Antwort auf den nächsten Vormittag verschieben – oder die Mail kann umgehend an einen zuständigen Kundenberater weitergeleitet werden. Auch wenn Fischer an der Gelassenheit, sie zu delegieren, lange arbeiten musste. Denn letztendlich funktioniert sein 60-Prozent-Spaß-Prinzip genauso wie bei allen seinen Mitarbeitern (s. voriges Kapitel): „Wenn du zum überwiegenden Teil Dinge tust, die du gut kannst und dir Spaß machen, dann kannst du den Rest bedenkenlos hinnehmen. Weil du weißt, dass sie die anderen 60 Prozent überhaupt erst ermöglichen – und das ist eine riesige Motivation. Und der einzige Weg, beruflich Erfüllung zu finden."

Oder mit den Worten der Buchautorin und Initiatorin der Bewegung „Work is not a job", Catharina Bruns: „Wenn du dir bewusst machst, dass du noch bis ins hohe Alter arbeiten wirst, ist es umso wichtiger, dir einen Arbeitsalltag zu entwerfen, der sich mit deinen Vorstellungen vom Leben vereinbaren lässt." Bruns (s.a. Kap. 8) lebt ihren Traum vom selbstständigen, sinnerfüllten Arbeiten mit einer Leidenschaft, die die klassische Trennung von „Work" und „Life" überflüssig macht. Gemeinsam mit einer Co-Gründerin vertreibt sie Do-it-Yourself-kits, spricht auf Panels über kreatives Arbeiten und motiviert mit Büchern und Workshops dazu, die Arbeit zu tun, die wir lieben – und mit der wir deshalb auch das meiste bewirken können.

Doch die Unternehmerin ist nur ein Teil eines großen Umdenkens. Heutzutage kümmern sich „Life-Designer" wie beispielsweise Robert Kötter und Marius Kursawe um wandlungswillige Menschen, denen ihr einmal erlernter Job keine Erfüllung mehr bringt, die nicht mehr ihr Leben an die Arbeit, sondern die Arbeit an ihre Vorstellung vom Leben anpassen wollen. Statt „Work-Life-Balance" also „Work-Life-Romance"? Genau so nennen die beiden Autoren und Coaches ihr Konzept auf ihrer Webseite workliferomance.de. Abgeleitet ist es vom Design Thinking, einem mittlerweile von vielen Unternehmen genutzten Prozess zur Förderung kreativer Ideen.

Ein „Life-Designer", zu denen Kötter und Kursawe ihre Kunden ausbilden, gehe dabei ganz anders vor als der „Life-Planner", der „streng rational handelt, genau den Vorgaben folgt, die an eine Karriere geknüpft sind, und jedes Risiko meidet. Life- Designer", so Kursawe in einem Interview, „suchen die Herausforderung und nutzen Fehler als wertvolle Erfahrung." Leben und Arbeit nicht mehr strikt voneinander unterscheiden – als Unternehmer geht das gar nicht anders. Das muss man wollen. Und man wird damit immer anecken – vor allem, wenn man Erfolg hat.

Das kennt auch Oliver Köllner. Der BWL-Bachelor-Absolvent aus Südbaden hatte schon in seiner Schulzeit keine Lust auf eine Zukunft als Büro-Angestellter. „Ich gründe meine eigene Firma, stelle Leute ein und arbeite flexibel, wie, wann und wo es mir gefällt", posaunte er nach dem Abitur. Wenn er heute Facebook-Fotos von der philippinischen Urlaubsinsel Boracay postet, auf denen er einen Drink in der Hand hält und zur Strandparty am Abend einlädt, bekommt er kurz darauf noch immer ungläubige Kommentare zu lesen. „Na, dir geht's ja gut, bist fleißig am arbeiten? *zwinkersmiley*." Köllners Geschäftsmodell auf der Touristeninsel sind Pub-Crawls – organisierte Kneipenrundgänge mit einer Führung durch das Nachtleben der Insel, neue Bekanntschaften und jede Menge Alkohol inklusive.

Das Geschäft funktioniert. Doch nicht nur er, sondern mittlerweile rund 30 Angestellte leben davon. Dass er sich für dieses Leben und die Verantwortung, 24/7 alleine für sich, seine Kunden und Mitarbeiter zuständig zu sein, selbst und aktiv entschlossen hat, während andere lieber auf ihren Gehaltszettel als Angestellte warten, blenden viele der Kommentatoren aus. Natürlich sitzt Köllner abends auch mal ohne Laptop auf dem Balkon seines kleinen Apartments und nippt an einem Long Island Ice Tea. Genauso aber passiert es, dass er während einem seiner wenigen Besuche zuhause in Deutschland jeden Tag stundenlang mit seinen philippinischen Mitarbeitern telefoniert, weil irgendwas schiefläuft. Die facebook-Kampagne läuft nicht an. Kunden haben noch nicht bezahlt.

Es gibt Stress mit einem neuen Angestellten. Da kann sich Köllner nicht einfach rausnehmen. Das sind die Momente, in denen er sich klarmachen muss: „Genau so habe ich das selbst gewollt. Ein andermal kann ich das auch wieder genießen."

Zurückblicken und innehalten

Köllner hat mit Fischer gemeinsam, dass er nie lange über die Vergangenheit grübelt, bevor er den nächsten Schritt wagt. So geht es auch vielen anderen Unternehmern: Ihr Blick ist strikt nach vorn gerichtet. Bei Oliver Köllner, Anfang 30, ist zurückblicken schlicht noch keine Option: Obwohl er schon erfolgreich ein eigenes Unternehmen aufgebaut hat, muss er noch immer Kredite aus der Anfangszeit abbezahlen. Auch mit über 50 stand Fischer als Eigentümer der Küchenateliers noch bei verschiedenen Banken in der Kreide, konnte damit aber mit zunehmendem Alter sehr viel entspannter umgehen.

„Ein Unternehmer muss die Unabgeschlossenheit von Projekten als dauerhaften Zustand akzeptieren", sagt Fischer. Offene Rechnungen gebe es immer. Das Problem sei nur, dass sich währenddessen immer neue Möglichkeiten auftäten, zu expandieren, noch schneller, noch mehr zu erwirtschaften. Oder geht es am Ende darum, sich selbst ein Denkmal zu setzen? Die Firma mit dem eigenen Namen so groß und bekannt wie möglich zu machen? Fischer kennt den Drang, ungebremst nach vorne zu preschen - sowohl in seinem geschäftlichen Vorgehen als auch im privaten. Er liebt schnelle Autos, schnelles Denken und überhaupt Beschleunigung.

Mit herannahenden 50 Jahren merkt Fischer das erste Mal, dass er sich gezielt Zeiten des Abstands von der eigenen Firma nehmen muss, um zu reflektieren. „Mir wurde zu dieser Zeit klar, dass ich das auf die Dauer nicht mehr alles alleine hinkriegen kann und will", erzählt Fischer 2020 rückblickend auf eine für ihn recht turbulente Zeit. 2016 feiert er seinen 50. Geburtstag, gleichzeitig macht er sich Gedanken über eine Nachfolgeregelung für sein Geschäft. Selbst wenn sein Sohn Carlos Interesse gehabt hätte - bis er bereit wäre, sich vom Teenie zum Geschäftsführer machen würde, würden zu viele Jahre vergehen. Zu dieser Zeit wirbt Fischer einen neuen Mitarbeiter an. „Von Herrn G. hatte ich privat über einen Motorradkollegen gehört. Er sei ein ausgezeichneter Verkäufer, wolle aber eigentlich mehr vom Leben", erzählte ihm ein Freund über den Anfang-30-Jährigen. „Bingo", machte es bei mir, sagt Fischer - sie lernen sich kennen, der Unternehmer wirbt Herrn G. einer Firma für Aluminiumzäune ab. Mit einer klaren Ansage: Verdiene Dir als Verkaufsleiter in einer unserer Filialen deine Sporen, in vier bis sechs Jahren stellen ich Dir Geschäftsanteile in Aussicht. Herr G. willigte ein, legte los, kam zu Ansehen und Respekt seiner Mitarbeiter - und zu sehr guten Verkaufszahlen. „Ich habe damals den Wunsch nach einer Nachfolge spirituell betrachtet ‚ans Universum geschickt'", sagt Fischer heute, im Frühjahr 2020 in einem Freiburger Café mit Blick hinunter ins Tal, eine Perspektive, die Fischer liebt. Wenige Jahre später, 2018, sollte das Universum liefern: Ein Anruf des holländischen Möbel- und Küchenkonzerns Mandemakers veränderte alles, im Rekordtempo vollzog Fischer den Verkauf seiner Firma (s. Kapitel 14.). Er bezeichnet das als Fügung, als Zufall - aber als einen, auf den er jahrelang mit „aggressiver Expansion" hingewirkt hat. Nur so, da ist sich Fischer sicher, konnte der Möbelgigant mit einem geschätzten Jahresumsatz von 1,5 Milliarden Euro auf ihn aufmerksam werden. Sich zurücklehnen, das Erreichte genießen - das hat Fischer nach dem Firmenverkauf im September 2018 tatsächlich eine Weile geschafft. Doch schon nach kurzer Zeit suchte er nach neuen Herausforderungen: Er gibt sein Wissen jetzt an andere Unternehmer und solche, die es werden wollen, weiter. Übrigens auch an solche, die es nicht mehr sein wollen: Über Exit-Strategien hat er sich vor allem in den vergangenen Jahren viele Gedanken gemacht - und hält dazu in Kapitel 14 weitere Tipps parat.

Der Austausch mit Gleichgesinnten, mit Unternehmerinnen und Unternehmern, Menschen, die für das brennen, was sie tun - das sieht Fischer als seine Berufung. Worauf es dabei ankommt, darüber durfte er auch als Chef der Fischer Küchenateliers viel lernen. Zum Beispiel 2015, als er an einem einwöchigen Unternehmer-Retreat auf Mallorca teilnahm. Eingeladen hatte ein großer Branchenverband. „Meine Bedingung, dabei zu sein, war, dass wir uns nicht nur gegenseitig beweihräuchern und auf die Schulter klopfen, um dann hinterher genauso weiter zu machen wie zuvor," erinnert er sich. Denn zum Treffen hatte ein Branchenverband lediglich erfolgreiche Mittelständler aus dem deutschen Möbel- und Küchengewerbe geladen. Die Probleme anderer Unternehmer in neutralem Raum hören und diskutieren zu können, habe auch seine Vision seines Unternehmens bereichert, sagt er im Nachhinein. Von dieser „Vogelperspektive" könne auch sein Unternehmen profitieren.

Und natürlich war auch ein wenig Urlaub im Spiel. Nicht aber so, wie wenn er mit seiner Frau Bianca und Sohn Carlos wegfährt, „mindestens zweimal im Jahr muss das sein", sagt Fischer, am liebsten ins Warme. Den Pfingsturlaub verbringen die Fischers meistens mit einer befreundeten Unternehmerfamilie in Kroatien: Ein Haus mit Pool, Blick aufs Meer, kein Programm. So sieht Innehalten und Genießen für ihn bis heute aus. Ohne das habe alles keinen Wert. Fischer verweist dabei immer wieder auf den Zusammenhang von Körper und Psyche, wobei er den Körper bewusst zuerst nennt. In den ersten Jahren seines Firmenaufbaus habe er dauerhaft „Raubbau am eigenen Körper" betrieben. Wenig Schlaf, Alkohol, ungesunde Ernährung und kaum Bewegung. Es sind die klassischen Killer-Faktoren, die Unternehmen schon lange als größte Risiken für ihre Mitarbeiter erkannt haben - und mit Betriebsyoga zur Entspannung oder Firmendiscounts für Fitnessstudios versuchen, das Schlimmste abzuwenden. Als junger Unternehmensgründer hatte Fischer dafür keine Zeit zu verlieren - dachte er. Zurückzahlen musste er die Zeitersparnis später in anderer Form.

Die unmittelbaren Folgen ließen nicht lange auf sich warten: Starkes Übergewicht und Zwerchfellhochstand. Dabei wird das Zwerchfell nach oben gepresst, weil im Bauchraum schlicht kein Platz mehr ist - eine klassische Folge von Fettleibigkeit. Wie schon als kleiner Junge, dem „unbedeutenden Dickerchen", griffen in solchen Zeiten seine altbewährten Mechanismen zur Stressbewältigung: Kekse und Energiedrinks, Fastfood und Kaffee.

Das kommt Ihnen bekannt vor? Die Bibliotheken und Buchhandlungen, das Internet und die Portfolios von allerlei Coaches sind voll von Tipps zu gesunder Ernährung und Stressreduktion. „Es gibt ein paar Regeln, die bei jedem funktionieren", meint Fischer. Zum Beispiel das Prinzip, den Konsum von Kohlenhydraten und Industriezucker herunterzufahren und stattdessen viel Eiweiß und noch mehr Gemüse zu essen. „Jeder würde Fisch und Gemüse einer Portion Spaghetti Carbonara vorziehen - spätestens wenn er um 14 Uhr im Meeting sitzt," sagt Fischer und lacht. Denn die Auswirkungen auf Körper - weniger Müdigkeit - und Geist - Konzentration auch ohne Zucker am Nachmittag - seien sofort spürbar.

Entschleunigung wagen

Fischer erinnert sich gerne an die Zeiten, als Rechnungen der Fischer Küchenateliers mit der Post verschickt wurden. Gab es Beanstandungen oder Änderungswünsche, kam ein Brief zurück. Allein dadurch habe er mehrere

Tage geschenkt bekommen, um einen Fall zu bearbeiten - die Dauer des Postweges war sein Zeitpuffer. Heute überlegt er sich Strategien, um nicht „Hure der Mails" zu werden, wie er es nennt. Ist er einige Tage unterwegs und kommt nicht zu seinem Bürokram, stellt er mittlerweile konsequent einen automatischen Responder ein mit dem freundlichen Hinweis, das Anliegen im Moment „nicht in der gewohnten Schnelligkeit" bearbeiten zu können.

Der größte Luxus für ihn und wohl eine ganze Generation stressgeplagter Chefs und Arbeitnehmer ist es, das Handy einfach mal auszuschalten. Nicht erreichbar zu sein. Denn nicht alle Mitarbeiter - ob wissentlich oder nicht - respektieren die Auszeiten ihres Chefs auch als solche, in denen sie keine Mails schicken oder SMS wegen Kleinigkeiten senden.

Andersherum muss jeder Unternehmer Fischer zufolge auch das Stresslevel seiner Mitarbeiter im Auge behalten. Krankenkassen in Deutschland verzeichnen eine stetig steigende Zahl von Fehltagen aufgrund von psychischen Erkrankungen. Jede zweite Frühverrentung gehe mittlerweile auf seelische Leiden zurück, sagte SPD-Politikerin Andrea Nahles 2017 auf einer Pressekonferenz zu Studienergebnissen der Bundesanstalt für Arbeitsschutz und Arbeitsmedizin (baua).

Doch auch junge Arbeitnehmer sind vor Krisen nicht gefeit: Dem Fehlzeiten-Report der AOK von 2017 zufolge berichtet jeder dritte Beschäftigte unter 30, er habe innerhalb der vergangenen fünf Jahre eine Lebenskrise durchlaufen.

Das beeinträchtigt die Motivation und Leistung am Arbeitsplatz erheblich. Die oben genannte Studie der baua spricht deshalb unter anderem dafür, Arbeitnehmern mehr Handlungs- und Entscheidungsspielraum bei ihren Aufgaben zu gewähren. Das steigere nicht nur die Motivation, sondern auch das allgemeine Wohlbefinden.

Selbstbestimmung als das A und O für eine gesunde Psyche: Das proklamiert auch Lothar Seiwert, der Bestseller-Autor und Speaker zum Thema Zeit- und Lebensmanagement. Während er sich in früheren Werken wie „Wenn du es eilig hast, gehe langsam" noch mit Tipps und Tricks zu einer effektiveren Zeiteinteilung auseinandersetzt, erweitert er sein Konzept in „Ausgetickt: Lieber selbstbestimmt als fremdgesteuert" von 2011. Anhand verschiedener Beispiele legt er dar, dass die gesellschaftliche Debatte über die Ursachen von Burn- Out und Depression, mittlerweile Volkskrankheit Nummer eins, möglicherweise von falschen Tatsachen ausgeht. Nicht die Arbeitslast allein, also die Menge und Intensität der Arbeit, sind für Stress verantwortlich. Sondern die Fremdbestimmung, die damit einhergeht.

Nehmen wir ein Beispiel, das nicht nur aus der Arbeitswelt stammt, sondern vor allem Millionen Mütter in Deutschland betrifft: Stress. Wenig Schlaf (wobei das oft für beide Elternteile zutrifft) und die Herausforderung, Kind und Arbeit unter einen Hut zu bringen (was meistens nur die Frauen betrifft, die nach der Geburt eines Kindes in großer Überzahl den Teilzeit-Part übernehmen - denn das Thema Vereinbarkeit wird auch in Deutschland

Kapitel 11

noch immer als Frauenthema betrachtet, trotz viele Bemühungen, das zu ändern.). Bei vielen jungen Mütter kommt gern die Frage auf: Wie hält eine Erzieherin das den ganzen Tag aus? Zig kleine und Kinder, die ständig etwas wollen? Bei aller Liebe, mag sich manche denken, mich bringen ja schon ein/zwei/drei eigene Kinder zeitweise auf die Palme. Der Unterschied? Die Erzieherin gibt „ihre" Kinder nach Kita-Schluss wieder ab an deren Eltern. Egal, was sie gerade von ihr wollen, sie weiß: Diesen Job habe ich mir selbst ausgesucht, heute ist es stressig, aber in zwei Stunden ist es vorbei. Für die Mütter und Väter geht der Stress dann erst richtig los: Oft muss nach dem Job noch eingekauft werden, das Kind quengelt, die Windel ist feucht, zuhause erstmal wickeln, was gibt es eigentlich zum Abendessen, und wie, jetzt noch baden, vorlesen, Autos spielen und Zähneputzen? Und dann ist das Kleine noch immer putzmunter...

Das ist Stress. Nicht, weil Mutter und Vater ihr Kind nicht innig lieben. Aber weil sie in dieser Erziehungs- und Lebensphase meistens dauerhaft eines sind: fremdbestimmt. Alles muss sich um das Kind herum organisieren, Arzttermine, Bürozeiten, immer Spitz auf Knopf durchgetaktet. Wenn dann jemand im Büro am Nachmittag noch „schönen Feierabend" wünscht, kann die junge Mutter nur trocken lachen.

Ähnlich geht es dem Angestellten, der seinen Job an sich gerne macht. Er möchte nicht nur Dienst nach Vorschrift leisten, sich engagieren, vielleicht im Betriebsrat, ach ja, und wenn Kollegen Unterstützung brauchen oder der

Chef die Präsentation ganz eilig braucht, sagt er natürlich nicht nein. Bis sein Handy auch nach acht vibriert und leuchtet, wenn er grade erst nach hause kommt. Also noch schnell antworten, die Powerpoint abschicken, morgen steht ja ein Auswärtstermin an, da bleibt keine Zeit.

Bei den jungen Eltern wird die Fremdbestimmung erst mit der Zeit nachlassen, aber sie wird weniger. Trotzdem steigt auch unter jungen Müttern die Zahl der Burn-Out-Fälle - auch wenn sie offenbar „nur" zu hause sind und sich um ein Kind kümmern. Die Fremdbestimmung macht den Unterschied. Der Angestellte aus dem Beispiel muss irgendwann die Reißleine ziehen und sich mehr Raum für seinen eigentlichen Job einfordern - für die Aufgaben, aufgrund derer er seinen Job gewählt hat. Dann kann er auch mit dem erhöhten Pensum umgehen. „Der Faktor, der Menschen wirklich ausbrennen lässt, hat nichts mit der Arbeitslast zu tun", schreibt Seiwert, „sondern mit dem Maß an Fremdbestimmung im Leben."

Trends wie „Hygge" (dänisch für Geselligkeit, Gemütlichkeit) boomen. Die Anhänger des Hypes aus Dänemark treten mit Kerzenlicht, selbstgebackenem Apfelkuchen, Kaminfeuer-Romantik und „Zeit für das Wesentliche" gegen die Anforderungen der Leistungsgesellschaft an. Das ist schön und wichtig. Ein aufstrebender Unternehmer - oder eine junge Mutter - hat nur leider zu oft keine Zeit, sich komplett herauszunehmen aus dem Zeitplan des Alltags.

Sie muss sich stattdessen darum kümmern, die Punkte zu identifizieren, die sie flexibler gestalten kann. Wenn dazu auch gehört, täglich eine Stunde länger die Kita zu buchen und in dieser Zeit Kaffee mit einer Freundin zu trinken, kann das Stress reduzieren. Vielleicht möchte sie in dieser Zeit aber auch lieber endlich den Banktermin für die Altersvorsorge machen oder gedanklich an einem Start-Up basteln. Das wäre dann offiziell Arbeit, aber dennoch kein Stress - weil sie es selbst bestimmt hat.

Fischer bezeichnet die meisten Unternehmer als freiheitsliebende Menschen. Der Drang zur Selbstbestimmung und -verwirklichung mache sie erst erfolgreich, sagt er. „Ich sitze auch nicht gerne bis abends um neun im Büro. Aber wenn es dann eben mal sein muss und ich richtig ranklotzen muss und ich weiß, wofür, dann finde ich es auch richtig geil. Dann wird es eben mal zehn, halb elf, das macht mir garnichts." Schon am nächsten Tag könne er dann genießen, was er am Abend zuvor noch abgearbeitet habe. Und dann auch wieder entspannter Urlaub machen, sich rausnehmen. „Frei sein statt frei haben", um es mit den Worten der Gründerin und Autorin Catharina Bruns zu sagen. Erst, wenn dieses Gefühl auf Dauer ausbleibt, sagt Fischer, wird es kritisch. Er hat es am eigenen Leib erfahren.

Wenn die Rastlosigkeit kopflos macht

Von der Probe, die sein Leben Raimund Fischer gestellt hat, zeugen heute noch ein paar dunkle Flecken auf seiner Stirn - und eine Schachtel Antidepressiva. Sie lagert in Fischers Kühlschrank, gelb und harmlos sieht sie aus, wie Bonbonpapier. Die Flecken stammen von hochdosiertem Johanneskraut, das Fischer monatelang geschluckt hat. Die

Pflanze ist eine häufig eingesetzte pflanzliche Arznei bei Burn- Out und Depressionen.

„So hoch man fliegt, so tief kann man immer auch fallen" - Fischer hat das als Gleichung nicht nur im Geschäftlichen, sondern auch im ganz persönlichen erfahren. Und ist damit einer unter vielen: Die Weltgesundheitsorganisation WHO geht davon aus, dass bis zum Jahr 2020 Depressionen „weltweit die zweithäufigste Volkskrankheit" sein werden. Kaum eine Krankheit gilt als so rasch zunehmend - und als „hinsichtlich ihrer Schwere" so stark unterschätzt. Pausen machen, innehalten, genießen, was man schon erreicht hat - was Fischer jungen Kollegen mit Nachdruck rät, hat er bei sich selbst lange ausgeblendet. 2013 erreichte sein ständiges Nach-vorne-Preschen einen verhängnisvollen Höhepunkt.

Es passiert an einem klaren Januarmorgen 2013. Fischer ist bester Laune, am Abend zuvor hat er die Verhandlungen mit einem Schweizer Kunden über einen sechsstelligen Auftrag mit Küchen aus der bicaralux-Reihe abgeschlossen. In seinem SUV ist er unterwegs aus der Schweiz in Richtung Waldshut-Tiengen, steht an der Ampel, grün. Fischer blinzelt noch einmal in die Morgensonne und biegt dann spontan auf eine Landstraße entlang eines Ackers ab. „Da war nichts, keine Häuser, kein Mensch, kein Auto", sagt Fischer rückblickend. Und er beschleunigt. 150, 160 Kilometer pro Stunde, 80 mehr, als erlaubt sind. Dann ein Blitzlicht.

Kapitel 11

Den Kombi am Rand der Landstraße sieht Fischer zu spät. Zwei Polizisten winken ihn heran. Fischer soll aussteigen. „Ich weiß, das war um einiges zu schnell und das wird teuer", habe er noch entschuldigend zu ihnen gesagt. „Notieren Sie, was Sie brauchen, hier ist meine Karte." Doch der Polizist winkt ab. Während sein Kollege umgehend mit dem Staatsanwalt telefoniert, erklärt der Beamte Fischer, sein Auto werde konfisziert, er müsse mit aufs Revier. „Er in seiner sturen, ich in meiner hektischen Art - das konnte natürlich nicht gut gehen", sagt Fischer. Er regt sich auf, will erklären. Als er merkt, dass er damit nicht weiterkommt, wird er ruhig. „Wie immer, wenn ich merke, jetzt wird es elementar." Als Fischer zurück zum Wagen geht, um einen Schluck aus seiner Wasserflasche zu trinken, habe der Beamte hinter ihm die Hand an die Waffe gelegt. Fischer stockt, seine dunklen Augen nehmen ein bisschen von der Verzweiflung an, die er dem Polizisten gegenüber gespürt haben muss. „Sie sind doch Polizist", setzt er an. „Sie haben doch bestimmt eine psychologische Ausbildung. Glauben Sie wirklich, dass von mir jetzt so viel Gefahr ausgeht, dass Sie Ihre Hand an die Pistole nehmen müssen? Ich fühle mich grade richtig scheiße. Ich hole mir jetzt ein Wasser aus dem Auto. Kein Maschinengewehr."

Am 15. Juni 2012 hat das Schweizer Parlament das Verkehrssicherheitspaket „Via Sicura" angenommen, dessen erklärtes Ziel es ist, die Zahl der Toten und Verletzten im Straßenverkehr um ein Viertel zu senken. Trotz sinkender Opferzahlen in den Jahren zuvor starben auf Schweizer Strassen im Jahr 2016 immer noch 216 Menschen, 3785 wurden schwer verletzt. Das sind tausende Opfer zuviel. Dennoch kritisieren mittlerweile, im fünften Jahr nach Anlaufen der ersten Gegenmaßnahmen, nicht nur Betroffene diese als zu hart. So sieht das seit 2013 angewendete Gesetz unter anderem eine Freiheitsstrafe von mindestens einem Jahr vor, wenn der Straftatbestand „Rasen" lautet - also die Geschwindigkeit innerorts um 50 km/h, außerorts um mindestens 60 km/h überschritten wurde. „Das Prinzip der Verhältnismäßigkeit" werde dabei „mit Füssen getreten", sagte der Rechtsanwalt Ueli Vogel-Etienne 2017 gegenüber der Neuen Zürcher Zeitung.

Verkehrssünder müssen nach den Vorschriften von „Via Sicura" damit rechnen, dass ihr Fahrzeug als „Tatwaffe" konfisziert wird - auch wenn niemand zu Schaden kam. Betroffene geraten in eine Spirale teils absurder - und immer recht teurer - verkehrspsychologischer Gutachten und Therapien, in denen sie ihre „kognitive Leistungsfähigkeit" und das eigene Reflektieren der „Tat" beweisen sollen. Die Beschäftigung mit Verkehrssündern, so die NZZ, habe sich mittlerweile vor allem für Psychologen zu einem „einträglichen Betätigungsfeld" entwickelt. Nicht zuletzt, weil der Berufsverband der Verkehrspsychologen in der Schweiz nur 32 Mitglieder zähle, die Zahl der angeordneten verkehrspsychologischen Gutachten sich aber von 2400 im Jahr 2009 auf 4700 im Jahr 2016 erhöht habe.

Ein Abschleppwagen nimmt an dem Januarmorgen 2013 auch Fischers „Tatwaffe" mit, einen BMW im Wert von etwa 100.000 Euro. Er sollte ihn das letzte Mal gesehen haben. Auf dem Polizeirevier sitzt Fischer dem Staatsanwalt dann persönlich gegenüber. Bis zu vier Jahre Haft könne er für seine Geschwindigkeitsübertretung bekommen, klärt er Fischer auf. Fischers Antwort ist typisch, aber wenig hilfreich: „Was machen Sie denn in der Schweiz mit Pädophilen und Dealern?" Sein Schweizer Anwalt, den er kurz darauf anrufen darf, fleht ihn an, sich zurückzuhalten.

Sechs Stunden, nachdem er geblitzt wurde, darf Raimund Fischer das Polizeirevier verlassen - mit dem Taxi nach Deutschland. Den ganzen Tag hat ihn ein Polizeibeamte bei jedem Schritt begleitet. Zur Toilette, zum Telefonieren in den Hof, zum Wasserspender. Dass dieser Tag ein Spaziergang sein sollte im Vergleich zu dem, was noch kam, ahnt er noch nicht, als er sich abends mit seinem besten Freund auf ein Bier trifft. Einzig Fischers Anwalt erkannte den Ernst der Lage. „Er riet mir, eine Sozialprognose zu schreiben, um eine Gefängnisstrafe abzuwenden", sagt Fischer, dem alles zunächst noch reichlich absurd erschien. Er glaubte es erst, als er per Post eine Vorladung zum Gerichtstermin im Januar 2014 bekam. Die Schweizer Staatsanwaltschaft forderte nicht weniger als die neu eingeführte Mindeststrafe von einem Jahr Gefängnis.

„Was passiert, wenn ich ein Jahr lang eingesperrt bin?" Die Frage ging dem Unternehmer nicht mehr aus dem Kopf. Sie sollte ihm sehr lange nicht mehr aus dem Kopf gehen. Eine Sozialprognose dient zur Risikoprognose eines straffällig gewordenen Angeklagten. Sie soll dem Gericht die Entscheidung erleichtern, ob einem Straftäter allein die Verurteilung auf Bewährung als so starke

Mahnung dient, dass er nicht wieder straffällig wird. Oder ob er hinter Gitter muss.

„Auch wenn ich gesellschaftlich und finanziell untergehe, ist da meine Familie. Mehr zählt für mich nicht"

Als erster aber musste Fischer sich damit auseinandersetzen, was dann passieren würde. „Meine Firma würde wahrscheinlich den Bach runter gehen und damit der Lebensunterhalt meiner Familie". Da Fischers Sohn Carlos an Diabetes leidet und er gemeinsam mit seiner Frau die eigenen, hochbetagten Eltern im Nachbarhaus mitbetreut, kommt ihm zusätzlich eine verantwortungsvolle Pflegeaufgabe zu. Dazu kam bei ihm die Frage auf, was mit seinem gesellschaftlichen Status passieren würde: „Ich habe darüber nachgedacht, welche Geschichten ich den Leuten auftischen könnte, von einer Auszeit oder Krankheit - von allem, nur nicht vom Knast."

Gleichzeitig habe der Gedanke in ihm eine tiefe Erkenntnis freigesetzt. „Im Grunde genommen ist geschäftlicher Erfolg, der ganze Statuskram, total wurscht", sagt er. „Auch wenn ich gesellschaftlich und finanziell untergehe, ist da meine Familie. Mehr zählt für mich nicht", resümiert er und wundert sich selbst ein bisschen über diesen Satz. Fischer ist nicht für seine Bescheidenheit bekannt, aber seine Bodenhaftung wird häufig unterschätzt.

Zum Verhängnis wird ihm beizeiten seine Rastlosigkeit, im Leben wie auf der Straße. Fährt jemand auf der linken Spur der Autobahn vor ihm nur 160, wenn er 180 fahren

Kapitel 11

will, versteht er das als persönliche Beleidigung. Er verflucht die Ampel, die rot wird, wenn er sich nähert, und er meint das todernst. Fischer bezeichnet das als Freiheitsliebe, vergisst dabei aber manchmal, dass die eigene Freiheit da aufhört, wo die der anderen anfängt.

Ein anderes Mal setzte er auch sein eigenes Leben aufs Spiel, als er mit seinem Porsche bei nasser Fahrbahn aus Hamburg Richtung Süden raste. Der Wagen geriet ins Schleudern, prallte gegen die Leitplanke, überschlug sich und kam schließlich am Fahrbahnrand zum Stehen. Der Wagen: Totalschaden. Das einzige Glück: Außer Fischer war an diesem Sonntagmorgen niemand unterwegs. Fischer selbst blieb wie durch ein Wunder unverletzt. Heute redet er von seiner „zweiten Geburt", als er mit ein paar Schrammen aus dem zerfetzten Porsche stieg.

Als die Sanitäter Fischer zur Kontrolle eine naheliegende Klinik bringen, weigert er sich, zu bleiben. Sein Argument: „Keine Zeit für sowas." Die ersten, grundlegenden Untersuchungen von Wirbelsäule und inneren Organen ergeben zwar keinen Grund zur Beunruhigung. Wenn ein Mensch lediglich mit kleinen Kratzern aus einem durchgeschleuderten Autowrack steigt und behauptet, alles sei in bester Ordnung, behalten Mediziner den Patienten dennoch sicherheitshalber 24 Stunden unter Beobachtung im Krankenhaus.

Nicht Raimund Fischer. „Am schlimmsten fand ich nicht den Unfall oder den zerstörten Porsche. Sondern die Tatsache, dass jetzt mein Zeitplan hinüber war: Ich bin extra um sechs los, um neun wollte ich Hamburg hinter mir haben und irgendwo frühstücken. Und dann um kurz nach neun der Crash. Aber immerhin: Um 14.40 Uhr stieg ich in Hamburg wieder in den ICE nach hause."

Auf eigene Verantwortung hatte er seine frühzeitige Entlassung unterzeichnet. Keine Frage, dass bei ihm etwas anders tickt. Tatsache ist nur, dass das Ticken niemals aufhört. Es scheint, als wolle er sich durch nichts geringeres als den Tod unterbrechen lassen. Dass er ihm an diesem Tag noch einmal von der Schippe sprang, so sieht das auch Fischer. „Aber länger als vier Wochen hält dieses Bewusstsein nicht", sagt er.

Wäre der Unfall mit dem Porsche erneut in der Schweiz passiert, hätte auch keine Sozialprognose den Unternehmer vor dem Gefängnis bewahren können. Und noch war nicht klar, ob die Richter sie akzeptieren würden. Als er im Oktober 2013 daran schreibt, wird ihm seine ständige Raserei zum ersten Mal schmerzhaft bewusst. Zum ersten Mal ist er gezwungen, sich mit den möglichen Konsequenzen seines Lebensstils auseinander zu setzen. Wie bei dem zu langsamen Vordermann auf der Autobahn - nur dass er sich jetzt nicht vorbeidrängeln konnte.

Die Depression bahnt sich an

„Zu dem Bewusstsein, dass ich im Knast landen könnte, kamen 2013 einige andere Veränderungen", sagt Fischer. Veränderungen, durch die er nicht mehr alles unter Kontrolle hatte, nicht absehen konnte, was passiert. Den Wechsel vom Branchenverband „Der Kreis" hin zu MHK erlebte er wie ein Aussteigen aus einem wohligen Schaumbad, hinein in ein Haifischbecken. Den „Kreis" verließ er als größter Händler. Bei Musterhaus Küchen, einem der europäischen Spitzenverbände für Küchen, Möbel und Sanitär sollte er als Niemand einsteigen. Bessere Konditionen hatten ihn zwar vom Übertritt überzeugt.

Doch Fischer kann schlecht damit umgehen, in eine untergeordnete Position zu geraten - und in ein Umfeld, in dem sein Name erstmal nur einer unter tausenden ist.

„Ich schrieb meine Sozialprognose, schrieb auf, was mit meiner Familie passieren würde, wenn ich weggesperrt würde. Überlegte, wie Bianca und Carlos jeden Abend, jeden Morgen alleine in unserem Haus sitzen würden. Meine Eltern pflegen würden. Würden mein Vater und meine Mutter noch leben, wenn ich zurückkomme?"

Es ist November 2013, als die Depression voll zuschlägt: „Wie aus heiterem Himmel bekam ich Existenzängste. Ich war nicht mehr in der Lage, klar zu sehen, was ich schon geleistet hatte. Da war nur noch die Angst. Ich habe gedacht, ich kriege das alles nicht mehr auf die Reihe, das ist alles zu viel. Im November auf der letzten Messe des „Kreis"-Verbandes musste ich alle zwei Stunden raus an die frische Luft. Ich wollte mich nur noch verstecken. Ich wollte nur noch weg hier, raus, Sauerstoff tanken, damit ich wieder einen klaren Gedanken fassen kann.

Ich mied meine Mitarbeiter. Mir war klar, mit meiner Ausstrahlung gibt es nichts zu holen. Und die Leute fingen an, mich zu meiden. Weihnachten 2013 war dann ein einziges Desaster. Ich fing Streit mit meinen Schwiegereltern an und hatte bis halb zehn abends restlos alle Gäste vergrault. Am liebsten wäre ich mit ihnen vor mir selbst weggelaufen: Meine Bissigkeit und miese Laune waren schlicht nicht auszuhalten, weder für mich noch für irgendwen sonst." Fischer hatte nicht mehr nur verlernt, sich Pausen zu gönnen oder zu genießen, was er erreicht hatte. Er war von alldem weit entfernt, spürte, wie die Rast- zur Kopflosigkeit wurde, zu einer angsteinflößenden Irrfahrt ohne Ziel.

Wie aber können dieser Antrieb, die ständige Flucht nach vorn, und notwendige Pausen sinnvoll zusammenspielen? Rastlos beim Verfolgen eines Ziels zu sein, ohne blind nach vorne zu preschen - das ist die wahre Kunst. Und der einzige Weg, mit Selbstbestimmtheit und trotz hoher Belastung entspannt zu bleiben. Wer Rastlosigkeit als Streben nach Zufriedenheit versteht, kommt nicht außer Atem - weil er nicht nur geschäftliche, sondern auch persönliche Ziellinien zu feiern weiß. Sinnlose Raserei hingegen ist nur ein scheinbarer Freiheitsbeweis, der zum genauen Gegenteil von Freiheit führt: Angst.

Kapitel 12

Behandeln Sie eine Depression als Chance zum Neuanfang.

In einem wankenden Schiff fällt um, wer stillesteht, nicht wer sich bewegt.

(Ludwig Börne, deutscher Journalist)

Raimund Fischer ist vor seiner Angst Zeit seines Lebens davongerannt. Bis heute erzählt er mit Fassungslosigkeit die Geschichte, wie er als Drei- oder Vierjähriger einmal so lange zuhause weinte und schrie, bis er sich übergeben musste. Immer wieder, bis seine Mutter nach hause kam - am ersten Abend außer Haus seit seiner Geburt, an dem sie sich erlaubt hatte, mit Freundinnen in ein Gasthaus zu gehen. Handys gab es keine, Raimunds Vater hatte keine Chance, seine Frau früher zu erreichen. Also versuchte er den Jungen zu beruhigen - erfolglos.

Fragt man Fischer heute nach dem Verhältnis zu seiner Mutter, reißt er die Augen auf, die Mundwinkel sind bis zum Zerreißen weit nach hinten gespannt. Hedwig Fischer ist das gelebte Gegenteil ihres Sohnes, zumindest auf den ersten Blick. Ihren Sohn reizt das Risiko. Je unmöglicher die Aufgabe scheint, umso mehr spornt sie ihn an. Seine Mutter ist ein Sicherheitsmensch - und spricht offen über ihre Ängste. „Aber ich spüre sie, diese Furcht. Sie ist der ständige Begleiter, den auch meine Mutter nur allzu gut kennt. Nur, dass sie nicht in der Lage ist, sie auszublenden. Ich habe meine eigene Strategie dagegen entwickelt: Ich suche die Herausforderung. Ich fordere meine eigene Angst heraus und frage: Was soll denn schon passieren? Meine Antwort: Garnichts – solange ich in Bewegung bin."

Diese Strategie funktionierte so lange, bis Fischer durch die berufliche Neuordnung und den anstehenden Gerichtsprozess in der Schweiz zum Stillstand gezwungen war. Es ist der Stillstand, den seine Mutter bis heute anstrebt: Geregelte Verhältnisse und dann so wenig Veränderung wie nur möglich. Stand erstmal das Eigenheim, das die Fischers aus eigenem Geld und mit eigener Kraft aufbauten, sah Hedwig Fischer ihr Ziel erreicht - zumindest das einzige Ziel, was sie zu dieser Zeit erreichen konnte.

Wer mit Hedwig Fischer spricht, hört früher oder später die Geschichte eines fleißigen, nimmermüden jungen Mädchens, das keinen sehnlicheren Wunsch hatte, als Hauswirtschaft zu studieren oder zumindest an eine entsprechende Schule gehen zu dürfen. Ehrgeiz klingt aus ihrer Stimme. Ein Ehrgeiz, der nie befriedigt wurde. Aus einem grenznahen Schweizer Haushalt hatte Hedwig Fischer als junge Frau ein lukratives Angebot, als Hauswirtschafterin zu arbeiten. Aber dafür hätte sie ihr Elternhaus früh verlassen müssen. Für ihren Vater damals unvorstellbar: „Alles, was du brauchst, lernst du hier, den Rest nach der Hochzeit", pflegte er zu sagen.

Aus jedem ihrer Worte bricht bis heute ihr Frust darüber hindurch. Wer weiß, was aus ihr geworden wäre, hätte man sie nur machen lassen. Stattdessen gab sie sich irgendwann mit dem zufrieden, was sie hatte. Eine Eigenschaft, die sie ihrem Sohn bis heute voraushat. „Mein Vater arbeitete, er schliff, hobelte, schmirgelte, was das Zeug hielt. Er hätte locker noch ein weiteres Haus bauen können. Was er nicht tat – einzig und allein meiner Mutter zuliebe", sagt Raimund Fischer. Sie habe schon mit 70.000 Mark Schulden auf dem Haus nicht leben können, erklärte ihm sein Vater später.

„Meine Mutter ist der ängstlichste und pessimistischste Mensch, den ich kenne. Mein Vater war der Dorfschreiner, die Leute kamen gerne mit den verschiedensten Aufträgen zu ihm, er hatte Ansehen im Dorf. Als er den Führerschein machen wollte, konnte meine Mutter nur den Kopf schütteln: ‚Das kostet Zeit und Geld, das wir nicht haben!'

Für meine Schwester war diese Engstirnigkeit meiner Mutter schon früh nicht mehr zu ertragen. Sie zog mit 17 von zuhause aus. Meine Mutter hat bis heute genaue Vorstellungen davon, wie etwas gemacht werden muss, damit es „rächt", also richtig ist. Jeden Abend musste ich die Beige mit Kaminholz bis oben hin füllen. Es könnte ja über Nacht ein sibirischer Winter hereinbrechen, der es unmöglich macht, die drei fehlenden Holzscheite am nächsten Tag nachzulegen! Ich habe das Holzholen gehasst, vor allem, weil es nach ihrem strikten Zeitplan geschehen musste."

Fischers Mutter stülpte ihrer Selbstbestimmung ein Zeitkorsett über. Ihr Sohn bedauert bis heute, dass seine eigene Mutter den Vater mit ihrer Angst und ihrem negativen Denken ausbremsen konnte - so zumindest empfindet er ihr Verhältnis. „In dieser Hinsicht sind sie wie Feuer und Wasser: Er war innovativ und vorantreibend, sie ist unsicher und sicherheitsfanatisch". Man könnte auch sagen: Sie war fleißig darin, ihre Aufgaben schnell und zu einem ganz bestimmten Zweck zu erfüllen. Genügend Holz im Haus, Butter oder Milch für den kommenden Tag. Ihr Mann jedoch arbeitete an einer großen Vision. Dem eigenen Haus, dem eigenen Geschäft, dem nächsten Möbelstück. Von beiden hat Raimund Fischer viele Eigenschaften übernommen. Wie zwei Herzen, die in einer Brust schlagen – und Fischer aufgrund ihrer Widersprüchlichkeit in eine seiner tiefsten Krisen beförderten.

Mein Feind, der Stillstand

Nicht nur im Geschäftlichen ist die Angst immer ein schlechter Ratgeber. Sei es Angst, bei anderen nicht gut anzukommen, die Angst vor beruflicher Konkurrenz, vor Übergewicht, Krankheit oder dem Scheitern einer Beziehung – jeder kennt seine eigenen, ganz persönlichen Dämonen. Sie können sich in Zweifeln äußern oder aber in blindem Aktionismus, in einem Voranpreschen, dass alle Ängste übertölpeln will. Die Autorin und Psychologin Barbara Schmidt hingegen empfiehlt in ihrem Buch „Mut zum Glück", der Angst einen Raum zu geben – und sie so zu besiegen: „Jedes Ausweichverhalten erhöht die Angst. Deshalb ist es so wichtig, seine Ängste zu kennen und sich mit ihnen auseinanderzusetzen."

Raimund Fischer zog es lange vor, Ängste und Zweifel zu verdrängen – sie passten einfach nicht in sein Lebens- und Unternehmensmodell. Bis sie ihn einholten – obwohl oder vielleicht gerade weil geschäftlich alles bestens lief. Fischer erinnert sich:

„Firma, Lebensstandard, Familie – ich hatte meine persönliche Bilanz bisher in jedem Bereich von Jahr zu Jahr gesteigert. Es ging immer noch mehr, ein Erfolg jagte den nächsten, oder besser: musste den nächsten jagen. Denn Stillstand ist ein Zustand, den ich nur schwer ertrage. Wenn ich innehalte und mich einen Moment umsehe, habe ich das Gefühl, etwas zu verpassen. Normalerweise passierte es vielleicht an 30, 40 Tagen im Jahr, dass ich morgens auf dem Klo sitze und dachte: Die ganze Firma, all die Entscheidungen, die Verantwortung – muss das sein? An normalen Tagen schob ich das weg, ging ins Büro und machte ganz normal weiter.

Arbeiten, funktionieren und daraus Anerkennung schöpfen: Das habe ich von meinem Vater gelernt. Schon als Schulkind nahm er mich mit zu seinen Kunden – auf Baustellen, in Schreinerbetriebe, auf Bauernhöfe. Für 50 Pfennig, später ein paar Mark in der Stunde war ich von klein auf sein Helfer. Und stolz wie ein König.

Aus seiner Vision vom eigenen Haus zog mein Vater die Kraft, Tag und Nacht zu arbeiten. Bis es stand. Für meine

Mutter ging es nicht um den Prozess dieser Vision – sondern nur darum, die Schulden für den Hausbau so schnell wie möglich loszuwerden. Das versprach ihr Sicherheit. Meiner Meinung nach ist diese Sicherheit, der Stillstand, der Preis dafür, dass sie in ihrem Leben nie Anerkennung erfahren hat. Lieber scheute sie Herausforderungen und verzichtete auf die Befriedigung, sie zu meistern, als ein Stück ihres festgezurrten Lebens zu riskieren. Und das Schlimmste ist: Angst, etwas zu verlieren, hat sie trotzdem. Das hat mir beigebracht: Wage lieber immer alles, denn Sicherheit gibt es für nichts im Leben. Also vergiss die Angst, mach weiter, der Stillstand ist dein Feind."

Fischer fallen für dieses Lebensmotto etliche Beispiele ein, die sich rückblickend zwar oft als kluge, meistens aber auch als extrem riskante unternehmerische Entscheidungen entpuppen. Manche von ihnen lassen sogar den Rückschluss vermuten, dass schnelllebige, risikoaffine Unternehmer, deren Erfolg ja per Definition immer vom Ausmaß ihres eigenen Antriebs abhängt, besonders gefährdet sind, in eine Burn-Out-Spirale zu geraten. Sie neigen dazu, Herausforderungen an sich zu reißen, von denen sie zwar nicht sicher wissen können, dass sie sie meistern. Sie sind sich aber intuitiv sicher, dass es klappt. Und auch wenn nicht - die Herausforderung an sich ist einfach zu reizvoll.

So zuckte Raimund Fischer mit keiner Wimper, als ihm 1992 Frau S. ein kleines Atelier zur Miete in Oberwinden anbot, das sein erstes Küchenstudio werden sollte. Für damals 600 Mark pro Monat. Über seine Zusage musste der damalige Gründer Fischer nicht nachdenken, er gab sofort den Handschlag. Dabei hatte er noch keine weiteren Kunden an Land gezogen als die, die er bisher aus seinem ehemaligen Kinderzimmer heraus beriet - völlig ohne Mietkosten.

Heute gibt es für Menschen mit Ideen und Tatendrang, aber wenig Geld viele Möglichkeiten, sich finanzielle Unterstützung zu organisieren. Sei es ein Risikokapitalgeber für ein Start-Up oder eine Finanzierung per Crowdfunding: Für viele Pläne lassen sich im Netz Unterstützer finden. Beim Prinzip Crowdfunding spenden möglichst viele Einzelpersonen kleinere Beträge, die summiert ein hilfreiches Startkapital ergeben können. Je nach Abmachung erhalten die Spender bei Erfolg zum Beispiel ein Exemplar dessen, was sie unterstützt haben (die Veröffentlichung eines Buches, eine Recherchereise, die Mietkosten für eine neue alternative Bar im ansonsten recht durchgestylten München - so machten es, um nur ein kleines Beispiel anzuführen, auch zwei junge Münchner, die in ihrer Heimatstadt den erfolgreichen großen Brauereien zum Trotz eine Theke mit 14 Zapfhähnen nur mit kleinen Craft-Bieren vom Fass etablierten).

Nicht immer sind solche Pläne von Erfolg gekrönt. Aber immer ist dieser Erfolg vor allem vom eigenen Engagement anhängig. Wie meistens nach Entscheidungen wie dem 600-Mark-Mietvertrag ohne wasserdichte Gegenfinanzierung gab Fischer sein Erfolg allerdings Recht. Er hat sich antrainiert, über die Hürden zu springen, die er sich selbst baut - koste es, was es wolle.

Seit der Gründung seiner Firma mit 25 hat er immer alle Kräfte darauf fokussiert, zu wachsen und Kredite zu bezahlen – um wieder neue aufnehmen zu können. Ein Kreislauf, der funktionierte, solange niemand auf Stopp drückte. Deshalb war an Urlaub in den ersten Jahren des Unternehmensaufbaus kaum zu denken, und auch Wochenenden bedeuteten nicht automatisch eine Auszeit. Die Beharrlichkeit wich der Verbissenheit, nur gut war nicht mehr gut genug. Fischer wollte geschäftlich immer noch besser werden, noch ein wenig größer, noch ein wenig profitabler, noch ein wenig schneller als alle anderen.

„Vielleicht habe ich einfach vergessen, in all dem geschäftlichen Trubel und der Jagd nach Erfolg auch mal ein wenig auf mich selbst zu achten", erkennt er heute. Manchmal, wenn er viel Programm hat, spürt er ihn aber wieder: den Drang nach vorne, die Sucht, durchzustarten, anstatt für einen Moment innezuhalten. Zurückblicken auf das, was er erreicht hat – er weiß, wie wichtig das ist. Und wie schwierig. „Manchmal fühle ich mich dafür noch zu jung", lacht er, und spricht damit vielen Unternehmern aus der Seele.

Ein Freiburger Heilpraktiker, der Fischer während seiner depressiven Phase behandelte, sagte ihm: „Sie sind mit 300 Sachen unterwegs in der Welt. Das Problem ist, Sie fahren nicht mehr auf der Autobahn, sondern auf dem Acker." Schneller, weiter, höher, um jeden Preis. „Ich war ausgebrannt", erinnert sich Fischer, „bis ich erkannte, dass ich die Energie, mit der ich sonst geschäftliche Dinge vorantreibe, jetzt mal für mich selbst aufbringen muss."

Kapitel 12

Erschöpfung, Selbstzweifel, anhaltende Müdigkeit bis hin zur völligen Antriebslosigkeit: Fischers Symptome sprachen eindeutig für eine mittelschwere Depression, sein Hausarzt verschrieb Antidepressiva. Dabei kann sich eine Depression bei jedem Menschen ein wenig anders äußern. Die Literatur zum Thema ist endlos und unterscheidet zwischen verschiedenen Depressions-Typen wie Burnout, SAD (also einer saisonal abhängigen Depression vor allem in den dunklen Wintermonaten) oder auch der sogenannten „lächelnden Depression". Sie trifft vor allem Perfektionisten, die sich chronisch zu viel abverlangen - und an diesen hohen Erwartungen an sich selbst scheitern.

Die Wissenschaftsjournalistin Alexandra Rigos hat für das Magazin des Stern *Gesund leben* zwölf wichtige Erkenntnisse über Depressionen zusammengetragen. Depression sei bei Weitem kein „klar umrissenes Krankheitsbild wie Masern oder Heuschnupfen". Klar ist nur: Sie kann jeden treffen. Den Manager, die junge Mutter, sogar bei Kindern im Kita- und Grundschulalter können die typischen Symptome auftreten. Dazu zählt Rigos „eine mindestens zwei Wochen anhaltende Phase tiefer Niedergeschlagenheit, Antriebs- und Freudlosigkeit". Im Schnitt habe fast jeder fünfte Deutsche im Laufe seines Lebens mit einer solchen depressiven Phase zu kämpfen.

Doch woher kommt das plötzliche Stimmungstief? Die Stiftung Deutsche Depressionshilfe unterscheidet zwischen psychosozialen und neurobiologischen Aspekten, die im Zusammenspiel eine Depression begünstigen oder verursachen können. Ausschlaggebend scheint zu sein, wie gut ein Mensch mit Stress, seelischen und psychischen Belastungen umgehen kann. Experten sprechen bei der Fähigkeit, solche äußeren Einflüsse aus eigener Kraft gut verarbeiten zu können, von Resilienz, also Widerstandsfähigkeit. Eine erhöhte Anfälligkeit für Depressionen können daher Menschen haben, die schon früh traumarisiert wurden - zum Beispiel durch den Verlust eines nahestehenden Angehörigen.

Auf neurobiologischer Ebene spielen auch genetische Faktoren eine Rolle: Ein Hang zur Depression kann also auch vererbt werden. Welche Ursachen im speziellen Fall der Auslöser für eine Depression sind, kann nur der behandelnde Arzt feststellen. Und dann entscheiden, ob er eine Psychotherapie empfiehlt - oder Antidepressiva verschreibt. Diese werden allerdings in Fachkreisen kritisch diskutiert - weil ihr Nutzen in Placebo-Studien nicht eindeutig erwiesen wurde und sie zum Teil erhebliche Nebenwirkungen hervorrufen.

Weil Depression jeden treffen kann, trägt kein Betroffener Schuld daran, zu erkranken. Tatsache ist aber auch: Fast jeden, den sie trifft, beschleicht sie aus einem anderen Grund, mit dem sich der oder die Betroffene dann auch individuell auseinandersetzen muss. So antwortete der Ex-DFB-Schiedrichter Babak Rafati fünf Jahre nach seinem depressionsbedingten Suizidversuch auf die Interviewfrage des Spiegel, ob ihm „wütende Fans, gestikulierende Spieler oder Trainer und Vereinsfunktionäre, die dem Schiedsrichter einen miesen Job unterstellen", etwas ausmachten, dass diese Belastung ihn kaum gestört hätte.

Woran der Eine zerbricht, damit geht der Andere professionell um - das zeigt dieses Beispiel wohl sehr eindrücklich. Einen Grund für seine Depression nach 23 Jahren als Schiri erkennt Rafati eher in dem, „was jeden Arbeitnehmer auf Dauer fertig macht: das Verhalten der Vorgesetzten nach Fehlern oder vermeintlich schlechten Leistungen." Und: In seiner eigenen Reaktion darauf. Eine Reaktion, die keinen Raum ließ für Selbstachtung und Schutz vor Verletzungen. Rafati, der heute als Mentaltrainer und Vortragsredner zu den Themen Burnout und Depression arbeitet, ist damit nicht allein.

Denn vor allem Männer scheinen sich besonders schwer zu tun, sich eine depressive Phase einzugestehen - und Hilfe in Anspruch zu nehmen. „Ich dachte, ich muss dagegenhalten und mich beweisen", zitiert auch die Süddeutsche Zeitung den Ex- Schiedsrichter Rafati, nachdem dieser seine Depression überwunden hatte. Psychologen vermuten, dass sich Frauen in Problemlagen eher an jemanden wenden, mit dem sie sprechen und sich helfen lassen können. Männer, so resümiert es der SZ-Autor Jan Stremmel, „sterben".

Allein die Zahlen des Statistischen Bundesamtes über Suizide von Männern und Frauen aller Altersklassen in Deutschland machen das deutlich: Altersunabhängig nehmen sich weniger als halb so viele Frauen wie Männer das Leben, oft sogar nur ein Drittel der Anzahl der Männer, die keinen Sinn mehr im eigenen Dasein sehen.

Dabei geht es Männern nicht schlechter als Frauen. Sie scheinen nur wesentlich größere Skrupel zu haben, sich jemandem anzuvertrauen. Dass Frauen in Deutschland doppelt so viele Psychotherapien in Anspruch nehmen wie Männer, heißt nicht zwangsläufig, dass Männer psychisch stabiler sind. Experten, so schreibt es Jan Stremmel, vermuten eine enorm hohe Dunkelziffer von Männern, die wegen psychischer Probleme therapiebedürftig wären. Aber sie wollen lieber den Schein waren, stark zu sein.

Wege aus der Depression

„Wir nehmen jetzt das Gas wieder runter, fahren auf die Autobahn und drosseln auf 200 – und dann sind Sie immer noch viel schneller als der Rest der Welt" – so ebnete der Heilpraktiker aus Freiburg Fischers Weg zur Genesung. Doch wie die meisten Patienten nahm der Unternehmer erst dann professionelle Hilfe in Anspruch, als es schon fast zu spät war. Und selbst dann ließ sich Fischer keinen Stillstand verordnen, seinen ärgsten Feind - bis dahin.

Nach der Diagnose fand Fischer einen eigenen Weg, mit der Depression umzugehen. Er las. Der Hauptschüler mit der miserablen Rechtschreibung, der Bücher bis dahin nur zur Hand nimmt, wenn sie betriebswirtschaftliche Zahlen eines potenziellen Übernahmekandidaten enthalten, vergrub sich in die schier unendliche Lektüre zum Thema Depression. Doch nicht alles, was half, gab es in einem Buch zu lesen. „Am Anfang steht die Erkenntnis, dass man selbst etwas gegen die Depression tun muss – und kann", sagt er. Die kleine Packung mit gelben Pillen in seinem

Kühlschrank erinnert ihn daran, dass er jeden Tag aufs Neue die Wahl hat. „Ich kenne das Gefühl, wenn du Pillchen schluckst und merkst, jetzt geht es dir besser. Und dann wird dir klar: Die Pillchen haben dich in der Hand." Fremdbestimmt sein, das wollte er auf keinen Fall.

Seitdem die acht Monate Kampf mit der Depression überstanden sind, hat er die kleine Packung in seinem Kühlschrank nicht mehr angerührt. Er setzt auf andere Maßnahmen – als konkrete Hilfe, aber auch zur ständigen Vorbeugung. So spielt zum Beispiel die Sonne eine kaum zu unterschätzende Rolle für unser Wohlbefinden. Das belegen zwar zahlreiche Studien, müssen sie aber garnicht: Es reicht, sich an den letzten Sommerurlaub zu erinnern oder an das Gefühl, das erste Mal im Jahr wieder im Straßencafé draußen zu sitzen, die Nase blinzelnd gen Himmel gestreckt. Sonne macht glücklich. Kein Wunder, dass zum Beispiel die österreichische Psychiaterin Dr. Edda Winkler-Pjrek in ihrer Wiener Praxis eine „Spezialambulanz für saisonal abhängige Depressionen" eingerichtet hat – ein europaweit noch einmaliges Angebot. Winkler-Pjrek empfiehlt gegen die dunkle Stimmung in den Wintermonaten vor allem Lichttherapiegeräte wie Leuchtstofflampen mit einer Beleuchtungsstärke von 10.000 Lux – oder den Versuch, sich „der Winterträgheit einfach nur hinzugeben", erzählt sie in einem Interview.

Doch dafür haben die meisten durchschnittlich berufstätigen Menschen, ob Unternehmerin oder Kassierer, zu wenig Zeit. Ein Spaziergang an der frischen Luft hingegen lässt sich mit ein wenig Planung auch auf dem Weg von und zur Arbeit einbauen.

Bislang vor allem als Gefahr für unsere Haut gefürchtet, relativieren Forscher heute außerdem viele „Sonnenwarnungen": So regt Sonnenlicht beispielsweise unseren Körper dazu an, lebenswichtiges Vitamin D herzustellen. Das Vitamin schützt den Körper nicht nur vor Krankheiten wie Rachitis oder Osteoporose, ihm wird auch die stimmungsaufhellende Wirkung der Sonne nachgesagt. Außerdem kurbeln ihre Strahlen die Produktion von Endorphinen, unseren Glückshormonen, an. So kommt der Begriff SAD für „saisonal abhängige Depression" nicht von ungefähr: Erschöpfungszustände und Burnout-Erkrankungen treten häufig mit der herannahenden kalten Jahreszeit auf, wenn wir vom Büro gleich nach Hause fahren und auch das Wochenende gerne zuhause auf der Couch verbringen. Oft hilft schon bloßes Tageslicht gegen den Gute-Laune-Mangel – auch an einem grauen Wintertag. „Wenn ich merke, die Stimmung geht runter, drehe ich meistens erstmal eine Runde draußen zu Fuß", sagt Fischer. Auf seinem Bürotisch steht eine UV-B-Lampe, die das Sonnenlicht imitiert – zur Sicherheit knipst Fischer sie ab November schon am Vormittag an.

Er weiß die potenzielle Depressions-Phase ab Spätherbst mittlerweile auch für sein Geschäft zu nutzen: „Wenn die dunklen Tage kommen und die Leute frustriert über ihren Job sind, ist das die beste Phase, gutes Personal anzuwerben." Mit frischer Luft und Tageslicht geht meistens ein weiterer Trumpf gegen die miese Laune einher: Bewegung. Laut der Studie „Beweg' dich, Deutschland!" der Techniker Krankenkasse im Jahr 2016 kommt gut ein Drittel der Deutschen am Tag nicht einmal eine halbe Stunde vom Stuhl, der Couch oder dem Bürosessel hoch, ein weiteres Drittel bewegt sich weniger als eine Stunde. Dabei sei Bewegungsmangel neben der Ernährung einer der häufigsten Gründe von Zivilisationskrankheiten wie Rücken- und Herz-Kreislauf-Beschwerden – und auch Depressionen, die mittlerweile als Gründe für Fehlzeiten „ganz oben auf der Liste" stünden. In seiner depressiven Phase hat Fischer das Joggen angefangen, anfangs mit Überwindung, jetzt, sagt er, sei er „süchtig nach dem Gefühl, den Kopf frei zu haben." Schlank zu werden ist schon lange nicht mehr sein Ziel. Wohl aber, gesund zu bleiben – und zwar auch mental.

A propos Bewegung und Ernährung: Nicht erst seit seiner Depression kämpft Raimund Fischer mit Pfunden und seinem Schweinehund, dem Appetit auf Kohlenhydrate und Süßes und der einreißenden Bequemlichkeit, sobald es ihm „zu gut geht", wie er sagt. Er kennt die Momente, wenn er weiß, dass der Schweinehund ihn jetzt fest im Griff hat. Wie am vorletzten Abend der Möbelmesse M.O.W. in Ostwestfalen 2015, als er um kurz vor elf abends noch an einer Tankstelle hält.

Die Packung Schoko-Puffreis ist am nächsten Morgen leer, „bis auf zwei Krümel", gesteht er. Und lässt sich trotzdem nicht aus dem Konzept bringen: Am nächsten Morgen lädt er sich nur Ei, Fisch und etwas Obst auf den Teller. Er screent Lebensmittel förmlich nach ihrem Eiweiß- und

Omega-3-Fettsäurengehalt – aus gutem Grund. Die essenziellen Fettsäuren kann unser Körper nicht selbst herstellen, sie wirken aber unter anderem entzündungshemmend und erhöhen unseren Serotoninspiegel – die Ausschüttung des sogenannten Glückshormons kann depressive Stimmungen zumindest lindern. Es sind kleine Erkenntnisse und Gewohnheiten wie diese, sagt er, die ihm während und kurz nach der Depression geholfen hätten.

Und es sind andere kleine Dinge, die Fischer seit der Depression an seinem Leben geändert hat. „Der Stress und die Verantwortung werden als Unternehmer nicht weniger. Die Frage ist, an welchen Schräubchen wir drehen können", findet er. Der stattliche Mann mit dem langen, braunen Zopf hat sich äußerlich kaum verändert. Nur die winzigen dunkle Flecken auf seiner Gesichtshaut zeugen noch davon, dass Fischer wie viele Depressionspatienten länger höhere Dosen Johanniskraut eingenommen hat.

Wer mit ihm an einem Tisch Platz nimmt – ob in seinem Büro oder in seiner heimischen Küche – wartet nicht lange, bis er einen Krug Wasser und ein Glas serviert bekommt. Früher hätte er schnell einen Kaffee getrunken oder das Trinken ganz weggelassen, sagt Fischer. Doch um fit und geistig leistungsfähig zu sein, müssen wir – so banal es klingt – viel Wasser trinken. Das kommt nicht nur dem Körper zugute. Der Griff zum Wasserglas ist auch immer eine kleine Erinnerung: Denk' dran, auf dich zu achten. Wer Fischer auswärts essen sieht, wird kaum etwas anderes als Gemüse, Fleisch und Fisch auf seinem Teller finden. Er schwört darauf, jeden Morgen Leinöl in sein Soja-

Joghurt zu rühren und Fischöl-Kapseln zu schlucken, um seinen Omega-3- Spiegel hoch zu halten.

Proteinreiche, kohlenhydratarme Ernährung mit vielen natürlichen Omega-3- Fettsäuren kann auch für Menschen ohne Depression sinnvoll sein – gerade, wenn sie ihren Beruf im Sitzen ausüben. Aber jeder hat seinen persönlichen Schoko- Puffreis von der Tanke. Hilft sie wirklich, die „Depressions-Diät"? „Es geht darum, Mittel gegen die Depression zu kennen. Das ist der erste Schritt aus der Hilflosigkeit dagegen", sagt Fischer, der sich gut an die schlimmsten, ersten Wochen der depressiven Phase erinnert: „Ich dachte, das war's jetzt. Ich mache den Laden dicht und laufe davon. So ging das vom Aufstehen bis zum Einschlafen, wenn ich denn überhaupt ein Auge zu machen konnte. Wenn man sich dann nicht bald zu helfen weiß, geht man kaputt."

Als er am liebsten vor allem die Augen verschließen wollte, erinnerte er sich an den Rat eines befreundeten Anwalts: „Führe dir dein Worst-Case-Szenario vor Augen und mache dir klar, was wirklich zählt." Und das ist bei allem Erfolg meistens die engste Familie.

Geschäftlich hatte Fischer bereits nach der Trennung von seinem ehemaligen Geschäftspartner vor dem Aus gestanden. Die Depression hingegen brachte ihn ganz persönlich an den Rand des Abgrunds, die Grenze des Erträglichen. Familienmitglieder erkannten ihn nicht wieder, Freunde zogen sich zurück. Nur sein allerengster Kreis – seine Frau Bianca, Sohn Carlos und Fischers bester Freund – bekamen wirklich mit, was los war. Sie waren es auch, die ihm aus dem Loch heraushalfen:

„Erst, als ich wirklich am Abgrund stand, habe ich gesehen, dass für mich eigentlich nie ‚Abgrund' ist, also das Ende. Wenn wirklich alles schiefgeht und ich am Boden zerstört bin, den Laden schließe und sage, das war's – dann ist das wirtschaftlich ein Fiasko. Aber das soziale Gefüge, die Familie, das bleibt. Also ist es ja eigentlich nie der Abgrund. Klar, das ganze gesellschaftliche Ansehen, das ist dann beim Teufel. Aber – so what?

Mit diesem Worst-Case-Szenario lässt es sich besser leben. Diese Haltung gelingt mir nicht immer, die Ängste kommen und gehen. Je mehr du erreichst, desto höher ist schließlich auch dein Status, desto tiefer kannst du fallen. Man braucht die Erfahrung, am Abgrund zu stehen – um ihn als Chance zu sehen. Und zu sagen, was soll's, ich probier's noch einmal!

Wenn ich die intensive Rockerzeit nicht gehabt hätte, in denen man sich allen gesellschaftlichen Konventionen völlig widersetzt – ich hätte wohl diese Gleichgültigkeit im Kopf nicht, auf alles Ansehen im Zweifel zu pfeifen. Das hat für mich auch was mit Jugend zu tun. Mit Freiheit. Und mit der Sicherheit, dass ich auf einige Menschen wirklich zählen kann."

Letztendlich half Fischer auch das Strafverfahren wegen der Auto-Raserei in der Schweiz, das zu erkennen. Und die Diabetes-Erkrankung seines Sohnes. Als seine Frau mit ihm nach der Diagnose für drei Wochen in eine spezielle Eltern-Kind-Kur fuhr, fand Fischer sich jeden Abend im großen Wohnzimmer des Einfamilienhauses ein - allein vor dem Fernseher. „Mir wurde klar, wie vergänglich all dieser Mist um uns herum ist: Ein schönes Auto, ein großes Haus. Ich hätte genauso gut in einer staubigen Einzimmerwohnung allein vor dem Fernseher sitzen können, es hätte sich genauso angefühlt."

Als Gewinner aus der Depression hervorgehen

Doch nicht nur bezüglich des Strafverfahrens in der Schweiz kam Raimund Fischer glimpflich davon. Die Richter verurteilten ihn auf Bewährung, das Urteil hatte er nach zwei Tagen im Briefkasten. „So schnell tippt keine Schweizer Behörde", ist Fischer sich sicher. Er und sein Anwalt gehen von einem vorgeschriebenen Urteil aus, dass einen Präzendenzfall für weitere Rasen schaffen sollte. Beweisen können sie das nicht.

Um seine Fahrerlaubnis für die Schweiz wieder zu bekommen, hört Fischer auf seinen Schweizer Anwalt. Insgesamt zwölf Mal fährt er mit dem Zug dreieinhalb Stunden nach Olten im Kanton Solothurn, um sich bei einem Verkehrspsychologen schulen zu lassen, dann dreieinhalb Stunden zurück. Er bezahlt im Voraus, niemals gibt es eine Doppelstunde, eine Woche muss zwischen zwei Terminen liegen. Sein Therapeut ist einer der 32 Verkehrspsychologen, die seit „Via Sicura", dem Sicherheitsgesetz für die Schweizer Verkehrsordnung seit 2013, ihren Umsatz mehr als verdoppelt haben müssen.

Es ist ein kühler, sonniger Herbsttag 2017, als Fischer sich wieder an seine Depression erinnert. Die satten grünen Wiesen rund um sein Grundstück in Oberwinden sind schon ausgedünnt, die Natur steckt noch einmal ihre letzte Kraft in ihr dunkles Grün, bis das Braun und dann der Tod über sie kommen wird, bevor sie im Frühling wieder auferstehen. Es ist Oktober, „eine kritische Zeit für mich", sagt Fischer. Er meint damit nicht nur das fehlende Sonnenlicht, einen wichtigen Faktor für die saisonal bedingte depressive Stimmung. Er meint zu diesem Zeitpunkt auch die 1,6 Millionen Euro, für die er beim Küchenhändler Alno, einem seiner größten Partner, Küchen gekauft hat. Doch Alno hat im Sommer 2017 Insolvenz angemeldet, der Betrieb wurde bald darauf eingestellt. Das trifft die mittelständischen Küchenhändler bei Weitem schlimmer als die einzelnen Käufer an sich. „Wer viel von Alno verkauft hat, kommt schnell auf sechsstellige Kosten", fasst die *Wirtschaftswoche* damals die dramatische Lage zusammen.

Dass ein Lieferant Insolvenz anmeldet, gehört zum unternehmerischen Risiko. Dass er in diesem Ausmaß mit drinsteckt, hat Fischer damals in über 25 Jahren noch nicht erlebt. Aufmuntern kann er sich in solchen Momenten nur durch das, was er auch im Zuge der Depression gelernt hat: Einen Moment verlangsamen, zurückblicken, sehen, was schon geleistet wurde. „Die anstehenden Probleme gehen damit nicht weg, aber sie relativieren sich, weil du denkst, Mensch, das hast du doch vergleichbar schonmal niedergebügelt."

Hat er in diesem Fall zwar nicht. Aber in diesem Oktober, fünf Jahre nach seinem psychischen Tiefpunkt, weiß er, dass es vor allem persönlich immer noch schlimmer kommen kann. „Zum Glück fühle ich mich diesen Oktober gewappnet," sagt er und blinzelt in die letzten Herbstsonnenstrahlen. Die Antidepressiva in seinem Kühlschrank sind schon lange abgelaufen.

Kapitel 13

Vertrauen Sie spirituellen Kräften - und Dingen, die Sie nie mit Ihrem Unternehmen in Verbindung bringen würden.

It is your mind that creates this world. (Buddha)

Auch Jahre nach seiner Depression blickt Raimund Fischer ungläubig, wenn er von der Frau erzählt, die ihn endgültig von ihr „erlöst" hat, „anders kann ich es nicht beschreiben", sagt er. Die Antidepressiva: „Helfen, aber machen dich süchtig." Fischer schlich sie nach einigen Monaten aus, obwohl sein Arzt ihm geraten hatte, sie mindestens ein Jahr zu nehmen. Der Heilpraktiker: „Legt offen, wo unsere wahren psychischen Schwachstellen und Ticks liegen - und was wir dagegen tun können". Die Licht-, Bewegungs- und Ernährungstherapie, wie Fischer sie nennt? Behält er bis heute bei. Nur für die Arbeit der Schamanin, die er im Frühjahr 2014 auf Anraten seiner Schwester aufsuchte, fehlen im lange die Worte.

Wie kann eine Schamanin auf einen depressiven Menschen einwirken? „Sie hat meine Shakren wieder eingestellt", sagt Fischer. Auch seine Frau, zu der er nach dem Treffen mit der schamanischen Heilerin abends nach hause kam, erinnert sich an den Tag: „Er war energiegeladen wie seit Monaten nicht mehr."

„Seelenrückholung", „Visionssuche mit schematischen Kräften" oder „Archaische Techniken für Führungskräfte" sind nur einige der Angebote, die Barbara G., Schamanin aus einem weitläufigen Dorf in Südbaden, ihren Klienten anbietet. „Bei mir hat sie einfach einige in der Vergangenheit verlorengegangene Dinge zurückgeholt", beschreibt Fischer ihre Wirkung, die sie in seinem Fall mit Trommeln, Gesprächen und Gesängen erreichte. Für Fischer war damit das Ende seiner Depression besiegelt - und er hatte einen Grund mehr, spirituelle Kräfte ernst zu nehmen. Denn seine Erfahrungen damit begannen schon wesentlich früher.

Es war Fischers letztes Jahr der Ausbildung zum Schreinermeister, doch den entscheidenden Schritt hatte er noch vor sich: Das eigene Meisterstück, das jeder Absolvent frei planen und umsetzen sollte. Es musste am Ende nur die Prüfer überzeugen. Fischer hatte weder eine Ahnung, was er schreinern sollte – „mir graute es vor diesen angestaubten Zierschränkchen mit Schnitzereien, die viele meiner Kollegen bauen wollten" – noch, wie er das zeitlich schaffen sollte, ohne gleichzeitig seine wichtigsten Kunden zu verlieren, deren Aufträge er als junger Freiberufler auf keinen Fall abschlagen wollte.

Dann trat José Silva in Fischers Leben – besser gesagt sein Buch „Silva Mind Control". Fischer hatte es von seiner Schwester Angelika, die ihm später auch zu der Schamanin raten sollte, zur Motivation geschenkt bekommen. Der 1999 verstorbene texanische Hypnoseforscher erfand eine Technik, mit der sich Menschen durch die Aktivierung einer bestimmten Bewusstseinsebene in ihre sogenannte „Alpha-Grundstufe" versetzen – einen Zustand, aus dem

Kapitel 13

heraus sie ihre Ziele klar auf einer Art „geistigem Bildschirm" visualisieren können. „Was für ein grandioser Quatsch", dachte sich Fischer beim ersten Durchblättern. Dann stieß er stieß auf eine der Kernaussagen Silvas: Mit unserer reinen Vorstellungskraft können wir unser Leben beeinflussen. Fischer dachte an den weißen Mercedes vom Oberwindener Dorfplatz, an sein erstes Rennrad für 300 Mark, an seinen Traum von einem Weg aus der Enge des Dorfes. Alles Bilder, die er sich lange vorgestellt oder immer noch im Kopf hatte. Er las Silvas Kapitel zum Thema „Kreatives Träumen", bei dem man dem eigenen Bewusstsein gezielt eine Aufgabe stellt, an der es im Schlaf arbeiten soll. In dieser Nacht wurde Fischer wach:

„Ich war zu der Zeit total im Stress: Die ersten großen Aufträge für meine Firma – aber woher zum Teufel sollte ich bitte die Zeit nehmen, über ein Meisterstück zu sinnieren? Eines Nachts kam mir dann die Eingebung in Form einer krummen, zartblauen Banane, die ich im Halbschlaf auf ein Blatt Papier kritzelte. Mein Meisterstück wurde eine Minibar in Form eines bananenförmigen Stehtisches aus blau getöntem Glas."

Die Minibar stand wenige Zeit später im Foyer von Fischers erstem Küchenatelier – wie als Beweis für die Macht seiner Vorstellungskraft.

„Der Kommentar des Prüfers nach meiner bestandenen Prüfung lautete: „Weisch, Fischer, mit dem Ding kannsch nix ohfange, aber gmacht hesch's echt gut." Schon klar, nicht jeder weiß eine bananenförmige Bar blauem Glas mit einer drehbaren Mittelteil aus Kirschbaum zu schätzen – eine Revolution für den Gusto der Elztäler. Trotzdem wur-

de meine nächtliche Eingebung mit einer Eins bewertet." Seinem Hang, sich den Erwartungen anderer zu widersetzen, konnte er kurz nach der bestandenen Meisterprüfung gleich noch einmal nachgehen. Denn Fischer, der bis heute mit Religion nichts am Hut hat, hatte sich mit einer weiteren spirituellen Methode abgesichert:

Kapitel 13

„Als ich vor der Meisterprüfung in Panik geriet, ob ich mein junges Unternehmen am Leben halten könnte, obwohl ich wegen dem Prüfungsstress einigen Kunden absagen musste, wendete ich mich an ... ja, an wen denn? Nennen wir ihn Gott oder eben, eine höhere Macht, die über alles wacht. Ich legte ein Gelübde ab: ‚Wenn ich, Raimund Fischer, diese Meisterprüfung bestehe und mein Laden überlebt das, lieber Gott, dann laufe ich auf den Hörnleberg'.

Die Kunden blieben, und ich wurde Schreinermeister. Die alte Krämer-Liese – ich weiß nicht, ob sie so hieß, weil das ihr Familienname war, oder weil sie allerlei Kram an der einzigen kleinen Bude auf dem Hörnleberg feilbot – glotze nicht schlecht, als ich am Sonntag nach meiner bestandenen Meisterprüfung den Hörnleberg emporgestiegen kam, morgens um acht, um schnurstracks in die Kirche zu marschieren. Die alte Dame fiel in Anbetracht eines keuchenden Raimund Fischers, der sich den steilen Weg vom Tal bis auf 905 Meter heraufgekämpft hatte, fast aus ihrem Ständle. ‚Wos moschn du do obe?' Sie kannte mich sehr wohl – als Motorradfahrer, Rocker, Schreiner und „Longhooriger". ‚Na was wohl', sagte ich, ‚ich gehe in die Kirche!' An diesem Tag habe ich ihr Weltbild möglicherweise für immer verändert."

Nach der letzten Meister-Prüfung, einem Samstag, ging die gesamte Meisterklasse feiern und trinken. Alle, bis auf einen. Fischer fuhr nach Oberwinden, um in der kleinen Werkstatt seines Vaters Deckenfriese zu lackieren. Ein Kunde erwartete sie am Montagmorgen, einen Tag lang mussten sie zwischendurch trocknen. „Keiner im Dorf sollte am Ende sagen, der Fischer hält seine Termine nicht ein", erklärt Fischer ernst. Der Kunde war mit seinen Deckenfriesen am Montagmorgen sehr zufrieden – und das zählte, auch wenn Fischers Kunden sich zu diesem Zeitpunkt noch an zwei Händen abzählen ließen.

„Das Glück liegt nicht in der verwirklichten Vision, sondern auf dem Weg dahin," schreibt die Psychologin Barbara Schmidt, die an Jens Corssens „Philosophie des Zwinkerns" angelehnt ihr Buch „Mut zum Glück" geschrieben hat. Fischers Weg auf den Hörnleberg versinnbildlicht diesen Satz ziemlich gut: Zwar hatte er gerade ein lange anvisiertes Ziel erreicht. Doch als eine Art Gegenleistung begab er sich dafür direkt auf den nächsten, für ihn recht unangenehmen Weg (zur Spitze des Hörnlebergs führt nur ein äußerst steiler, am Ende schnurgerader Weg hinauf). Er hat es in all den folgenden Jahren seines Unternehmensaufbaus im Grunde nicht anders gehalten: Jede Vision und deren Erfüllung war der Startschuss für das nächste Ziel. Das erklärt auch seine anhaltende Rastlosigkeit: immer neue Filialen eröffnen, immer neue Ziele anstreben. „Ist die Vision einmal Wirklichkeit geworden, so braucht man eine neue. Sonst tauscht man den alten Kokon nur gegen einen neuen ein und erstickt vielleicht ein bisschen komfortabler im Eigenheim", schreibt Schmidt in ihrem Ratgeber.

Visionen als Motor

Eine Vision haben und auf sie hinarbeiten – was bedeutet das eigentlich? Durch einen Zufall fiel Raimund Fischer zu Beginn seiner ersten großen Geschäftskrise 2002 – der Trennung von seinem Geschäftspartner – wieder „Silva Mind

Control" in die Hände. Das Buch des Mentaltrainers, das ihm bereits die Eingebung zu seinem Meisterstück beschert hatte. José Silva beschreibt darin nicht weniger als seine Methode, mit dem Geist die Materie zu beeinflussen. Oder in anderen Worten: Unsere Zukunft selbst zu erschaffen, mit unseren Gedanken und möglichst konkreten Vorstellungen über diese Zukunft. „Ohne die Visualisierung von besseren Zeiten hätte ich das damals nicht geschafft", sagt Fischer. Zwar überwand er die geschäftliche Krise. „Aber das hat natürlich Spuren hinterlassen in der Psyche."

In den schlimmsten Momenten, wenn das Konto über 200.000 Euro im Minus stand und er mit seiner Frau abends die zweite Flasche Rotwein öffnete, dachte er an sein Leben nach der Krise. Er malte es sich vor seinem inneren Auge aus – und ganz real auf ein Blatt Papier. Er malte: Wohlstand, Familie, eine gesunde Firma. Und legte den Zettel zurück in das Buch. Bis zu einem Sommertag im Jahr 2009.

„Durch Zufall blätterte ich wieder in der Silva-Mind-Methode, als mir mein Bild in die Hände fiel. Mein Atem stockte, ich war sprachlos und glücklich. Weil ich mich umschaute und sah, dass alles, was ich visualisiert hatte, fast genau so eingetroffen war: Ein Haus, ein Pool, ein Sohn. Auch der Firma ging es wieder gut: Statt der zwei aufgemalten Filialen hatten wir nach Gutach und Offenburg gerade ein drittes Geschäft in Freiburg eröffnet. Wenn man einmal erlebt hat, wie ein im Kopf entstandenes Bild sich in Realität umwandelt, kann das süchtig machen. Für mein Unternehmen habe ich

zu diesem Zeitpunkt ein passendes Bild gefunden: Ein rasender Zug, der über die Gleise prescht. In der Lokomotive ist ein Feuer ausgebrochen: Hier lodern neue Projekte, die mit ihren Flammen nur allzu leicht den sicheren Teil des Zuges anschwärzen. Ob Daimler- Konzern oder Zwei-Mann-Malerbetrieb: Zu viele falsche Entscheidungen in zu kurzer Zeit können immer alles ins Wanken bringen. Dann gilt es, Lösungen zu finden. Und sobald ich bereit bin, an einer Lösung zu arbeiten, gibt es auch eine. Die Kunst ist, das Feuer in Schach zu halten und immer mehr trockene Schäfchen in den hinteren, sicheren Teil des Zuges zu schaffen. Klingt verrückt, funktioniert aber. Weil ich dieses klare Bild im Kopf habe – sei es eine Lokomotive, ein neues Firmengebäude oder eine Filialübernahme. Wie mit der hölzernen Armbrust, die mein Vater mir einmal schnitzte und vorsichtig in die Hand gab mit den Worten: ‚Es geht darum, das Ziel anzuvisieren, bevor man darauf losschießt.'"

Von einem bloßen Ziel „unterscheidet sich eine Vision in erster Linie dadurch, dass sie in Ihnen die Stimmung erzeugt, Sie hätten es schon geschafft," schreibt die Psychologin Schmidt in ihrem Mutgeber-Buch. Mentaltrainer wie José Silva raten hingegen dazu, die eigene Zukunftsvision aufzumalen oder auf einer Art innerem Bildschirm abrufbar zu machen, sich also jedes Detail ganz konkret vorzustellen.

Lothar Seiwert, der Zeitmanagement-Guru, empfiehlt, sich genau aufzuschreiben, was man erreichen will. Oder besser gesagt, einmal erreicht haben will. So fordert er seine Leser in „Wenn du es eilig hast, gehe langsam" auch dazu auf, eine Art Grabrede an sich selbst zu richten. Was sollen unsere vertrautesten Menschen über uns sagen können, wenn wir selbst nicht mehr sind? „Er war ein überzeugender Kundenberater"? Sicher nicht. „Ein Visionär, der mit beiden Beinen auf dem Boden stand und seiner Familie viel Liebe und Geborgenheit geschenkt hat"? Schon eher. Genau deshalb ruft er auch dazu auf, zwischen „dringlichen" und „wichtigen" Aufgaben zu unterscheiden. Denn wirklich wichtig sind nicht zwangsläufig berufliche Angelegenheiten. Sondern unsere liebsten Vertrauten und Freunde.

Egal ob Sie schreiben, malen oder vor Ihrem inneren Auge visualisieren - es geht darum, die Vision irgendwie festzuhalten. Aus dem pragmatischen Grund, dass Sie sie sich dann nicht jedes Mal neu überlegen müssen. Stellen Sie sich ihre Vision vor wie den Bildschirmhintergrund Ihres Smartphones. Ein Blick genügt (und es werden sicher deutlich mehr als einer pro Tag sein) und Sie haben das Bild wieder genau im Kopf. Es ist also jederzeit abrufbar. Erst diese Sicherheit ermöglicht das tatsächliche „Loslassen" der Vision. Denn sonst schwenkt die Beharrlichkeit und die Begeisterung dafür in Verbissenheit um. Und die führt meistens nicht zur Realisierung einer Vision, sondern zum Burnout unterwegs dorthin.

Visionen können sich im manchmal besten, auf jeden Fall aber intensivsten Fall auch körperlich manifestieren. Vergleichen Sie das mit einer guten Schauspielerin. Gut, was heißt das in dem Fall? Es bedeutet, dass man als Zuschauer keine Ahnung hat, woher sie diese so echte Emotion hernimmt, wenn sie doch nur eine Rolle spielt. Die Erklärung dafür lautet, dass gutes Schauspiel eigentlich gar kein Spiel, sondern echtes Erleben ist. Der Schauspieler erlebt die Verzweiflung, die Freude oder die schiere Angst seiner Rollenfigur am eigenen Leib. Er weint wirklich über den Verlust eines Menschen oder freut sich mit Tränen in den Augen über einen Heiratsantrag. Er hat seinem Körper nicht nur Text und Mimik, sondern eine Haltung und damit auch eine körperlich sichtbare Verfassung antrainiert - durch seine bloße Vorstellungskraft.

Dass der Körper unmittelbar auf unsere Gedanken reagiert, hat Fischer nach einem Seminar des Bestseller-Autors und NLP-Trainers Anthony Robbins an sich selbst erfahren. Neurolinguistisches Programmieren, kurz NLP, geht davon aus, dass wir Abläufe in unserem Gehirn durch unsere Sprache verändert werden können - wenn wir ihnen systematische Handlungsanweisungen geben. Auf dem Robbins-Seminar, das Fischer mit seiner Frau besuchte, ging es zunächst eher darum, solche Anweisungen und Bilder nicht auszusprechen, sondern - mal wieder - vor dem inneren Auge zu visualisieren. Eine Trainingseinheit sah vor, dass sich die Teilnehmer ihre schlimmsten Ängste vornehmen - und sich im Kopf ein klares Bild dazu machen.

Sich die eigenen Ängste bewusst machen, sie zulassen und erst dann eine Strategie gegen sie zu entwickeln - genau das hatte auch Fischer gereizt. Natürlich kann nicht jedem ein Mentaltrainer dabei so einfach helfen, vor allem muss

Kapitel 13

der- oder diejenige den eigenen Vorstellungskräften selbst vertrauen.

Tut er oder sie das, kann so ein Training unerwartete Dinge ans Tageslicht bringen. Viele werden die Leute lieber verspotten, die freiwillig Mantras wie „Kühles Moos, kühles Moos" vor sich herbrummeln, um danach zu glauben, sie könnten unbeschadet barfuß über glühende Kohlen laufen. Bei einem von Robbins Seminaren 2016 in Dallas ging das auch ganz schön daneben: Etwa 30 Besucher verbrannten sich leicht, fünf mussten ins Krankenhaus eingeliefert werden. Bei Raimund Fischer war der Grund für den Krankenhausaufenthalt nach dem Treffen mit Robbins ein anderer. Über die glühenden Kohlen, sagt Fischer, sei er tatsächlich wie über einen „weichen Moosteppich" spaziert. Durch die von Robbins angestoßenen Visualisierungen der größten eigenen Ängste – in Fischers Fall zu der Zeit sein steigendes Übergewicht – hatte sich allerdings ein bevorstehender Darmverschluss bemerkbar gemacht, der operativ notbehandelt werden musste. „Der Arzt glaubte mir nicht, dass ich die Schmerzen erst seit dem Seminar bei Robbins gespürt hatte", erinnert sich Fischer. Der Pfropf habe laut dem operierenden Arzt schon seit Wochen oder Monaten im Darm festgesteckt, „das müssen anhaltende, höllische Schmerzen sein", habe er nach der OP gesagt. Mit solchen wachte Fischer am Tag nach dem Seminar im Hotelzimmer auf.

In den Monaten davor muss er eines erfolgreich verdrängt haben: entweder die Schmerzen. Oder seine gewaltige Angst vor dem Übergewicht. Und zwar so stark, dass seine Gedanken - und dadurch sein Körper - auch den Pfropf unterdrückten. Den fassungslosen Ärzten konnte Fischer sich den Vorfall nur so erklären: „Durch das Zulassen dieser Angst im Seminar habe ich meine Körper dazu gebracht, sie nicht nur innerlich frei zu geben, sondern auch nach außen zu tragen. Die Angst muss dann psychisch so enorm gewesen sein, dass mein Körper unmittelbar eine Reißleine zog - und dichtmachte." Für Fischer war diese Erfahrung die erste seit Jahren, durch die er seiner Angst aktiv begegnete und sich mit ihr auseinander setzte, anstatt sie unter Verschluss zu halten. „Ich bin mir sicher, uns begegnen im Leben immer wieder Situationen, die uns genau dazu herausfordern. Dass wir uns unseren schlimmsten Ängsten, unseren inneren Blockaden stellen. Das Leben ist unser Lehrer, und es lässt sich nach, bis wir es kapiert haben." Doch auch zu dieser Erkenntnis kam der Unternehmer erst nach seiner Depression, die er deshalb als lehrreichste Phase seines Lebens empfindet.

Eine weitere Einsicht daraus: „Erst, wenn wir die Angst loslassen, hat die Vision freie Bahn." Und die braucht sie, um ein Unternehmen voranzubringen. Visionen beschreibt die BWL-Professorin Heike Bruch von der Universität St. Gallen, die zu Leadership, organisationaler Energie und Human Resources Management forscht, als einen der beiden „Treiber von Weiterentwicklung". Entweder verspüre ein Unternehmen eine konkrete Bedrohung - wie zum Beispiel durch Mitbewerber oder einen drohenden Markteinbruch - und sei deshalb gezwungen, zu handeln. Oder es entwickle sich auch ohne äußeren Druck von innen heraus weiter: „Visionen sind auch die entscheidende Quelle von

Inspiration und Innovation, weil die Mitarbeiter ein Ziel und einen Sinn erkennen," sagt Bruch gegenüber dem Google-Magazin *Aufbruch München* von 2016.

„Vision", das klingt schwammig, nach Hokuspokus oder Träumerei. Doch das Gegenteil ist der Fall. Worin sich die meisten Psychologen wie Barbara Schmidt und Erfolgstrainer wie Silva oder Seiwert einig sind: Je konkreter das angestrebte Ziel visualisiert wird, umso eher erreichen wir es. Es reicht also nicht, sich vorzunehmen: Nächstes Jahr werde ich Filialleiterin. Halten Sie es besser wie die Schauspielerin, die sich mit aller verfügbaren Kraft emotional und faktisch in ihre Rolle einarbeitet. Wie fühlt es sich an, Filialleiterin zu sein? Welche Gefühle durchströmen mich, wenn ich daran denke, dass es schon soweit ist? Welches Glück empfinde ich, in einem harmonischen Team arbeiten und es anleiten zu dürfen? Welche konkreten Projekte gehe ich mit dem Team an?

Sobald Sie ein Gefühl, eine Haltung zu diesem Ziel eingenommen haben, konservieren Sie diese. Leben Sie Ihren Alltag in dem Gefühl, sie hätten Ihr Ziel schon erreicht. „Man muss dem Unterbewusstsein das Gefühl geben, die Vision wäre schon erfüllt", sagt Fischer. Und hat dazu auch eine kleine Übung parat, die allerdings mit Vorsicht genossen werden sollte. Zumindest wenn Sie sie - wie Fischer - bei einer Fahrt mit der Deutschen Bahn ausprobieren. „Wenn Sie sich kein Ticket für die erste Klasse leisten können oder wollen, dann kleiden Sie sich zumindest so und laufen Sie so durch den Zug, als hätten Sie eines." Nehmen Sie also ein stinknormales Ticket, aber stellen Sie sich vor, Sie wären Kunde der ersten Klasse. Vielleicht nehmen Sie dort kurz Platz, blättern in einer der herumliegenden kostenfreien Zeitungen oder nippen an ihrem Kaffee aus dem Bordbistro. Lassen Sie Ihren Körper eine Selbstverständlichkeit annehmen, mit der Sie sich in dieser ersten Klasse aufhalten. Ohne ein entsprechendes Ticket dort sitzen zu bleiben, könnte Sie andernfalls eine unangenehme Aussprache kosten - oder ein paar Euro. Soweit müssen Sie es aber auch garnicht kommen lassen. Gehen Sie getrost wieder an ihren eigentlichen Sitzplatz zurück - mit dem Gefühl aus der ersten Klasse. Sie müssen deshalb nicht wie ein Schnösel ins Abteil spazieren. Und ohnehin werden die Tatsachen in der zweiten Klasse der Deutschen Bahn - Überfüllung, Gedränge und schlechte Luft - Sie schnell auf den Boden der Tatsachen zurückholen.

Genau das ist die Kunst: Bewahren Sie trotz alledem die körperliche und geistige Haltung aus dem bequemen Ledersessel des geräumigen Abteils von nebenan. Wenn es Ihr Ziel ist, so erfolgreich zu sein, dass Sie bald nur noch dort mitfahren werden, dann erinnern Sie sich wann immer Sie mögen an das Gefühl - und freuen Sie sich schonmal drauf. Diese Vorfreude wird Sie in Ihrem Ziel unterstützen - und Ihnen den Weg dorthin (oder wohin auch immer Sie wollen) leichter machen. Denn das Leben findet im Hier und Jetzt statt - es bringt also nichts, griesgrämig zu sein, bis Sie am Ziel sind, und sich erst dann zu freuen. Ob im Zug oder auf anderen Wegen ihres Lebens: Tragen Sie das erste-Klasse-Gefühl in sich. Ihre Umgebung wird sich mit der Zeit automatisch anpassen, um den von ihnen anvisierten Zustand auch herzustellen.

Auch die Psychologin und Autorin Barbara Schmidt begründet diese Einstellung mit einer einfachen Erkenntnis: „Weil auf dem Weg zu einem Ziel automatisch Glück abfällt. Wer sich mit einer Vision beseelt, lebt intensiver. Und das Glück ist das Abfallprodukt eines intensiven Lebens."

Ungewöhnliche Erfolgsfaktoren

Auch wenn Ihre Vision bereits der Weg zum Glück ist, können sie ihm hier und da noch ein wenig auf die Sprünge helfen. Und zwar nicht, wie Sie jetzt vielleicht denken, durch einen noch optimierteren Alltag und ein noch enger getaktetes „Zeitmanagement". Fischer liebt es, querzudenken. Nach über 27 Jahren als Firmeninhaber, einigen Krisen und einer Depression fühlt er sich endlich „wachgerüttelt", sagt er. Natürlich schätzt er kleine Helfer, die seinen Alltag wenn schon nicht zeitlich, aber immerhin nervlich entlasten: Siri ist so einer. Dem Apple-Sprachprogramm diktiert er gern Mails an Kunden oder Mitarbeiter. „Das löst erstens das Problem meiner Rechtschreibschwäche", grinst er. Außerdem nutzt er so die Zeit während Autofahrten, um einen Textentwurf einzusprechen, den er später noch einmal in Ruhe durchlesen und überdenken kann: „Ich habe dann nicht die Verführung, gleich auf ‚senden' zu klicken, und weiß trotzdem, dass das Wichtigste schon drinsteht."

Gerade für die sensible Kommunikation mit Mitarbeitern ist das Tool für Fischer Gold wert - und sogar wertvoller als das herkömmliche Telefonieren. „Unternehmer, die wie ich dazu neigen, in stressigen Situationen ungemütlich zu werden, sollten ihre Kommunikation in mehreren Schritten erledigen und so ‚Puffer' einbauen." Also: einmal alles rauslassen, dann redigieren. Und erst dann auf ‚senden' klicken.

Viel wichtiger als technische Unterstützung ist jedoch die Stärkung der eigenen mentalen Kräfte. Eine Vision zu verfolgen, ist dabei das Langzeitziel. Was können wir aber jeden Tag tun, um für unternehmerische Herausforderungen besser gewappnet zu sein? Fischer half dabei vor allem ein Vortrag des Psychologen und Coaches Jens Corssen, den er eher zufällig auf einer Veranstaltung hörte. Eines seiner Themen: Fokussierung auf das Hier und Jetzt und das Mantra: „Wo ich bin, will ich sein". Corssens Konzept des „Selbst-Entwicklers" und sein Weg zu mehr Gelassenheit und Präsenz faszinieren Fischer. Er folgt deshalb einem Ratschlag Corssens, der sich ziemlich absurd anhört. Jeden Morgen, bevor Fischer in sein Auto steigt und ins Büro fährt, stellt er sich in seiner Garage auf einen Stuhl stellt. Er schließt die Augen und sagt: „Tag, ich erwähle dich." Drei Minuten bleibt er stehen, konzentriert sich. Erst dann steigt er ins Auto zur Arbeit.

Klingt verrückt? „Dieses kleine Ritual bestätigt mir und meinem Körper, dass für alles genug Zeit ist. Wenn ich sogar die Zeit habe, morgens mit geschlossenen Augen wie ein Idiot auf einem alten Stuhl zu stehen, dann kann ich mich auch wichtigen Dingen heute ganz in Ruhe widmen", sagt Fischer und lacht. Er schwört: „Wenn ich das mal einen Tag nicht mache, merke ich das sofort – das Stresslevel steigt."

Kapitel 13

Das Gabler Wirtschaftslexikon beschreibt „Entrepreneurship" nicht umsonst als „interdisziplinäres Forschungsgebiet". Schließlich kommen hierbei unter anderem auch methodische Ansätze aus „der Volkswirtschaftslehre, der Geografie, der Soziologie, {und} der Psychologie {...} zum Einsatz." Bei dieser formalen Definition wird deutlich, dass erfolgreiches Unternehmertum nicht nur rein wirtschaftliche Aspekte berücksichtigen muss. Genauso geht es um Dinge, die man in erster Linie nie mit der Vorstellung von „Business" assoziieren würde. „Unternehmer zu sein ist eine Lebensart, also können auch alle anderen lebensrelevanten Aspekte für das Unternehmertum eine Rolle spielen", hat Fischer mit der Zeit gelernt. „Achten Sie deshalb auf Erfolgsfaktoren, die Sie nie mit ihrem Geschäft in Verbindung bringen würden," sagt er heute.

Und meint damit zum Beispiel Frühling, Sommer, Herbst und Winter. „Das klingt jetzt wieder ein bisschen esoterisch", setzt er an. Aber die Auswirkungen des natürlichen Jahreszyklus spürt der Unternehmer mit jedem Jahr mehr. Wie in der Natur sind Frühling und Herbst Zeiten des Wandels, im Sommer und Winter hingegen scheint die Zeit manchmal stillzustehen. Medienleute sprechen vom „Sommerloch", wenn im Juli und August auch das politische Hamsterrad für eine Weile pausiert. Kurz davor, im Mai um Pfingsten herum, geht es deshalb in vielen Firmen rund, meint Fischer. „Wenn es nur irgendwie geht, berücksichtigen Sie bei Ihrer Jahresterminplanung eine Phase im April und Mai, die Sie möglichst freihalten. Seien Sie sicher, dass sich spätestens bis zum Frühling unzählige Termine in diesem Zeitraum wie von selbst anhäufen werden." Er sieht es jedes Jahr an der Terminplanung von Lieferanten und Branchenverbänden: Im Frühjahr wird getagt, sich versammelt, Vertriebsleute arbeiten auf ein erfolgreiches zweites Jahresquartal hin, sie „erwachen quasi aus dem Winterschlaf", sagt Fischer.

Als „kritische Phase" hingegen sieht er den Jahreszeitenwechsel im Oktober und November. „Jetzt ist erfahrungsgemäß der Grad der Unzufriedenheit am höchsten, viele Leute denken an einen Stellenwechsel", weiß er. Im November sei deshalb die Wahrscheinlichkeit, gute Bewerbungen zu bekommen, am höchsten. „Und da ist auch in der eigenen Mannschaft am meisten Zinober", sagt Fischer - und nimmt sich selbst nicht davon aus.

Jetzt ist die Zeit, in der die saisonal abhängige Depression (SAD, s. Kap. 12) zuschlägt. Oder, positiv formuliert: „Die Motivation zur Veränderung ist hoch", sagt Fischer. Wichtige Stellen habe er deshalb als Chef immer Ende Oktober ausgeschrieben, um neue Mitarbeiter in der Phase ihres größten Dranges zur Veränderung einzulernen.

Auch Fischer selbst muss sich jeden anstehenden Winter aufs Neue hinterfragen. Bald sieben Jahre liegt seine Depression nun in der Vergangenheit. „Sicher ist vor ihr aber niemand", sagt Fischer. Dennoch habe er nun einen entscheidenden Vorteil: „Wenn ich den leisesten Anflug von Antriebslosigkeit spüre, weiß ich was zu tun ist: Raus an die Luft, Tageslicht, Bewegung." Die Zyklen der Natur zu missachten hält Fischer für eine fatale Fehlentscheidung. Ihr Kreislauf ist konsequent wie wohl kaum ein Lebewesen auf der Welt. Gerät die Natur aus dem Gleichgewicht, tut sie alles, um es wiederzuerlangen. Dabei ist ihr jedes Mittel recht. Ein bisschen wie in einem Unternehmen: Will es dauerhaft bestehen, muss es Werte pflegen, die es am Leben halten. Diesen Werten müssen sich alle Mitarbeiter verschreiben. Und wer nicht mehr dazu passt, muss eben gehen.

So schreibt auch der Unternehmer und Autor Cay von Fournier: „Beim Transfer von Vergleichen aus der Natur muss {...} stets betrachtet werden, wie das dahinter liegende Wertesystem aussieht. Es ist eben nicht richtig, dass die Stärksten oder Intelligentesten überleben, sondern immer nur die, die am ehesten bereit und in der Lage sind, sich den veränderten Bedingungen anzupassen." Fischer hat gelernt, sich anzupassen. An die Bedürfnisse seines Körpers nach Ruhe und Rückzug ebenso wie an die schwankende Stimmung innerhalb seines Unternehmens - je nach Jahreszeit.

Mit Farben punkten

In der ersten Klasse eines ICE haben Sie vielleicht bereits trainiert, ihre Außenwirkung ganz gezielt durch ihre innere Haltung zu beeinflussen (s.o.). Ihr Umfeld wird aber auch auf äußere Reize reagieren, die Sie bewusst aussenden können. Die Rede ist von Farben.

Wer Raimund Fischer mit seinen spitzen roten Herrenschuhen auf der Branchenmesse M.O.W. in Bielefeld gesehen hat, wird den Effekt verstehen. Allen anderen sei er hier noch einmal kurz erklärt: Die meisten Menschen auf solchen offiziellen Veranstaltungen halten es für die beste Entscheidung, sich in gediegenem schwarz, grau und dunkelblau zu kleiden. Zweifellos eine sichere, weil relativ langweilige und wenig überraschende Wahl. An einen Mann im roten statt im weißen Hemd, ganz gleich ob dick oder dünn, sympathisch oder nicht, wird sich hier jeder erinnern. „Da fragen Sie am besten Mal den Herrn Fischer", hört man einen Miele-Vertreter in einer kleinen Gesprächsrunde sagen, „den mit dem roten Hemd."

„Ich wähle meine Outfits ganz bewusst nach Anlass", sagt Fischer. Dabei kommt recht häufig irgendetwas Rotes heraus. „Die Farbe steht für mich für Dominanz und Kraft", sagt er. Und das suggeriere sie nich nur nach außen, sondern auch ihm selbst. „Wenn ich bei einem Unternehmertreffen nach einigen Stunden echt platt bin und zum Händewaschen auf die Toilette verschwinde, bekomme ich allein durch den Blick in den Spiegel einen kleinen Energieschub", sagt er. Die Wirkung weißer Kleidung beschreibt die Imageberaterin und Wirtschaftsmediatorin Ines Meyrose in Anlehnung an den Ratgeber „Das perfekte Businessoutfit" von Eva Ruppert als „klar, ehrlich und harmlos." Also genau so, wie Raimund Fischer wirken will, wenn er vor Gericht steht. Der Schweizer Fall, bei dem er nur knapp einer Gefängnisstrafe entging, war zwar eine einmalige Angelegenheit. Dass sich der Unternehmer wegen Beschwerden oder Personalfragen als Unternehmenschef auch mal gerichtlich einigen musste, kam aber häufiger vor - auch wenn die Quote im Promillebereich liegt. Bei etwa 850 verkauften Küchen pro Jahr summierte sie sich zum Beispiel auf vier bis fünf Mal.

Das weiße Hemd - sinnbildlich für die weiße Weste, die für Unschuld steht - habe auch auf ihn selbst eine beruhigende Wirkung, ist sich Fischer sicher. „Ich weiß, das klingt nach Kindergarten. Aber Tatsache ist: Das Unterbewusstsein kann sich ja nicht dagegen wehren, dass wir ordentliche, weiße Kleidung als harmlos und angenehm empfinden."

Und tatsächlich hat auch ein Gericht, um beim obigen Beispiel zu bleiben, eine klare Haltung zur Kleidung von Angeklagten, Zeugen oder Zuhörern einer Verhandlung. So bestätigte das Bundesverfassungsgericht zum Beispiel im April 2012 das Verbot eines Landesgerichtspräsidenten aus Potsdam, der das Tragen von typischen Motorrad-Kutten wie denen der Hell's Angels ausgesprochen hatte. Auch nach Gegenklagen von Hell's Angels-Mitgliedern, die einen Kumpanen bei dessen Verhandlung in ledernen Kutten mit geflügelten Totenköpfen Gesellschaft leisteten, lehnte er es ab, sein Verbot zurück zu nehmen. Seine Begründung: Ein massenhaftes Tragen der Kutten stelle eine nicht hinnehmbare Machtdemonstration dar und könnte Verfahrensbeteiligte einschüchtern oder beeinflussen. Auch in Raimund Fischers Schrank hängt eine lederne Motorradmontur, die ihren Träger nicht unbedingt harmlos aussehen lässt. Will Fischer Eindruck hinterlassen, wählt er deshalb lieber sein rotes Hemd. Und das weiße, wenn es wirklich drauf ankommt.

Die Energie der Wochentage

Sie sind Montagsmuffel, feiern Donnerstagabends oft schon auf das Wochenende hin und werden freitags im

Büro von einer gewissen Leichtigkeit getragen? Das liegt wohl einerseits tatsächlich am herannahenden Wochenende. Aber auch in der Astrologie wird jeder Wochentag von einem bestimmten Planeten geprägt - und eignen sich dafür für manche Tätigkeiten besser als ein anderer.

Zumindest, wer das Glück hat, nette Kollegen zu haben, freut sich nach dem Wochenende auch wieder auf die Büro-Geselligkeit am Montag, einem astrologisch gesehen günstigen Tag für alles Gemeinschaftliche und das Einfühlen in andere. Wie war das Wochenende, was machen die Kinder, wie war der Städtetrip? Oft reden wir mit Kollegen ja mehr über solche Dinge als mit engen Freunden - einfach, weil die nicht so oft im selben Raum sitzen. Donnerstagabends ist die Arbeitswoche schon wieder fast vorbei, weshalb viele Clubs und Bars besonders an diesem Wochentag After-Work-Specials anbieten. Zu Recht: Der Donnerstag eignet sich aus Sicht der Sterne gut für Vertragsabschlüsse und Verhandlungen, steht aber auch im Zeichen der Rituale, die hier besonders genossen werden können. Also: Den Donnerstag durchpowern - und abends am besten regelmäßig in ungezwungener Atmosphäre ausklingen lassen.

Raimund Fischer hat nie über astrologische Zusammenhänge nachgedacht, wenn er „knifflige" Termine vereinbarte, wie er es nennt, wenn er damit rechnet, dass es schwierig für ihn werden könnte. Nur fiel ihm irgendwann auf, dass gerade Banken und Anwälte ihn übermäßig häufig Mittwochvormittags zu Gesprächen einluden. „Die Banker wissen, dass sie an diesem Tag meistens selbst fit sind, die Festplatte ist Mitte der Woche voll hochgefahren", sagt Fischer. Er legt seitdem auch selbst gerne berufliche Herausforderungen auf einen Mittwoch, 10 Uhr. „Ich hatte noch nie jemanden, der bei einem komplizierten Thema gesagt hat, da kann ich nicht. Die meisten richten sich diesen Termin ein, wenn es um etwas Wegweisendes geht - weil sie die Kraft dieses Tages kennen." Astrologisch betrachtet steht der Mittwoch im Zeichen von Kommunikation, Präsentationen und wichtigen Verhandlungen. Fischer lacht, als er das zum ersten Mal hört. Und staunt, als auch der Samstag aus Planetenperspektive genau seine Pläne begünstigt. „Ich mache samstags, wenn sonst kaum etwas passiert, gerne reinen Tisch. Zum Beispiel wenn es um eine Abmahnung oder eine Vertragsauflösung geht", sagt er. Tatsächlich bietet sich der sechste Tag der Woche unter Saturn für alle grundlegenden Veränderungen an.

Auch befreundeten Unternehmern und Gründern rät Fischer dazu, bei ihrer Strategie und Terminplanung spirituelle Aspekte einfließen zu lassen. „Wer Planeteneinflüsse und Mondkalender für Hokuspokus hält, sollte es spaßeshalber mal ausprobieren. Verraten Sie einfach keinem, warum Sie den Termin am Mittwoch wollen. Und warten Sie das Ergebnis ab. Ich wette, Sie werden staunen wie ich."

Höhenflüge durch einen vitalen Körper

Den ersten Zusammenhang zwischen Fasten und einer Art Erleuchtung spürte Raimund Fischer bereits bei der Trennung von seinem ehemaligen Geschäftspartner im Jahr 2002. „Nach einigen Tagen ohne feste Nahrung kam ein

Lachen über mich, eine unglaubliche Klarheit, dass es ohne Lange und nicht anders weitergehen würde", erinnert er sich. Die Fastenwoche im Schwarzwald gönnte sich der Unternehmer lange jedes Jahr, mittlerweile wendet er das Verfahren auch privat zuhause an. „Und jedes Jahr bin ich von meinem Umfeld gefürchtet, wenn ich zurückkomme", lacht er.

„Achtung, der Chef ist wieder auf seinem Energie-Trip", sowas hörte man dann hinter verschlossenen Türen der Fischer-Küchenstudios, berichten Mitarbeiter. Und wissen, wovon sie sprechen. Schließlich fühle er sich dann jedes Mal „wie neugeboren", sagt Fischer - entsprechend hoch ist sein Drang, Dinge anzugehen und neu zu sortieren.

Fischer kann eine halbe Stunde über Darmgesundheit referieren, über das erhebende Gefühl nach dem Frühsport – oder nach der einen Minute, die er sich jeden Morgen auf einen Stuhl in der Garage stellt, die Augen schließt und seinem Körper signalisiert, dass er heute für alles genug Zeit hat. Achtung vor den gesundheitlichen Bedürfnissen, Zeitmanagement und Spiritualität sind für ihn wichtige Faktoren, denen er den Erfolg seines Unternehmens mit zuschreibt.

Dadurch hat sich auch sein eigener Lebensstil in 25 Jahren als Firmenchef ebenso wie die Fischer Küchenstudios selbst weiterentwickelt. „Wie sehr die Ernährung unser Wohlbefinden beeinflusst, kann man garnicht unterschätzen", sagt er. Dabei geht es ihm schon lange nicht mehr darum, schlank zu sein. Sein breiter, kräftiger Körper wird nie der eines schlaksigen Athleten sein, das ist ihm klar. Aber er soll stark und gesund sein. Physisch wie psychisch.

Giulia Enders beschreibt in ihrem Bestseller „Darm mit Charme" einen Versuch mit Reizdarmpatienten. Er illustriert, wie belastend bei Menschen mit einem empfindlichen Darm dessen Verbindung zum Gehirn sein kann. Denjenigen Menschen, die zu Verstopfung oder Durchfall neigen und auch häufig psychisch unter der Belastung leiden, wurde ein kleiner Ballon im Darm aufgepustet. Gleichzeitig erstellten die Forscher Bilder der Hirnaktivität. Und stellten fest: „Bei beschwerdefreien Testpersonen bekam man ein normales Hirnbild ohne auffallende Gefühlskomponenten. Bei den Reizdarm-Patienten dagegen löste das Ausdehnen des Ballons eine deutliche Aktivität in einem emotionalen Hirnbereich aus, in dem sonst unangenehme Gefühle verarbeitet werden. {...} Die Patienten fühlten sich schlecht, obwohl sie gar nichts Schlimmes getan hatten."

Auch Enders weist auf eine höhere Rate an Depressionen und Angstzuständen bei Reizdarmpatienten hin. Das Problem ist: Einen Reizdarm haben, das klingt wie eine nun mal vorhandene Krankheit, die man entweder hat oder nicht, ohne großen Einfluss darauf haben zu können. Dabei können wir in Stressphasen sehr wohl beeinflussen, ob unser Darm sich unangenehm bemerkbar macht oder nicht. Muss unser Gehirn sich mit einer im negativen Sinne außergewöhnlichen Situation arrangieren, leiht es sich vorübergehend Energie aus dem Darm, der dafür seine

Verdauungsanstrengungen herunterfährt. Auf die Dauer ist das aber keine Lösung: Gönnen wir uns und unserem Gehirn keine Pause, keine Erholung oder Verschnaufpause vom Stress, macht das den Darm auf Dauer krank - er ist dauergereizt, so die Forscherin.

Seit einigen Jahren gehen Wissenschaftler der Beziehung zwischen Darm und Gehirn nach - mit zum Teil verblüffenden Ergebnissen. So veröffentlichte der Gastroenterologe Emeran Mayer von der University of California in Los Angeles gemeinsam mit Kollegen im Sommer 2013 die Ergebnisse einer Untersuchung, in deren Rahmen zwei Versuchsgruppen vier Wochen lang regelmäßig unterschiedlichen Joghurt gegessen hatten. Die eine Gruppe nahm nur einen speziellen Joghurt mit probiotischen Bakterien zu sich, die andere herkömmlichen Joghurt bei ansonsten gleichbleibender Ernährung. Tatsächlich reagierten nach den vier Testwochen die Versuchspersonen mit dem probiotischen Joghurt weniger stark auf negative Reize als die andere Gruppe - zur großen Verwunderung des Forschungsleiters Mayer: „Ich hatte damit gerechnet, dass es keinen Unterschied zwischen den Joghurt-Gruppen gibt", sagte er einer Journalistin des Spiegel zu dem Versuch.

In einem anderen Versuch träufelte ein Psychiater seinen Probanden entweder Fettsäuren oder Kochsalzlösung direkt in den Magen, sodass es für sie unmöglich war zu erkennen, was sie da zu sich nahmen. Dabei spielte er ihnen eher traurige und neutrale Musik vor. Das Ergebnis: Die Menschen mit der Kochsalzlösung im Magen bekamen zunehmend gedrückte Stimmung, die mit dem Fett waren dagegen resistenter, beschreibt die Spiegel-Journalistin den Versuch. Vor allem Omega-3-Fettsäuren scheinen Entzündungs- und Reizreaktionen zumindest zu dämpfen. Wieviel davon in Raimund Fischers Fall Placebo und was tatsächlich nachweisbar biologische Reaktionen sind, ist zumindest ihm egal. Nach der jährlichen Darmsanierung fühle er sich wie ein neuer Mensch, gesund und vital. „In einem vitalen Körper kann der Geist Höhenflüge erleben – und Visionen auch umsetzen", sagt er. Es bleibt zu vermuten, dass das sein eigentlicher Grund für die Darmhygiene ist: Gesundheit ist die eine Sache, wichtig, heilig gar. Die andere Sache - und für Fischer das bedeutsamste Lebenselixier - ist die Dynamik, die Lebensfreude, das Gefühl, noch immer alles jederzeit möglich machen zu können. Und auch an diesem Gefühl ist der Darm unter Umständen nicht ganz unschuldig.

Kapitel 14

Wie Sie Ihre Exit-Strategie planen und umsetzen - ein Beispiel der Fischer Küchenateliers.

Zum Erfolg gibt es keinen Lift. Man muß die Treppe benützen.

(Emil Oesch, Schriftsteller und Verleger)

Alles begann mit einem Anruf im Frühjahr 2018. Fischer kommt gerade von seiner obligatorischen Fastenwoche, er ist für den Moment energiegeladen, doch schon seit einiger Zeit spürt er, dass er einen Plan braucht: Einen Nachfolger. Herr G., den er schon 2016 als Verkaufsleiter angeworben und ihm Geschäftsanteile in Aussicht gestellt hatte, macht sich zu diesem Zeitpunkt bereits gut. „Erstaunlich ist aber, wie das Spirituelle für einen arbeitet, wen man sich mit etwas intensiv gedanklich beschäftigt", ist sich Fischer sicher. Er sollte Recht behalten. Herr G. würde einige Monate später tatsächlich Geschäftsführer der Fischer Küchenateliers werden. Aber bis dahin sollte noch viel passieren: Der Anruf nach Fischers Fastenwoche kommt von einem Herrn, der zuerst nicht viele Worte über sich verlieren möchte. „Er sagte, er steht vor meinem Küchenstudio in Offenburg und wolle wissen, ob er da mit einem Küchengeschäft einziehen könne", erinnert sich Fischer. Ein Missverständnis: Der Ofenbauer, an den Fischer im selben Gebäudekomplex untervermietet hatte, schloss zu der Zeit sein Geschäft und bewarb seinen Ausverkauf.

Man suche derzeit nach neuen Märkten im Süden von Deutschland, fährt der Mann am Telefon fort, ob man darüber einmal sprechen wolle? „Da war mir klar, dass da kein kleiner Händler am Telefon ist", sagt Fischer zu sich, und in sein Handy: „Das kann doch nur Mandemakers sein." Der Mann bejaht.

Wenige Wochen später, kurz vor Ostern 2018, sitzt Fischer mit einem Vertreter der Culinoma an einem Kneipentisch in Freiburg. Die deutsche Tochter der niederländischen Mandemakers Gruppe erwirtschaftet hierzulande nach eigenen Angaben 230 Millionen Euro, die Mandemakers Gruppe selbst hat einen jährlichen Umsatz von etwa 1,5 Milliarden. Fischer wusste, mit wem er da zusammensaß, empfangen wird er mit einer Verschwiegenheitserklärung und vielen Fragen zum Unternehmen. Fischer vermutet, dass die Gruppe zuerst einen seiner direkten Konkurrenten im süddeutschen Raum bezüglich eines Verkaufs angesprochen hatte. Dort hat aber ein erwachsener Sohn des Gründers die Geschäfte übernommen. Keine Alternative für Fischer:

> *„Aus meiner Sicht gibt es grob gesehen drei Arten, die eigene Nachfolge zu regeln. Erstens kann die Firma an jemanden aus dem Betrieb, eine oder zwei Personen, überschrieben werden, ohne dass er oder sie allzu viel Geld bezahlen müssen - über Tantiemen, einen Investitionskredit für die Nachfolge oder Ähnliches. Auch bei einer innenfamiliären Lösung muss der Verkäufer eine gewisse Kapitalsumme bekommen, das kann auch über eine Art Verrentung geklärt werden. Die dritte Möglichkeit ist die Übernahme von außen, unterglie-*

dert in verschiedene Möglichkeiten: Den klassischen Kauf mit Klärung der Rahmenbedingungen, Übernahme, zack. Oder der erste Schritt des Verkaufs ist die Beteiligung, dann eine Mehrheitsbeteiligung. Der zu Übernehmende bekommt dafür einen Geldbetrag und behält die restlichen Anteile. Die restlichen anteiligen Gewinne, die ihm zustehen, lässt er sich über einen gewissen Zeitraum ausschütten, zum Beispiel zwei Jahre oder mehr. So werden die verbleibenden Anteile dem Verkäufer nach und nach ausgezahlt, ohne dass der Investor zu viel Geld auf einmal bereitstellen muss. Das wird am Markt sehr häufig so gespielt."

Ausschlaggebend für die Art der Exit-Strategie ist laut dem Online-Business-Magazin Förderland aber auch die ursprüngliche Absicht, mit der das Unternehmen einmal gegründet wurde. Gerade im Bereich Wagniskapital, das zum Beispiel häufig bei der Gründung von Start-Ups ins Spiel kommt, macht es Sinn, einen gewinnbringenden Verkauf von vornherein mitzudenken und entsprechend zu planen - um dann aus dem Unternehmen auszusteigen, wenn die eigenen Anteile möglichst gewinnbringend veräußert werden können. Natürlich geht es beim Verkauf eines Unternehmens oder von dessen Anteilen möglichst immer darum, damit auch Gewinn zu machen. In vielen Branchen wie dem Handwerk oder dem Einzelhandel ist es aber zunehmend schwierig, Nachfolger zu finden, sodass Eigentümer statt eines Verkaufs einfach abschließen oder schlimmstenfalls Insolvenz anmelden. Ein Unternehmen kann auch liquidiert werden, das heißt, das alle Vermögensgegenstände der Firma veräußert werden, um sie in Bargeld umzuwandeln. Das Unternehmen selbst wird dann aufgelöst. Auch für Raimund Fischer wäre der Gedanke, sein Unternehmen in Ermangelung eines Nachfolgers einfach aufzugeben, sehr schmerzhaft gewesen. Für viele mittelständische Familienunternehmen ist die eigene Firma ein Stück Lebenswerk, sie gehört zu ihrer Identität. Mit der Aussicht auf eine Nachfolgeregelung durch Herrn G. konnte Fischer ab 2016 wieder ruhig schlafen. Da ahnte er noch nicht, welches lukrative Angebot auf ihn zukommen würde.

Das Glück des Tüchtigen

Dennoch war für Fischer klar: Bei einem Verkauf würde er nicht länger als Geschäftsführer zu Verfügung stehen wollen, er bevorzugte einen schnellen Abschluss - obwohl ein klassisches Übernahmemodell häufig vorsieht, dass der ehemalige Eigentümer für eine zweijährige Übergangslösung zur Verfügung steht. „Ich glaube, ich hätte mental meine Probleme gehabt, in meinem dem Gefühl nach irgendwie immer noch eigenen Laden als Abgesandter eines Konzern handeln und dessen Vorgaben umsetzen zu müssen", gesteht er. Denn „sein Laden", das sind die Fischer Küchenateliers zu diesem Zeitpunkt seit über einem Viertel Jahrhundert. „Mir war wichtig, dass es eine faire Übernahme auch für meine Mitarbeiter wird", erklärt Fischer. Mit dem Konzept des Share Deals, das Fischer mit Culinoma vereinbarte, sollte alles so übernommen werden wie es war. Der Share Deal ist eine Spielart des klassischen Verkaufs an ein anderes Unternehmen oder eine Beteiligungsgesellschaft. Während beim Asset Deal in der Regel Einzelbestandteile unter jeweils eigenen Erwerbsvoraussetzungen übernommen werden, erwirbt der Käufer beim

Share Deal die Anteile der zum verkauf stehenden Gesellschaft(en) und tritt in sämtliche rechte und Pflichten des Verkäufers ein.

Im Rahmen des Share Deals übernahm die Culinoma auch alle Mitarbeiter, die Fischer jedoch einzeln beurteilen musste. Auch da habe es Szenen gegeben, die er nicht für möglich gehalten hätte, meint Fischer. Während er die Sorge vieler Mitarbeiter verstehen konnte, raubten ihm andere die Nerven: „Ein Mitarbeiter rief an und fragte, ob ich nicht noch schnell 500 Euro mehr Gehalt in seinen Vertrag schreiben könnte vor der Übernahme. Dem habe ich freundlich erklärt, dass ich wegen seiner illegalen Ideen nicht meinen Deal gefährden würde." Aber auch Fischer selbst wurde zum Bittsteller oder spürte ein wenig, wie sich das anfühlt: Zum Beispiel, als er sich nach dem Verkauf bei seinem ehemaligen Verband MHK meldete und sich als potenzieller Berater für Übernahmeregelungen anbot. „Die haben mich schon spüren lassen, dass ich jetzt erstmal keiner mehr von ihnen bin", erzählt Fischer, es geht ihm spürbar nahe. Allerdings bei Weitem nicht so sehr wie die Ereignisse, die sich im Sommer und Spätsommer 2018 geradezu überschlugen.

Am 28. August 2018 sind Fischer, seine Frau und die Vertreter der Mandemakers Gruppe bei Fischers Notarin. Der Deal ist besprochen, die Übernahme beschlossen, mehrere Millionen soll Fischer für seine Gesellschaften bekommen, genaue Zahlen sind Teil einer Verschwiegenheitserklärung. Trotz der Alno-Pleite im Jahr vor der Culinoma-Übernahme (s. Kapitel 12) ist Fischer mit dem Vertrag zufrieden, eine Klausel darin regelt alles Wichtige zum Thema Alno. Die Notarin öffnet eine Flasche Champagner, „so einen Vertrag unterzeichnet die auch nicht jeden Tag", sagt Fischer über die Expertin, die ihn seit Jahren treu berät.

Ist Fischers Fall, in dem ein Unternehmer ohne jegliches Aussprechen eines Nachfolgewunsches außerhalb eines vertraute Kreises ein Kauf angeboten wird, ein Glücksfall? Eine Ausnahme? „Glück war es sicher", sagt Fischer, „aber das Glück des Tüchtigen." Ein Branchenkenner habe ihm das bestätigt: „Wenn ich mit meinem Unternehmen aktiv an den Markt gegangen wäre nach dem Motto: Hallo, ich möchte verkaufen, hätte ich den mit Culinoma vereinbarten Vertrag nie erzielt. Ich habe daraus für mich den Schluss gezogen: Wenn wir nicht so radikal expandiert hätten, wenn wir nicht so auf die Kacke gehauen hätten - Messen, Werbung, ‚den Fischer nach draußen kehren' -

dann wären die niemals auf unsere Gruppe aufmerksam geworden."

Auf dieser Erkenntnis basiert auch viel des Wissens, das er mittlerweile als Business-Coach an andere Unternehmer, angehende Gründer oder solche, die ihr Unternehmen abgeben wollen, weitergibt. „Das Beratungsgeschäft ist ein reines Persönlichkeitsgeschäft", sagt er, „und meine Persönlichkeit ist so aufgebaut, dass ich Ziele brauche, Visionen - ob es meine sind oder ob ich anderen dabei helfen kann, ihre zu erreichen, ist relativ egal. Die Droge ist es, gebraucht zu werden." Durch seine zahlreichen Erfahrungen als Unternehmer habe er nach all den Jahren für „jeden Unternehmer, mit dem ich spreche, eine Lösung im Kopf". Fischer wirkt wie berauscht, als er in dem Freiburger Café am Schlossberg von seinem Coaching-Unternehmen erzählt. Er hat seine neue Berufung gefunden.

„Ich fühle mich ein bisschen in die Zeit zurückversetzt, als ich mir 1996 das Baugrundstück in Gutach für meine erste Filiale angeschaut habe. Dann hatten wir den Plan das Gebäude hin zu bauen aber es war klar, du brauchst 1,5 Millionen Umsatz, um das überhaupt bauen zu können. Und dann ist mir das in meinem Mini-Studio am Kirchberg in drei Jahren gelungen - dann haben wir das Große gebaut." (vgl. Kapitel 2)

Auch dieses Hochgefühl, dieses neue Gebraucht-werden musste Fischer sich langsam erarbeiten. Nach dem Notartermin Ende August 2018 beruft Fischer eine Mitarbeiterversammlung für den 4. September ein. Dunkle Stühle und Holzbänke sind in Reihen aufgestellt, an der roten Wand des Küchenateliers ist die Firmengeschichte in Schwarz-Weiß-Fotos dokumentiert. Fischer zittert, er ist noch immer sehr emotional, wenn er an diesen Tag zurückdenkt. Die Rede, die er halten wird - sieben Seiten in groß gedruckter Schrift und einfachen Sätzen - hat er sich in weiten Teilen schreiben lassen, seine Gefühle zum Verkauf kommen aber so deutlich daraus hervor, dass jedes Wort direkt aus Fischers Seele zu sprechen scheint:

„Gemeinsam mit meiner Frau Bianca und euch allen haben wir das Unternehmen über die vergangenen 27 Jahre aufgebaut und zu einem der größten und leistungsfähigsten Küchenhäuser gemacht. Ich habe dabei viel von euch, von meiner Familie aber auch von mir selbst verlangt, um meinen Lebenstraum zu erfüllen. (...) Ich habe mich entschlossen, einen Teil der Verantwortung abzugeben und mich dem Wichtigsten in meinem Leben, noch vor unserem Unternehmen, nämlich meiner Familie mehr zu widmen und dieser einen Teil dessen, was sie für mich getan hat, zurückzugeben. Mir ist bewusst, dass das ein Privileg ist."

Fischer liest diese Zeilen ohne zu stocken, er hält sich genau an den Wortlaut. „Hätte ich das alles frei gesprochen, wie ich sowas sonst zu tun pflege, wäre ich vom Hundertsten ins Tausendste gekommen. Und ich hätte losgeheult", sagt er und hebt die Hände vom Tisch, Handflächen nach oben, als wolle er sich entschuldigen. Aus genau diesem Grund wollte seine Frau Bianca an diesem Tag nicht mit dabei sein. Zu schmerzlich, so Fischer, sei für sie die Vorstellung gewesen, in die Gesichter ihrer teils jahrzehntelangen Mitarbeiter zu blicken, wenn die Geschäftsübergabe verkündet wird. Dabei wurden alle Mitarbeiter übernommen, „alles bleibt, wie es ist", betont Fischer in seiner Rede. Auch an seine engsten Familienmitglieder schreibt Fischer nur eine knapp formulierte Messenger-Nachricht: „Die Fischer Holding GmbH hat zum 30.8.2018 all ihre operativen Gesellschaften verkauft. Somit steht meine Person nicht mehr in der Verantwortung. Näheres gerne wenn wir uns sehen", schreibt er am 8. September 2018 in die Familien-Chatgruppe. „Ich weiß noch genau, wie ich das an einem Sonntagmorgen allen geschickt habe, ich konnte nicht mehr schlafen", erinnert er sich. Mittlerweile haben sich alle Wogen um den Verkauf geglättet, auch intern. Für seine Mitarbeiter sei der Anfang nicht leicht gewesen: „Mandemakers empfahl mir, am ersten Tag direkt nach der Verkündung des Verkaufs nicht im Geschäft zu sein - die Leute bräuchten dann Ruhe und Raum, sich auszutauschen und ihre Bedenken und Gefühle zu teilen." Am 4. September waren Käufervertreter noch bis in die Abendstunden für die Fragen der Angestellten da gewesen, in ungezwungener Atmosphäre, bei Häppchen und Getränken. „Nach mir", sagt Fischer, „hat da schon keiner mehr gefragt."

Vom Boss zum Nobody

Es ist Februar 2020, die großen Branchenmessen im Frühjahr und Herbst des Jahres liegen noch Wochen bis Monate weit entfernt, und doch spürt Fischer, wie etwas ihn kitzelt - und, wenn er ehrlich ist, ein wenig betrübt. „Der Verlust der Bedeutung in der Küchenbranche", fängt er an und grübelt, „nicht, dass ich dem Unternehmen hinterhertrauere, aber diese Bedeutung fehlt mir schon ein wenig." Fischer hat einen rosigen, gebräunten Teint, er hat ein paar Kilo zugelegt seit er verkauft hat, „das passiert, wenn es mir zu gut geht", sagt er und grinst. Zwar halte er einen strikten Tagesablauf ein in seinem neuen Büro in Gutach, mit Kundengesprächen und morgendlicher Mediation. „Aber so langsam spüre ich wieder den totalen Drang, nach vorne zu preschen - und es zu Ansehen zu bringen", gibt er zu. Das Geld vom Verkauf hat er fast vergessen, „ich habe alles, was ich mir wünsche. Es gibt mir nichts, auf Geld zu sitzen, ich möchte, dass es sich vermehrt - und zwar aus eigener Kraft, mit meinem Zutun", sagt er, seine Worte beschleunigen sich wie von selbst. Auf vielen Seminaren hat er sich nebenher in die Finanzwelt eingelernt, mit einem Unternehmer aus Norddeutschland plant er eine mögliche Kooperation: Seminare über den Umgang mit Kapital für Menschen, die zwar welches besitzen, denen das aber bei Weitem nicht ausreicht. Die möchten, dass es für sie arbeitet. In dem guten Vierteljahrhundert als Unternehmensleiter hat er viel über die Börse, Währungsspekulationen und die Kommunikation mit Banken gelernt (s.a. Kap. 7) - auch in diesem Bereich ist es sein Anliegen, Wissen zu vermitteln. „Auch hier will ich den Leuten Mut machen - gerade in Deutschland, wo die Menschen noch immer Angst haben, in Aktien zu investieren." Außerdem habe man hierzulande noch häufig eine verklemmte Einstellung zum Geld. Ein einfaches Experiment bestätigte ihn in dieser Ansicht: Auf einem Finanzseminar in Hamburg forderte der Seminarleiter alle Teilnehmer, die meisten Männer um die Mitte 30, dazu auf, alles Bargeld auf den Tisch zu legen, dass sie bei sich trügen. Manch einer zückte 50 Euro, ein anderer nur 20, ein dritter hundert Euro in Scheinen. Raimund Fischer zieht insgesamt 2000 Euro aus seiner Tasche, dazu noch einige Schweizer Franken und kroatische Kuna, im Geldbeutel hat er nochmal 500 Euro in bar. Wozu? „Das ist meine Psyche, ich brauche das", sagt er. Denn er ist sich sicher: „Wer gern wenig Geld mit sich herumträgt, weil er Angst hat, es zu verlieren, der wird es auch nicht so schnell vermehren. Angst, das habe ich mehrfach gelernt, ist ein schlechter Ratgeber."

Dennoch gibt es für hinsetzt neue Hürden, für die das Bargeld in seiner Tasche irrelevant ist. Zu den großen Branchenmessen der Küchen- und Möbelindustrie habe er nun erstmal keinen Anlass, dabei zu sein. „Jetzt bin ich ein Nichts. Früher war es so, wenn ich irgendwo aufgetaucht bin, hat jeder Zusammenarbeit mit mir gesucht. Klar, letzten Endes ist es der schnöde Mammon, der das regelt, unser großes Einkaufsvolumen, da warst du halt überall, wo du aufgetreten bist, der Held, jeder hat die Zusammenarbeit mit mir gesucht. Daran kann man sich gewöhnen. Aber das macht nichts, ich bin jetzt an anderer Stelle wieder bedeutender - bei meiner Familie. Und ich habe schon viele spannende neue Aufträge. Aber einfach ist es immer noch nicht," gibt Fischer zu. Sein Langzeitziel: Der Branche, aus der er stammt, wieder beratend zur Seite zu stehen. „Ich weiß, wie viele Küchenhändler ein Nachfolgeproblem haben, und das wird über Kurz oder Lang auch zum Problem des Verbandes", weiß er. Er ist sich aber auch bewusst: Seine Lorbeeren muss man sich verdienen, ob als Küchenhändler oder als Berater. Seine ureigene Motivation und seinen Siegeswillen hat er schnell wieder gefunden, das Geld, das er für sein Unternehmen bekommen hat, spielt dabei keine Rolle. „Klar habe ich ein wenig pausiert, Immobilien gekauft, einen schönen Urlaub mit der Familie gemacht. Aber ich kann nicht stillstehen. Ich muss mein Wissen weitergeben", sagt er. Dass der Verkauf schnell über die Bühne gebracht war und er in den Küchenateliers kaum mehr beratend gebraucht wird, begrüßt er: „Aber ich bin mir sicher, auch ohne Verkauf hätte ich die Probleme, die wir so hatten, inklusive der Folgen der Alno-Insolvenz, wieder gelöst - mit meinem unternehmerischen Anpacken und gemeinsam mit meinen Mitarbeitern. Ich finde immer einen Weg."

Sein Wissen zu vermarkten ist sein neues Geschäftskonzept: Real Good Business. Dabei setze er wie bei jedem Neuanfang auch auf die Kraft der Spiritualität:

„Wenn ich morgens meditiere, hole ich mir dazu Bilder der Zukunft - ein bisschen wie früher mit der da-Silva-Methode. Letztens hatte ich das Bild eines großen Büros, ich stand in einem offenen Raum und hielt einen Vortrag. Erst am nächsten Morgen ging mir ein Licht dazu auf: Auf einem meiner Gebäude in Gutach habe ich mir Büroräumlichkeiten auf das Flachdach anbauen lassen. Jeder, dem ich mein Bürokonzept zeige, sagt: Der große Raum wird schwer zu vermieten, weil dahinter noch dein eigenes Büro platziert ist. Beim Hineinspazieren in eben dieses dachte ich: Vielleicht muss das genau so sein. Dieser große Raum wird vielleicht nie ein fremdes Büro - sondern mein Seminarraum."

Kapitel 14

Die Idee, sich das eigene Büro schlichtweg selbst zu bauen, stammt von einem Elztäler Unternehmer, den Fischer regelmäßig auf einem Handwerkerstammtisch in seiner Heimatgegend trifft. Denn obwohl es seit dem lukrativen Verkauf der Gesellschaften der Fischer Holding auch viel Geschwätz im Dorf gibt, spürt Fischer sie wieder, die Kraft seines Ursprungs, seiner Heimat. Menschen, die ihm wohl gesonnen sind. Und die ihn immer wieder zu überraschen vermögen: So trifft er im Herbst 2019 bei einem Einkaufsbummel mit seiner Frau auf genau jenen Tankstellenbesitzer, an dessen Theke sich am Wochenende gerne ein paar Kumpels zum Bier treffen - eben diese Kumpels, die Fischer zwar schätzt, denen er aber auch zeitweise eine gewisse Missgunst oder ein Unverständnis für sein geschäftliches Engagement unterstellte (siehe Kapitel 2). Und natürlich musste der Tankstellenbesitzer eindeutige Fragen stellen. „Fischer, was machsch au jetz?" Und Fischer erzählt, von seiner Beratung, von den Herausforderungen anderer Unternehmer, denen er mit seiner Erfahrung unter die Arme greift. Und von den Möglichkeiten für Unternehmer, die ihren Exit planen. Genau der kommt auch auf die Tankstellenbesitzer zu - ein Ehepaar über 60, kein Nachfolger in Sicht. Fischers Karte hat er umgehend eingesteckt.

„Ihr kennt mich, Angriff ist die beste Verteidigung", liest Raimund Fischer am 4. September 2018 von seinem Blatt ab. „Unser Unternehmen hat eine Größe erreicht, die es angreifbar macht. Deshalb haben wir zum Wohle des Unternehmens die Nähe zu einem starken und erfahrenen Partner gesucht", erklärt er die Übernahme, die aber auch, wie von ihm geplant und umgesetzt, Herrn G. als Geschäftsführer vorsieht. Dem 31-Jährigen hat Fischer das Kaufangebot von Mandemakers noch vor allen anderen Mitarbeitern mitgeteilt, er wollte ihn von Anfang an einbeziehen. An einem Sommerabend 2018 lädt er den jungen Verkaufsleiter auf seine Terrasse nach Oberwinden ein, legt Zahlen offen, macht ein Angebot: Er könne entweder für sein Engagement der vergangenen Jahre fair entlohnt werden - oder nach Verkauf Geschäftsführer werden. Da auch die Käufer sich ein persönliches Bild von Herrn G. machen konnten und zufrieden waren, lief alles nach Fischers Plan. Dennoch wird er den 4. September 2018 noch lange in Erinnerung behalten, die auch in einem warmen Café bei heißer Gulaschsuppe Gänsehaut bei ihm auslöst. Er schließt mit den Worten: „Ihr habt mir immer Kraft gegeben. Ohne Euch wären wir nicht so weit gekommen. Ihr seid die Zukunft - und ihr könnt sie mitgestalten." Von vielen Mitarbeitern hat Fischer auch nach einiger Zeit noch Verständnis und Dank erhalten. Mit dem Abschied von den Fischer Küchenateliers ging 2018 ein Lebenskapitel für Fischer zu Ende - und schaffte Platz für neue Herausforderungen.

Kapitel 15

Statt eines Schlusswortes: Haben Sie Mut zur Grenzerfahrung.

Mut ist der Preis, den das Leben verlangt, wenn es Frieden mit dir schließen soll.

(Amelia Earhart, US-Flugpionierin)

Über den Unternehmer, Hotel- und Fluglinien-Investoren Hans Rudolf Wöhrl, dessen Name vor allem durch die gleichnamigen Modehäuser bekannt wurde, schrieb das Handelsblatt: „Er bricht auch Regeln, die in der Branche als unveränderbar galten", und weiter: „So gelang es ihm, Flugzeughersteller und Flughäfen zu Rabatten und Partnerschaften zu motivieren," natürlich, nachdem er für wenig Geld bei einer Airline eingestiegen war. Mit seiner „verbindlichen Art" habe er dann, wenn die Zahlen der oft in marodem Zustand von ihm übernommenen Fluglinien sich besserten, noch immer einen Investoren gefunden. Und somit sein Ziel erreicht. Das Handelsblatt beschreibt die so von ihm durchgesetzte „Sanierung in drei Schritten" - bei der er stets nicht nur von seiner unternehmerischen Erfahrung profitierte, sondern auch von seiner Fähigkeit, über Grenzen hinweg zu denken.

„Unternehmer sein bedeutet, eine Idee zu haben, der man sich mit Leib und Seele verschreibt, bedeutet nur das Ziel im Auge zu haben und den Weg dorthin ausblenden zu können," schreibt der mittlerweile über 70-jährige Wöhrl auf seiner Homepage. Sicher beschreibt der Investor damit die Haltung vieler Unternehmer und Gründer. Wer seinen Lebensweg zurückverfolgt, stößt auf ein interessantes, wenn auch winziges Detail, das sich ähnlich auch bei Raimund Fischer wiederfindet: Den Mut zur Grauzone. So beschreibt der 1947 als Sohn einer Kaufmannsfamilie geborene Nürnberger auf seiner Webseite:

„Als Schüler hatte ich (...) natürlich viele Wünsche, aber kein Geld. Also überlegte ich, wie ich meine pubertären Leidenschaften wie Ausgehen, den Kauf eines Radioapparates usw. finanzieren könne. Zunächst organisierte ich in den Nebenzimmern von Lokalen Schülerparties. Geringer Eintritt lockte die Gäste und deren große Anzahl, deckte die Kosten bei weitem. Mein Sinn stand nach größeren, dauerhaften Domizilen und so beschwatzte ich einen Hauseigentümer, mir für wenig Geld seinen Kartoffelkeller zu vermieten. Der erste Club war geboren, der zweite folgte wenige Monate später! So ganz legal war das nicht, aber die gelegentlichen Polizeikontrollen verliefen ergebnislos, weil ich mich konstant weigerte, Alkohol auszuschenken und die übrigen Getränke zum Einkaufspreis abgab."

Neben einer großen Portion Einfallsreichtum gehörte zu einem solchen Plan wohl vor allem Courage, eine gewisse Mir-doch-egal-Mentalität - und der Drang zu testen, wie weit er gehen kann. „Jeder Mensch hat an jedem Tag in seinem Leben die Chance, sich für sein Glück zu entscheiden," lautet ein Credo der Psycho-Logik Jens Corssens, die die Psychologin Barbara Schmidt als seine „Philosophie des Zwinkerns" zusammenfasst. Viele Menschen scheiterten allerdings daran, sich für ihr Glück zu entscheiden - oder wagten nicht einmal, es sich auszumalen. „Aus Angst", sagt Fischer, der das Gefühl nur zu gut nachvollziehen kann.

Er rät, sich in solchen Phasen zuallererst auf die eigene Kindheit zurückzubesinnen. Was war Ihr ganz persönlicher weißer Mercedes vom Oberwindener Dorfplatz, um bei Fischers Beispiel zu bleiben? Was hat Sie im Leben zu allererst berührt, Ihnen ein Ziel vor Augen geführt - wenn auch nur auf symbolische Art? Wann haben Sie angefangen, diesen Traum als unrealistisch abzutun? Nehmen Sie ihn wieder fest in die Hände und in Ihr Herz. „Vernunft ist wichtig", sagt Fischer, „aber ohne ein wenig Leichtsinn, mit Betonung auf leicht wie Leichtigkeit, treten Sie im Leben auf der Stelle."

„Auf die Fresse gekriegt" habe er wegen seines Leichtsinns oft genug. Gerade dadurch habe er aber gelernt, sich zu wehren - und im Zweifel auch mit nicht „ganz legalen" Mitteln, wie auch Unternehmer Hans Rudolf Wöhrl seine nächtlichen Clubs bezeichnet, zu kämpfen.

„Einen riesigen Denkzettel habe ich bekommen, als wir einen Auftrag eines damaligen Saunahauses in Freiburg-Hugstetten bekamen. Das Auftragsvolumen betrug 260.000 Mark, sehr viel Geld für uns damals. Abgemacht war, dass bei Auftragserteilung die ersten 100.000 Mark überwiesen werden, nach sechs Wochen der Rest.

Das Geld ist auch größtenteils geflossen - nur dass während des Innenausbaus des Saunahauses zusätzliche Arbeiten mit Kosten von über 100.000 Mark anfielen. Leider ging dem Auftraggeber das Geld aus: Sein Saunahaus samt Attica-Geschoss hatte er für vier Millionen gebaut, etwa eine halbe Million konnte er nicht bedienen. Bei uns, damals noch meinem Geschäftspartner und mir, stand er mit 160.000 Euro in der Kreide.

Die Idee des Bauherren war dann, alle Gläubiger, also alle Handwerker, die mit ihm gearbeitet hatten, mit einem Vergleich zu bedienen. Mithilfe eines Insolvenzanwalts setzte er das auch durch: Alle bekamen 20 Prozent ihrer Forderungen, wir also 32.000 von 160.000 Mark.

Wir erstritten daraufhin rechtlich eine Lohnpfändung des Inhabers, so dass wir uns das Geld hätten holen können, auch wenn es 30 Jahre gedauert hätte. Und dann? Reicht eine örtliche Bank eine Bescheinigung ein, laut der der Betreiber des Saunahauses seinen Lohn bereits vor dem Bau an diese Bank abtritt. Schließlich steckte sie in der Finanzierung der vier Millionen zur Hälfte mit drin. Mein Anwalt sagte damals: Herr Fischer, dieses Dokument ist von den Bankern gefälscht, wir werden es ihnen aber niemals nachweisen können."

Fischer willigte also zunächst in den Vergleich ein. Als kurz darauf eine kleine Reklamation seiner Arbeit im Saunahaus folgte, beschloss er kurzerhand, sich das nicht weiter gefallen zu lassen:

Kapitel 15

"Ich habe alle Mitarbeiter zusammengerufen und wir haben einen Termin gemacht, offiziell zur Behebung der Reklamation. Im Saunahaus hatte wir eine zehn Meter lange Theke montiert, riesengroß. Wir haben beschlossen, sie uns zurückzuholen - also sie herauszureißen. Das war zwar rechtlich fragwürdig. Aber wir waren schließlich beschissen worden. Mit meinem heutigen Wissen würde bei der entsprechenden Bank hereinmarschieren, einen Termin beim Vorstand wollen und sagen, hör zu, mein Freund, ich willige niemals in den Vergleich ein. Niemals. Außer, du bedienst mich hintenrum. Ich bin mir sicher, da würde etwas stattfinden. Nur habe ich mich das damals nicht getraut, mit meinem Wissen von 1999.

Also musste die Theke raus. Wir hatten einen Ablaufplan, meine Mitarbeiter wussten genau Bescheid. Vier Autos standen um die Ecke, dazu ein LKW. Es war klar, sobald die Jungs drin sind zur „Behebung der Reklamation", machen sie sofort die Seitentüren auf und rufen an. Dann haben wir innerhalb von 20 Minuten ein Stück Zaun niedergerissen, sind alle reinmarschiert, haben die Theke rausgerissen, die Zuleitungen abgezwickt, die Wasserleitungen durchgeflext. Da hat es ausgesehen. Innerhalb einer Viertelstunde war die Polizei da. Ich bin auf die Beamten zumarschiert und habe sie gebeten, meine Mitarbeiter in Ruhe zu lassen. Ich bin Raimund Fischer, hier ist mein Pass, wenn sie mich verhaften müssen, verhaften sie mich, ich habe das veranlasst. Die Polizei kam zu dem Schluss, dass das eine zivilrechtliche Sache sei und sie nicht zuständig seien. Und der Hammer ist: Es ist nie was passiert. Der Saunahausbesitzer hat die Theke mit ei-

nem Zweitvertrag und ohne finanziellen Nachteil für die GmbH zurückgekauft.

Somit war mein Verlust nicht ganz so groß. Weil ich gehandelt habe. Da ist nie was gekommen, ich wurde nicht angeklagt, nichts. Denn sie wussten, dass sie es waren, die uns hintergangen hatten."

Wenn Fischer heute von dem Jahrzehnte zurückliegenden Coup spricht, bezeichnet er ihn als „rechtliche Grauzone: Ich tue etwas, dass zwar nicht illegal, aber auch nicht vorbildlich und vernünftig ist – aber trotzdem ohne rechtliche Probleme zum Ziel führt, wenn man sich gut damit auskennt, welche Möglichkeiten man ausschöpfen kann." Seine Unerfahrenheit habe er an anderen Stellen in seinen ersten Gründerjahren oft genug teuer bezahlt - schließlich gab es auch kaum niedrigschwellige rechtliche Beratung für Gründer wie ihn.

Heute bestehen auch für Start-Ups viele und bessere Möglichkeiten, sich finanziell auszustatten - und rechtlich abzusichern. „Ich hatte damals schlichtweg keine Wahl", sagt Fischer im Rückblick. Er habe damals das Gefühl gehabt, seinen Mitarbeitern etwas schuldig zu sein. Der Handwerker, der auf die gute Vor- und Nacharbeit seiner Kollegen angewiesen ist - er steckt noch immer tief in ihm. So sehr er heute von den guten Kontakten mit Bankern profitiert: „Keiner von denen sollte meinen Leuten ans Bein pinkeln wollen."

Kapitel 15

Es sind solche Sätze, die Fischer verletzlich, vielleicht auch gerade so interessant machen. Er scheint in keine Schachtel passen zu wollen. Als seriöser Unternehmer platzt ihm hier und da ein markiger Spruch heraus, der nicht immer auf alle Gemüter in der Runde Rücksicht nimmt. Als Dorfbewohner vom Oberwinden kann er es nicht lassen, hie und da den Motor seines SUVs mit dem glänzenden Doppelauspuff inmitten der grünen Auen und kleinen Schwarzwaldhöfe aufheulen zu lassen. Gelernt habe er in all den Jahren trotz seines außerordentlichen Hangs zur Geschwindigkeit: „Man muss nicht immer der Schnellste sein, um ans Ziel zu kommen." Aber man muss zu sich stehen. „Wer als Unternehmensführer davor zurückschreckt, sich zu exponieren, der wird dem Anforderungsprofil seiner Position nicht gerecht", ein Satz, der von dem Elztäler Unternehmer stammen könnte. Gesagt hat ihn Wolf Schumacher, 2015 mit fast 14 Millionen Euro Jahresgehalt der bestbezahlte Banker Deutschlands.

Sich zu exponieren, das ist das zweite Gesicht von Raimund Fischer, dem Handwerker. Er will gesehen werden, keine Frage - aber nicht um seiner selbst willen. Noch in den letzten Zeilen dieses Buches kommen ihm große Zweifel. Kann sein Lebensweg auch andere inspirieren? Seine Laster, seine Fehlbarkeit anderen den Anstoß geben, sich endlich zu trauen, ihre Vision zu leben - trotz aller Ängste und Zweifel? „Ich will keinem sagen, mach' es wie ich. Ich will, dass jeder und jede, der oder die will, die Erfahrung machen kann, sein eigener Herr oder ihre eigene Herrin zu sein - und damit das volle eigene Potenzial verwirklicht."

Dass ein hoher Grad an Selbstbestimmung glücklich macht, bestätigt auch der Start- Up Monitor 2017 des Bundesverbands Deutsche Startups e.V.. Die befragten Gründer sollten für die Studie ihre Lebenszufriedenheit auf einer Skala von 1 bis 10 angeben. Das Ergebnis: Gründer scheinen mit einem Durchschnittswert von 7,8 zufriedener zu sein als deutsche Arbeitnehmer mit 7,0. Ganze 14,4 Prozent beurteilten ihr empfinden sogar mit 10 - sie sind also im Leben voll und ganz zufrieden. Der Grund? Es geht - entgegen der weiterverbreiteten Meinung - nicht darum, möglichst weit über andere bestimmen zu können. Zumindest hält die daraus von manchen Menschen gezogene Befriedigung voraussichtlich nicht lange an - vielleicht ein Grund, warum machtbesessene Regierungsoberhäupter wie beispielsweise der ungarische Präsident Viktor Orbán sich nicht damit zufrieden geben, wiedergewählt zu werden. Sie wollen noch mehr Kontrolle über die Presse, noch weniger Demokratie, noch mehr Alleinherrschaft. Glücklich wirken sie dennoch nicht.

Cay von Fournier bezeichnet eine solche Herangehensweise bei mittelständischen Unternehmern als einen weiteren der häufigsten Fehler dieser Gruppe: Die Annahme, Macht sei die Grundlage des Erfolges. Er meint damit die Macht über andere: Mitarbeiter, Geschäftspartner, ja sogar Freunde und die eigene Familie. Alle und alles im Griff zu haben als Credo eines guten Unternehmers. Auch Fischer hält die Macht nur auf eine einzige Art für den Weg zum Ziel: jene Macht über unsere eigenen Entscheidungen. „Es gibt immer andere, die größer, besser, schneller sind. Und das ist auch gut so. Sie treiben uns an und ziehen uns rauf, wenn wir träge geworden sind. Niemand zwingt uns, es ihnen gleich zu tun. Wir sollten uns nur vor Augen halten, dass wir könnten, wenn wir wollten."

Das Wichtigste im Leben, so zum Beispiel der französische Historiker Pierre de Coubertin, sei schließlich „nicht gesiegt, sondern sich gut geschlagen zu haben." Fischer würde den Satz noch ein wenig erweitern: Es ist nicht wichtig, jedes Ziel zu erreichen. Man sollte es nur nicht unversucht gelassen haben.

Quellen Online

Kirchemyer, Catherine: The effects of mentoring on academic careers over time: Testing performance and political perspectives. Erstveröffentlichung 1. Man 2005: https://journals.sagepub.com/doi/abs/10.1177/0018726705055966 (zuletzt aufgerufen am 25. April 2020)

Dostert, Elisabeth, Slavik, Angelika: Protzen mit dem Dunstabzug. SZ online vom 15. Juli 2017: https://www.sueddeutsche.de/wirtschaft/teure-kuechen-protzen-mit-demdunstabzug- 1.3587591 (zuletzt aufgerufen am 24. April 2020)

Hampel, Lea, Salvati, Nakissa: Wenn Unternehmen ihre Kunden allein lassen. SZ online vom 6. Oktober 2017: https://www.sueddeutsche.de/wirtschaft/marketing-sielieben- und-sie-hassen-sich-1.3697279 (zuletzt aufgerufen am 24. April 2020)

Müller, Ann-Kathrin, Neubacher, Alexander: Die Chancenlüge. Spiegel Online vom 9.5.2015: https://www.spiegel.de/spiegel/print/d-134878987.html (zuletzt aufgerufen am 8. April 2020)

Stephan, Björn: Klassenunterschied. SZ Magazin vom 15.7.2016: https://szmagazin.sueddeutsche.de/bildung/klassenunterschied-85947?reduced=true (zuletzt aufgerufen am 8. April 2020)

Lewitan, Louis: Interview mit Bruno Cucinelli: "Meine Mitschüler haben mich ausgelacht". ZEIT Magazin vom 10.3.2016: https://www.zeit.de/zeit-magazin/ 2016/12/brunello-cucinelli-rettung (zuletzt aufgerufen am 9. April 2020)

Wüstenhagen, Claudia: Die Macht der Worte. Zeit Online vom 9.10.2012: https:// www.zeit.de/zeit-wissen/2012/06/Sprache-Worte-Wahrnehmung (zuletzt aufgerufen am 9. April 2020)

Webseite des Zukunftsinstituts zum Thema Individualisierung: https:// www.zukunftsinstitut.de/dossier/megatrend-individualisierung/ (zuletzt aufgerufen am 24. April 2020)

Vorsamer, Barbara: „Jeder hat eine interessante Geschichte" - Interview mit Thorsten Otto. SZ Online vom 14. Juli 2016: https://www.sueddeutsche.de/leben/thorsten-ottojeder- hat-eine-interessante-geschichte-1.3074942 (zuletzt aufgerufen am 25. April 2020)

Grass, Dorothea: Smalltalk ist wie Tanzen. SZ Online vom 28. März 2016: https:// www.sueddeutsche.de/karriere/interkulturelle-kommunikation-smalltalk-ist-wietanzen- 1.2588471 (zuletzt aufgerufen am 25. April 2020)

Tödtmann, Claudia: Führungskräfte sind der wahre Produktivitätskiller. Wirtschaftswoche online vom 22. März 2017: https://www.wiwo.de/erfolg/beruf/ gallup-studie-fuehrungskraefte-sind-der-wahre-produktivitaetskiller/19552634.html (zuletzt aufgerufen am 25. April 2020)

Hockling, Sabine: "Für den Chef eine Entlastung von einem Arbeitstag pro Woche", Interview mit Christine Walker. ZEIT online vom 20. Dezember 2016: https:// www.zeit.de/karriere/beruf/2016-12/zeitmanagement-chef-sekretaerin-leistungeffizienz- leistungssteigerung-entlastung-chef (zuletzt aufgerufen am 25. April 2020)

Crone, Philipp: "Ich bin jetzt auch erleichtert" - Interview mit Konrad Bernheimer. SZ Online vom 10. Juni 2015: https://www.sueddeutsche.de/muenchen/und-jetzt-ich-binjetzt- auch-erleichtert-1.2514945?reduced=true (zuletzt aufgerufen am 25. April 2020)

Giesen, Christiane: „Ein Schlag für die Gemeinde" - Konrad Otto Bernheimer trennt sich von großen Teilen seiner Familiensammlung. Traunsteiner Tagblatt online vom 28. Mai 2015: https://www.traunsteiner-tagblatt.de/region/landkreistraunstein_artikel,-ein-schlag-fuer-die-gemeinde-_arid,208908.html (zuletzt aufgerufen am 25. April 2020)

Raack, Alex: „Bis die nächste Katastrophe passiert" - Interview mit Ex-Schiedsrichter Tabak Rafati. Spiegel online vom 19.11.2016: https://www.spiegel.de/sport/fussball/ babak-rafati-spricht-ueber-seinen-suizidversuch-vor-fuenf-jahren-a-1121967.html (zuletzt aufgerufen am 26. April 2020)

Stremmel, Jan: Der Mann und sein verdammter Stolz. SZ online vom 22. Oktober 2017: https://www.sueddeutsche.de/leben/maenner-und-depressionen-der-mannund- sein-verdammter-stolz-1.3717128?reduced=true (zuletzt aufgerufen am 26. April 2020)

Hausenblas, Michael: Ärztin Winkler-Pjrek: "Das weiße Licht ist das beste". Der Standard Online vom 15. Februar 2019: https://www.derstandard.de/story/ 2000097578526/aerztin-winkler-pjrek-das-weisse-licht-ist-das-beste (zuletzt aufgerufen am 26. April 2020)

Schnurr, Eva-Maria: Stimmungsmache. Spiegel Online vom 12. November 2013: https://www.spiegel.de/spiegelwissen/neue-forschung-wie-der-darm-daswohlbefinden- beeinflusst-a-934518.html (zuletzt aufgerufen am 26. April 2020)

Kiani-Kreß, Rüdiger: Hans Rudolf Wöhrle: Der Holzfäller der Luftfahrt. Handelsblatt Online vom 18. April 2012: https://www.handelsblatt.com/unternehmen/management/ hans-rudolf-woehrl-der-holzfaeller-der-luftfahrt/6518710.html (zuletzt aufgerufen am 26. April 2020)

Keine Autorenangabe: Culinoma: Übernahme von acht Fischer-Filialen unter Dach und Fach. Möbelkultur Online vom 13. September 2018: https:// www.moebelkultur.de/news/uebernahme-von-acht-fischer-filialen-unter-dach-undfach/ (zuletzt aufgerufen am 30. April 2020)

Keine Autorenangabe: Culinoma übernimmt die Fischer Küchenatelier Gruppe. Küchenplaner Magazin Online vom 20. September 2018: https://www.kuechenplanermagazin. de/themen/detail/news/culinoma-uebernimmt-die-fischer-kuechenateliergruppe/ (zuletzt aufgerufen am 30. April 2020)

Business-Magazin Förderland: Exit und Exit-Strategien: https://www.foerderland.de/ mittelstand/exit/ (zuletzt aufgerufen am 30. April 2020)

Quellen Literatur

Enders, Guilia: Darm mit Charme. Alles über ein unterschätztes Organ. Ullstein Buchverlage GmbH, Berlin 2014.

Meifert, Matthias T., Sattler, Johannes, Förster, Lars, Saller, Thomas, Studer, Thomas: Führen. Haufe-Lexware GmbH & Co KG, Freiburg 2011.

von Fournier, Cay: Unternehmer Energie. Die Praxis der Unternehmensführung. Gabel Verlag GmbH Offenbach, 2011.

von Fournier, Cay: Der perfekte Chef. Führung, Mitarbeiterauswahl, Motivation für den Mittelstand. Campus Verlag Frankfurt/New York, 2012.

Walsch, Neale Donald: Gespräche mit Gott. Goldmann Arkana Verlag, deutsche Erstausgabe, 2009.

Schmidt, Barbara: Mut zum Glück. Die Psycho-Logik des Jens Corssen. Falken Verlag, 1991.

Seiwert, Lothar J.: Wenn du es eilig hast, gehe langsam. Campus Verlag GmbH, Frankfurt am Main 1998/2005.

Seiwert, Lothar: Ausgetickt: Lieber selbstbestimmt als fremdgesteuert. Ariston Verlag, Verlagsgruppe Random House GmbH, 2011.

Silva, José: Silva Mind Control: Die universelle Methode zur Steigerung der Kreativität und Leistungsfähigkeit des menschlichen Geistes. Ullstein Verlag, Allegria Taschenbuch, 2004.

Covey, Stephen R.: The Seven Habits of Highly Effective People. Franklin Covey/ Simon and Schuster UK, 2004.

Bruns, Catharina: Work is not a Job. Was Arbeit ist, entscheidest Du! Campus Verlag GmbH, Frankfurt am Main 2013.

Süddeutsche Zeitung Publishing (in Zusammenarbeit mit Google): Aufbruch München. Wie Sie Ihr Geschäft digitalisieren. Ein Leitfaden. SZ Publishing, 18. Juni 2016.

www.ingramcontent.com/pod-product-compliance
Lightning Source LLC
LaVergne TN
LVHW092006090526
838202LV00001B/26